Emetophobie – Die Angst vor dem Erbrechen

RHOMBOS

Bibliografische Information der Deutschen Nationalbibliothek
Die Deutsche Nationalbibliothek verzeichnet diese Publikation in der Deutschen Nationalbibliografie; detaillierte bibliografische Daten sind im Internet über http://dnb.d-nb.de abrufbar

Satz/Umschlag: Rhombos-Verlag, Bernhard Reiser, Berlin

Fotos/Zeichnungen innen: Michaela Complojer

RHOMBOS-VERLAG
Kurfürstenstr. 17
D-10785 Berlin
www.rhombos.de
verlag@rhombos.de
VK-Nr. 65 859

© 2009 RHOMBOS-VERLAG, Berlin

Alle Rechte vorbehalten.
Nachdruck, auch auszugsweise, verboten.
Kein Teil dieses Werkes darf außerhalb der engen Grenzen des Urheberrechtsgesetzes ohne schriftliche Einwilligung des Verlages in irgendeiner Form (Fotokopie, Mikrofilm oder ein anderes Verfahren) reproduziert oder unter Verwendung elektronischer Systeme gespeichert, verarbeitet, vervielfältigt oder verbreitet werden.
Die Wiedergabe von Gebrauchsnamen, Handelsnamen, Warenbezeichnungen usw. in diesem Werk berechtigt auch ohne besondere Kennzeichnung nicht zu der Annahme, dass solche Namen im Sinne der Warenzeichen- und Markenschutzgesetzgebung als frei zu betrachten wären und daher von jedermann benutzt werden dürfen.

Die Informationen in diesem Buch sollten niemals als alleinige Quelle für gesundheitsbezogene Entscheidungen verwandt werden. Fragen Sie bei gesundheitlichen Beschwerden Ihren Arzt oder Apotheker. Medikamente (Heilkräuter eingeschlossen) sollten niemals ohne Absprache mit einem Arzt oder Apotheker eingenommen werden.
Eine Haftung für die Richtigkeit, Aktualität und Vollständigkeit der veröffentlichten Informationen kann trotz sorgfältiger Prüfung vom Verlag nicht übernommen werden.

Druck: dbusiness.de GmbH, Berlin

Printed in Germany

ISBN 978-3-941216-05-1

Yvonne Höller, Michaela Complojer

Emetophobie – Die Angst vor dem Erbrechen

Psychologie, aktueller Forschungsstand und Hilfe zur Selbsthilfe

RHOMBOS

Danksagung

Das vorliegende Buch wurde von Michaela Complojer und mir verfasst. Frau Complojer leidet selbst an Emetophobie. Ihr kam der Gedanke, ihre Krankheitsgeschichte gemeinsam mit den Gedichten, Bildern und Fotografien, die sie in den verschiedenen Phasen gefertigt hatte, zu einem Buch zusammenzufassen. Darüber hinaus wünschte sie sich in diesem Buch aber auch einen fachlichen Teil, der beschreiben sollte, was die Emetophobie ist. Mit diesen Bausteinen trat sie in einer Schreibwerkstatt für psychisch Kranke an mich heran und bat mich um Unterstützung bei der Veröffentlichung. Ich griff das Thema auf und arbeitete einen etwas ausführlicheren fachlichen Teil über die Störung Emetophobie aus.

An dieser Stelle danke ich all jenen, die beispielsweise durch ihre Mitarbeit in Form von Hinweisen, Tipps, Kritik, Vorschlägen und Korrekturen geholfen haben, diese Veröffentlichung zu verwirklichen.

Einen recht herzlichen Dank für die Mithilfe am theoretischen Teil an:

- alle, die für die Studie den Fragebogen ausgefüllt haben.
- alle mitfiebernden Forummitglieder, für die großartige Motivation.
- Saskia, für die Tipps zur Erstellung des Fragebogens und die Unterstützung bei dessen Verbreitung im Forum.
- Mark van Overveld und seine Forschergruppe, für die vielen Unterlagen, das Buch, seine Arbeit am Thema und den guten Zuspruch.
- Angelika Zeller, für die Tipps und Korrekturen zum Kapitel über Kognitive- und Verhaltenstherapie.
- Joshua D. Lipsitz, für die wertvollen Informationen und seinen Fragebogen.
- Katharina Manassis, für die prompte Zusendung eines sehr wichtigen Artikels.

Inhalt

Abbildungs- und Tabellenverzeichnis		7
Glossar		9
Vorwort		11
1	Einführung in eine wissenschaftliche Perspektive	13
2	**Allgemeines zur Emetophobie**	**17**
2.1	Klassifikation und Einordnung der Störung	17
2.2.	Diagnose der Emetophobie	20
2.3	Häufigkeit der Emetophobie	24
3	**Phänomenologie der Emetophobie**	**29**
3.1	Zeitlicher Verlauf	29
3.2	Angst vor dem Erbrechen in verschiedenen Varianten	29
3.3	Intensität und Profil der Angst	32
3.4	Vermeidung	33
3.5	Essverhalten	36
3.6	Emetophobiker neigen zum Somatisieren	37
3.7	Übelkeit	39
3.8	Ekel	42
3.9	Beeinträchtigung durch die Angst vor dem Erbrechen	44
4	**Komorbidität und Emetophobie**	**45**
4.1	Der Mensch ist ein Ganzes	45
4.2	Psychische und körperliche Komorbiditäten	46

5	Die Verwandten der Emetophobie – Fehldiagnosen sind programmiert	49
5.1	Gemeinsamkeiten mit anderen Angststörungen	49
5.2	Zwang	51
5.3	Emetophobie als Ursache oder Folge von Essstörungen?	52
5.4	Emetophobie und Anorexie – Komorbidität oder Subtypen?	54
5.5	Emetophobie und Phagophobie – Angst vor dem Essen?	56
6	**Emetophobie und Partnerschaft**	**59**
6.1	Störungen in der Partnerschaft und Persönlichkeit	59
6.2	Vulnerabilitätsfaktor Beziehung	61
6.3	Beziehung als Auslöser	62
6.4	Wenn Beziehungen Störungen am Leben halten (oder auch umgekehrt)…	63
6.5	Therapeutische Effekte einer Beziehung	65
7	Ursachen, Hintergründe und Interpretationen	67
7.1	Erbe oder Umwelt?	69
7.2	Das bio-psycho-soziale Modell	71
7.2.1	Biologische Komponente	72
7.2.2	Psychologische Komponente	73
7.2.3	Soziale Komponente	78
7.2.4	Zusammenspiel von bio-psycho-sozialen Faktoren	79
7.3	Anschürer und Auslöser	81
7.4	Entstehung der Emetophobie im Kindesalter	84
7.5	Subjektive Theorien	85
8	**Therapie der Emetophobie**	**87**
8.1	Psychotherapie	87
8.1.1	Psychoanalyse	90
8.1.2	Verhaltenstherapie	94

8.1.3	Kognitive Therapie	108
8.1.4	Gesprächstherapie	112
8.2	Psychopharmakotherapie	116
8.3	Therapien bei Kindern mit Emetophobie	119
8.4	Selbstheilungsversuche und -wege	121
8.5	Die Poesietherapie als Beispiel für die Gruppe der kreativen Therapien: Schreiben als Hilfe bei psychischen Krankheiten	128
8.5.1	Definitionen von Poesietherapie	128
8.5.2	Gesundheitspolitik	130
8.5.3	Wirksamkeit	132
8.5.4	Poesietherapie – Eine Form der kognitiven Therapie?	134
8.5.5	Poesietherapie und existenzielle Therapie	135
8.5.6	Poesietherapie bei Kindern	135
9.	Kontakte	137
10	Literatur	139

Fallbeispiel einer multimorbiden Emetophobie

Meine Geschichte (Autorin: Michaela Complojer) 143

Abbildungs- und Tabellenverzeichnis

Abbildung 1: Normabweichung bei der Angst vor dem Erbrechen 16
Abbildung 2: Prävalenz 25
Abbildung 3: Angst privat/öffentlich und vor eigenem/fremdem Erbrechen 31
Abbildung 4: Teufelskreis der Emetophobie und der Übelkeit 40
Abbildung 5: Verlauf von Angst vor dem Erbrechen und Übelkeit 41
Abbildung 6: Beeinträchtigungen durch die Emetophobie 44
Abbildung 7: Entstehungs- und Faktorenmodelle für Krankheiten 68

Kasten 1: Checkliste: Leiden Sie an Emetophobie? 23
Kasten 2: Top-10 der vermiedenen Dinge bei Emetophobikern 35
Kasten 3: Erarbeiten Sie Ihr persönliches Entstehungsmodell! 83
Kasten 4: Welche Funktionalität hat die Emetophobie bei Ihnen? 100

Tabelle 1: Emetophobie-Tagebuch (Beispiel 1) 106
Tabelle 2: Tagebuch zur Konsequenzkontrolle (Beispiel 2) 106

Glossar

Anorexie	Magersucht – psychische Krankheit, bei der die Betroffenen absichtlich herbeigeführtes, starkes Untergewicht haben
Antizipatorisch	Im Vorhinein, vorhersehend
Ätiologie	Lehre von den Krankheitsursachen – Ursachen- und Entstehungsmodelle
Bulemie	Ess- Brechsucht – psychische Krankheit, bei der die Betroffenen unter Essanfällen leiden, auf welche kompensatorische Maßnahmen wie z.b. Erbrechen folgen
DSM (-V)	Diagnostic and Statistical Manual of Mental Disorders – 5. Revision
Exposition	Aussetzung – im therapeutischen Sinne eine Methode der Verhaltenstherapie, bei welcher der Behandelte bestimmten Umständen, die er vermeidet, ausgesetzt wird
Gastrointestinal	Magen und Darm betreffend
ICD-10	Internationale Klassifikation der Krankheiten – 10. Revision
kognitiv	Funktionen des Menschen, die mit Wahrnehmung, Lernen, Erinnern und Denken zusammenhängen – auch: gedankliche Vorgänge
Komorbidität	Zusätzlich zur Grunderkrankung auftretende Störung/Krankheit
Kontaminierung	Kontakt zum gefürchteten Objekt und Verunreinigung durch diesen Kontakt
Phagophobie	Schluckangst
Phänomenologie	Erscheinungsbild – auch: eine philosophische Schule
Phobie	Angst
psychosomatisch	In Verbindung mit der Psyche und dem Körper stehend – psychosomatische Symptome sind solche, die sich nicht klar auf eine der beiden Ebenen einschränken lassen, also die nicht entweder in Psyche oder Körper entstehen bzw. bestehen, sondern auf beiden Ebenen berücksichtigt werden müssen

SD	Standardabweichung; Dieses Maß dient der Beschreibung der Verteilung eines Wertes in der untersuchten Gruppe: +/- SD rund um den Mittelwert liegen die Werte der meisten Untersuchten
Symptom	Zeichen, die auf eine Erkrankung hinweisen – die Grundlage für Diagnosen
Syndrom	Bündel von Symptomen
Therapie	Maßnahmen zur Behandlung

Vorwort

Im theoretischen Teil des Buches werden wissenschaftliche Erkenntnisse im Allgemeinen und die speziell auf Emetophobie bezogene Forschung dargestellt. Als Ergänzung zu den Literaturrecherchen führten die Autorinnen auch eine Internetumfrage[1] im online-Forum www.emetophobie.de durch, deren Ergebnisse in diese Arbeit eingeflossen sind.

Dieses Buch ist gedacht als Hintergrundinformation für Betroffene und Angehörige oder Interessierte. Auch Berufsgruppen, die mit Emetophobikern in Kontakt kommen, können sich hier einen Überblick über vorhandene Erkenntnisse zur Emetophobie verschaffen. Das Buch ist nicht als Ratgeber gedacht, der einem Entscheidungen abnimmt, sondern vielmehr als möglichst umfassende, auch in Grundlagen ausschweifende Sammlung von Informationen, die aber entscheidungsnah, z.B. was die Wahl einer Therapie angeht, aufgebaut ist. Die Sammlung ist möglichst umfassend, d.h. dass der aktuelle Stand der Forschung zur Emetophobie hier dargestellt werden soll, also mit Berücksichtigung möglichst aller auffindbaren Forschungswerke. Das ist zum einen schwer, weil Emetophobie in vielen Arbeiten nicht als solche bezeichnet wird, weil sie falsch diagnostiziert wurde o.ä. Die jüngere Forschung stammt hauptsächlich aus den Niederlanden (u. a. van Overveld und van Hout, Bouman) und ist zu einem beträchtlichen Teil auch in Niederländisch abgefasst und veröffentlicht. Soweit möglich sind aber auch diese Informationen in das vorliegende Buch eingeflossen.

Als „ausschweifend" kann diese Informationssammlung bezeichnet werden, weil auch die Sicht der behandelnden Psychologen, deren Vorgehensweise und Instrumente (zur Diagnose, Therapie etc.) dargelegt und erläutert werden. Wer sich also nicht für die Diagnose und Klassifikation der Emetophobie interessiert, wird das betreffende Kapitel eher langweilig finden und kann vielleicht in einem für ihn relevanteren Teil zu lesen beginnen. Empfohlen wird die Lektüre des ganzen Stoffes, weil er als Wissensgrundlage dienen soll. Die vielen Quellen, die in dieses Buch eingeflossen sind, werden im Text stets genannt, d.h. in den entsprechenden Passagen finden sich Verweise (Autorenname/n

---

1 Höller, Y. (2007). Emetophobie - eine Internetumfrage. Unveröffentlichtes Manuskript

und Jahr der Veröffentlichung) auf die Originalwerke, die dann im Literaturverzeichnis aufgelistet sind. Wer etwas genauer wissen möchte, kann auf diesem Wege zu weiterführender Literatur kommen.

Leider trifft man im Alltag in Kliniken und ähnlichen Institutionen oft auf Situationen, in denen Menschen mit psychischen Störungen wie Unmündige behandelt werden. Das sollte nicht so sein und wäre auch nicht so, wenn die Betroffenen genug Informationen über ihre Krankheit, den Umgang damit und die Behandlungsmöglichkeiten hätten. Ziel des Theorieteils ist es deshalb, Patienten ein umfangreiches Hintergrundwissen zu verschaffen, das sie in die Lage versetzt, sowohl die Behandelnden als auch die Behandlungen zu beurteilen.

Ich möchte alle Leserinnen um Nachsicht bitten, wenn sie hier nicht die heute oft übliche weibliche Formulierung finden. Als „emanzipierte" Frau verzichte ich darauf, geschlechtsneutrale Formulierungen zu verwenden, da ich mir erwarte, dass alle Frauen emanzipiert genug sind, um sich bei jedweder Formulierung angesprochen zu fühlen.

Yvonne Höller

1 Einführung in eine wissenschaftliche Perspektive

Universitätsübergreifend haben alle Psychologen in ihrer Ausbildung einen speziellen Schwerpunkt zu absolvieren: Die Diagnostik. Ein Psychologe, der die autobiografisch dargestellte Fallgeschichte von Michaela aus dem zweiten Teil des Buches liest, wird deshalb wohl Mutmaßungen über die Diagnose anstellen. Handelt es sich um eine reine Emetophobie? Michaela weist viele Symptome auf:

(1) Sie leidet unter Übelkeit mit ungeklärter Ursache,
(2) hat Angst vor dem Erbrechen,
(3) zieht sich zurück, da sie sich vor einer negativen Bewertung durch andere Menschen fürchtet,
(4) hat Angst, alleine zu sein oder allein gelassen zu werden,
(5) sie verletzt sich selbst,
(6) sie isst sehr wenig und ist deutlich untergewichtig, dabei findet sie ihren Bauch zu dick...

Nun könnte man, über den Daumen gepeilt sagen, Michaela leidet an einer undifferenzierten somatoformen Störung (d.h. körperliche Symptome ohne biologische Ursache, Symptom 1), an Emetophobie (Angst vor dem Erbrechen, Symptom 2), an einer sozialen Phobie (Angst vor negativer Beurteilung durch das soziale Umfeld, Symptom 3), an Trennungsangst (Symptom 4), hat in diesem Sinne eine dependente (von anderen Menschen abhängig sein) Persönlichkeitsstörung (Symptom 4) und eine Borderline- Persönlichkeitsstörung (Symptom 5) und außerdem ist sie anorektisch (magersüchtig, Symptom 6). Die Geschichte ist nicht erfunden, sodass der Leser sich verwundert fragen kann, wie das denn möglich sei. Eine derartige Multimorbidität (das gemeinsame Auftreten vieler Störungen) ist jedoch keinesfalls die Ausnahme, sondern eher die Regel. Die wenigsten Menschen, die an psychischen Störungen leiden, haben nur mit einer Diagnose zu kämpfen. Meist sind es zwei oder drei Störungen, die ihnen das Leben schwer machen. Alkoholismus und Depressionen, Drogensucht und Borderline-Persönlichkeit, Essstörungen und Zwangsstörungen – eine Störung kommt selten allein!

Gerade darum ist es aber wichtig, sich zu fragen: Was ist nun wirklich eine eigene Störung und was ist Teil einer anderen Störung? Hat Michaela Angst, sich unter Menschen zu begeben, weil sie unter einer sozialen Phobie leidet, oder weil sie wegen ihrer Emetophobie soziale Situationen meidet?

Um derartige Fragen beantworten zu können, bedarf es einer sehr genauen psychologischen Untersuchung. Solche Untersuchungen werden meist in Form eines Interviews von einem Psychologen durchgeführt. Dieser denkt sich die Fragen aber nicht einfach aus, sondern verwendet ein Testmanual eines wissenschaftlich fundierten Diagnostikinstrumentes. Dazu gibt es von der WHO (World Health Organization, Weltgesundheitsorganisation) oder der APA (American Psycological Association, Amerikanische Psychologie-Gesellschaft) Fragebögen, deren Bearbeitung zu spezifischen Diagnosen führt. So kann gewährleistet werden, dass ein Psychologe nicht nach Lust und Laune Diagnosen verteilt, sondern diese nach Regeln stellt, die wissenschaftlich festgelegt sind. Selbst der Umgang mit diesen Diagnoseinstrumenten bedarf eines ausführlichen Trainings, bevor damit tatsächlich ein Gutachten erstellt wird.

Eine intuitive Diagnose wie jene oben, wo etwa fünf oder gar sechs Störungen gemutmaßt werden, ist nicht vertretbar: Eine psychische Störung zu haben, ist wie ein Stempel, der einem Menschen aufgedrückt wird, mit dem er dann leben muss. Psychische Störungen werden in unserer Gesellschaft oft mit einem Makel verbunden – das wissen Betroffene von zahlreichen Bewerbungsgesprächen. Nach jahrelangen Klinikaufenthalten ist die Wiedereingliederung auch deswegen schwer, weil ein Unternehmer jemanden, der einmal an einer Vielzahl von Störungen gelitten hat, nicht unkritisch betrachtet. Demgemäß ist die oberste Regel, möglichst wenige Störungen zu diagnostizieren. Das wird gemacht, indem die strengen Kriterien der gängigen Diagnosesysteme eingehalten werden. Der Leser sei also dazu aufgefordert, den kritischen Standpunkt eines Psychologen einzunehmen. Ein Psychologe verhält sich demnach wie das Gesetz: Solange nicht genügend Indizien die Schuld eines Täters beweisen, wird seine Unschuld angenommen. Im psychiatrischen Kontext heißt das, solange nicht genügend Symptome für eine klinische psychische Störung nachgewiesen werden können, gilt der Betroffene als nicht gestört. Eine einheitliche Definition der Art und Anzahl notwendiger Symptome ist wichtig, um eine eindeutige Diagnose zuzulassen. Subjektive Ansichten bezüglich Normalität unterscheiden sich oft um Welten.

Hierzu ein Beispiel: Es gibt unter Laien (also allen Nicht-Ärzten) verschiedene Ansichten darüber, ab wann die Körpertemperatur nur erhöht ist und ab wann diese als Fieber bezeichnet werden kann. Während meine Mutter (wie viele andere Mütter auch) mich mit 37,2 °C Körpertemperatur als krank von der Schule abmeldete, mussten einige meiner Freunde mit diesem Symptom aber in die Schule gehen, da ihre Eltern der Ansicht waren, das sei noch kein Fieber. Neben diesen subjektiven Ansichten gibt es eine medizinische Definition dazu. Dabei ist Fieber eine Störung der Wärmeregulation mit einer Erhöhung der Körpertemperatur über 38°C. Die Normwerte betragen aber morgens 36,2-36,5°C, mit einem Anstieg im Tagesverlauf von 0,7 bis 1,0°C. Ähnliche Uneinigkeiten finden wir auch im psychologischen Bereich: Während ein nicht-Psychologe es als Spinnenangst bezeichnet, wenn jemand eine derart große Angst vor Spinnen hat, dass er diese unmöglich anfassen könnte, ist dies für einen Psychologen im Normalbereich. Eine Spinnenphobie kann erst diagnostiziert werden, wenn der Betroffene aufgrund dieser Angst seiner Arbeit, seinen sozialen Kontakten, seinen Freizeitaktivitäten usw. nicht mehr nachkommen kann, da er sich nur noch mit der Angst vor Spinnen und dem Vermeiden dieser Tierchen beschäftigt.

Deshalb gibt es zu jeder Störung strenge Kriterien, die auf statistischen Untersuchungen beruhen. Es wird gewissermaßen eine Mindestabweichung vom Normalzustand definiert, anhand welcher diagnostiziert werden kann. Die Norm wäre der Mittelwert der Normalbevölkerung, eine Art Durchschnittsmensch. Dieses Konzept greift nicht überall, aber es soll verdeutlichen, dass nicht jede kleine Abweichung abnorm ist, sondern eine Mindestabweichung definiert werden muss. Die Mindestabweichung in bezug auf Emetophobie ist jedenfalls ein größeres Maß an Angst und/oder Ekel vor dem Erbrechen als ein normaler Mensch besitzt. Und dieses Mehr an Angst und/oder Ekel muss so groß sein, dass es den Betroffenen in seinem normalen Leben beeinträchtigt.

1 Einführung in eine wissenschaftliche Perspektive

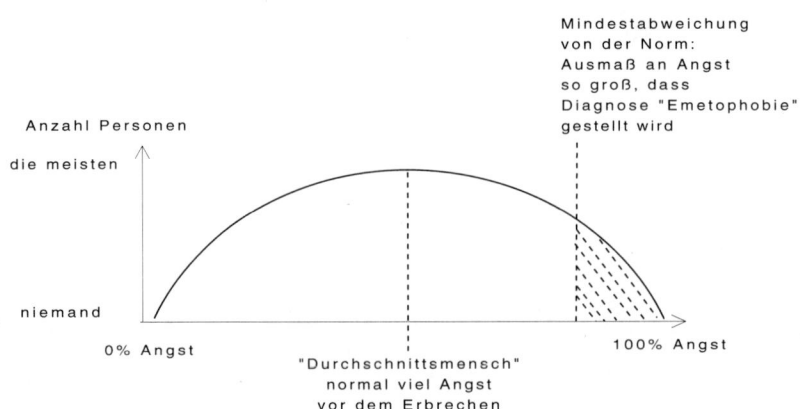

Abbildung 1: Normabweichung bei der Angst vor dem Erbrechen

Abbildung 1 zeigt die Art und Weise, wie wir uns eine so genannte Abweichung von der Norm vorstellen können. Die Graphik beruht auf der Annahme, dass die meisten Menschen durchschnittlich viel Angst vor dem Erbrechen haben – das ist dort, wo die Kurve am höchsten ist. Die Kurve stellt die Anzahl der Menschen dar, die ein gewisses Ausmaß an Angst vor dem Erbrechen haben. Horizontal ist dieses Ausmaß in Prozent ausgedrückt. Sagen wir, bei 0% Angst vor dem Erbrechen bedeutet das schon so viel, dass man es als angenehm empfinden würde, sich zu übergeben, während 100% bedeutet, man ist von dieser Angst vollkommen eingenommen. Dementsprechend hätten wir in dieser beispielhaften Graphik niemanden, der keine Angst vor dem Erbrechen hat und ebenfalls niemanden, der vor Angst schier vergeht. Die Mindestabweichung ist ziemlich hoch angesetzt: Der gestrichelte Teil der Kurve ist jener Teil der Menschen, der an Emetophobie leidet. Die Graphik hat nur beispielhaften Charakter. Was nun genau diese Mindestabweichung ist, ist in den Klassifikationen für Krankheiten und psychische Störungen definiert. Das Konzept solcher Definitionen beruht auf Untersuchungen, was nun normal bzw. durchschnittlich ist, und was dann in Relation dazu als abnormal angesehen werden kann. Sehen wir uns diese Konzeptualisierung nun etwas genauer an.

2 Allgemeines zur Emetophobie

2.1 Klassifikation und Einordnung der Störung

Im DSM-IV-TR, das ist das „Diagnostic and Statistical Manual Vol. 4" – das Diagnose- und Statistik-Handbuch Nr. 4 der American Psychological Association (APA, 2000) – wird Emetophobie im Kapitel der Angststörungen klassifiziert. In diesem Kapitel finden sich:

- Panikstörung ohne Agoraphobie (Angst vor bestimmten Orten, öffentlichen Plätzen),
- Panikstörung mit Agoraphobie,
- Agoraphobie ohne Panikstörung,
- Spezifische Phobie,
- Soziale Phobie,
- Zwangsstörung,
- Posttraumatische Belastungsstörung,
- Akute Belastungsstörung,
- Generalisierte Angststörung,
- Substanzinduzierte Angststörung,
- Angststörung aufgrund eines Medizinischen Krankheitsfaktors
- sowie als Restkategorie die nicht näher bezeichnete Angststörung.

Neben dem DSM gibt es noch ein Klassifikationsschema für Krankheiten, das international gilt (also nicht nur im amerikanischen Raum): Das ICD-10 - die International Classification of Diseases –, das Klassifikationsschema aller Krankheiten der World Health Organisation (WHO, 2000). Hier findet sich die Emetophobie im Kapitel F, das die psychischen Störungen enthält. Dort ist das Subkapitel Nr. 4 interessant: Neurotische, Belastungs- und somatoforme Störungen. Dazu gehören in etwa wie im DSM Phobien und sonstige Angststörungen. Wie aus der Klassifikation vom DSM-IV-TR ersichtlich wird, treten diverse Angststörungen oft mit bzw. in Form von Panikattacken auf. Diese werden dann gesondert ausgewiesen oder klassifiziert, je nachdem, ob die Angst oder die Panikattacken im Vordergrund stehen. Angststörungen haben außerdem einen gewissen Bezug zu den Zwangsstörungen – deshalb stehen auch diese im Kapitel der Angststörungen von DSM-

IV-TR. Eine Zwangsstörung kann mit der „was-wenn"-Angst einhergehen: „*Was* ist, *wenn* ich das nicht so mache? Dann passiert etwas ganz furchtbares!". Beispielsweise können beim Kontrollzwang die Betroffenen unter großer Angst leiden, wenn sie nicht alle Lichtschalter, Türen, Fenster usw. zweimal, dreimal, viermal... kontrollieren, bevor sie aus dem Haus gehen. Angst geht also mit gewissen Befürchtungen einher. Solche Symptome finden sich auch bei der Emetophobie: Die Betroffenen fürchten sich vor auftretender Übelkeit, weil sie dann möglicherweise erbrechen müssen. Um die Übelkeit nicht aufkommen zu lassen, vermeiden sie spezielle Lebensmittel oder – wenn die Angst besonders groß ist – essen nichts. Wenn sie nun aber doch etwas gegessen haben, besteht die Befürchtung, dass etwas ganz Schreckliches eintreten könnte: Der Brechreiz.

Die anderen Störungen, konkret die akute und posttraumatische Belastungsstörung sowie die Angststörungen aufgrund von Substanzen und aufgrund eines medizinischen Krankheitsfaktors, gehen ebenfalls mit Angst einher. Oft ist für nicht Fachkundige intuitiv nicht einsehbar, warum diverse Störungen in einem Kapitel zusammengefasst werden. Die Gründe dafür gehen aus den Forschungsarbeiten der Fachgesellschaften hervor. Außerdem muss beachtet werden, dass die Klassifikationen ständig überarbeitet und ergänzt werden. So ist beispielsweise die hier angeführte Information der Stand vom DSM-IV-TR, inzwischen ist auch das DSM-V-TR als neuere Version verfügbar.

Emetophobie ist eine Form der spezifischen Phobie, die nicht so selten ist, wie man vermuten würde (Rink, 2006). Gemeinsam mit der sozialen Phobie (Angst vor negativer Bewertung durch Andere) und der Agoraphobie (Angst vor Orten oder Situationen, in denen eine Flucht beim Auftreten peinlicher panikähnlicher Symptome nur schwer möglich wäre) bildet die spezifische Phobie eine Gruppe von Störungsbildern, denen es gemeinsam ist, dass die Betroffenen eine unbegründet starke Angst vor Situationen oder Objekten haben. Das führt meist zur Vermeidung der spezifischen Situationen mit dem Ziel, die Angst zu reduzieren. Spezifische Phobien wie Angst vor Spinnen (Arachnophobie), vor engen Räumen (Klaustrophobie), vor Echsentieren (meistens Schlangen), vor Tunnelfahrten, vor Höhen bzw. Tiefen (z.B. Sessellifte u.a.), vor Brücken u.v.a. treten weitaus seltener auf als die soziale Phobie und die Agoraphobie. Daher sind sie nicht gesondert ausgewiesen. Sie werden also im DSM-IV-TR unter dem Punkt „spezifische Phobien" zusammengefasst. Diese Störungsgruppe ist gekennzeichnet durch konsistent auftretende, klinisch bedeutsame Angstreaktionen. Diese Reaktionen können auftreten, weil tatsächlich eine Konfrontation mit einem ganz spezifischen Objekt oder einer solchen Situation stattfindet, oder auch nur, weil diese Konfrontation befürchtet wird. Die meisten spezifischen Phobien beziehen sich auf Tiere, enge Räume, medizinische Gegenstände oder Orte.

Bei der Emetophobie steht die Angst vor dem Erbrechen im Mittelpunkt. Angstzustände und Panikattacken stehen an der Tagesordnung, da sie durch geringste Anzeichen von Übelkeit, bei Ansteckungsgefahr harmloser Darmviren usw. auftreten können. Panikattacken, wie sie auch bei der Emetophobie auftreten, werden im DSM-IV-TR nicht nur als Symptom, sondern eigens zur Definition von Störungskombinationen gewertet. Eine Panikattacke ist eine klar abgrenzbare Zeitspanne, in der der Betroffene intensive Angst oder Unbehagen erlebt. In den meisten Fällen zeigen sich dabei körperliche Symptome wie Herzklopfen, Schwitzen, Erstickungsgefühle, Atemnot, Schwindel oder Angst die Kontrolle zu verlieren. Diese Angstanfälle kommen spontan und unerwartet und können selten bestimmten Auslösern zugeordnet werden. Treten sie aber als Symptom oder als Teil der Emetophobie auf, so werden die Panikattacken durch von außen schwer oder gar nicht objektivierbare Reize ausgelöst. So kann z.B. ein Verdauungsgeräusch, welches völlig normal ist, bei einem Emetophobiker eine Panikattacke auslösen. Das heißt nicht, dass jeder Emetophobiker an Panikattacken leiden muss. Es gibt auch Agoraphobie (Angst vor Situationen aus denen Flucht nicht oder nur schwer möglich ist) mit bzw. ohne Panikattacken – also als zwei getrennte Diagnosen. Analog könnte man sagen, es gibt Emetophobie mit bzw. ohne Panikattacken – zwei ähnliche aber doch klar abgrenzbare Störungsbilder. In den Diagnosemanualen ist die Emetophobie aber nicht in dieser Form klassifizierbar. Panikattacken zählen deshalb nicht zwingend zur Symptomatik der Emetophobie. Mehr zum Erscheinungsbild der Emetophobie und ihrer Diagnose wird in den folgenden Abschnitten erläutert.

2.2. Diagnose der Emetophobie

Diagnosen werden idealerweise nicht nach Gutdünken gewählt. Ich schreibe hier „idealerweise", da in der Ausbildung und durch die dazugehörigen Lehrbücher ein fundiertes Verständnis für die diagnostische Vorgehensweise generell aufgebaut werden sollte. Anders als ein Mediziner, der nach außen hin objektive Symptome als Kriterien zur Feststellung einer Krankheit heranziehen kann, ist der Psychologe oft darauf angewiesen, den Betroffenen zu befragen oder bestenfalls sein Verhalten zu beobachten. Zwangsläufig kann dabei nur schwer gewährleistet werden, ob der Betroffene auch die Wahrheit sagt. In der Praxis haben oft Psychiater und andere Ärzte das Sagen. Das heißt, ihre Meinung zählt im klinischen Alltag mehr als die des Psychologen, wenn z.B. im Team über einen Patienten beraten wird. Psychiater sind Mediziner. Hier ist ein kleiner Exkurs in die Definition der Berufsbilder angebracht.

Der große Unterschied zwischen Psych*ologen*, Psych*iatern* und Psycho*therapeuten* ist das Studium: Psychiater haben Medizin studiert, Psychologen haben Psychologie studiert, Psychotherapeuten müssen weder das eine noch das andere studiert haben denn es gibt eine spezielle Therapieausbildung, die sich von Land zu Land wegen der unterschiedlichen Gesetzgebung anders definiert. Psychiater haben, wie viele andere Ärzte, oft wenig Zeit. Von diesem Zeitmangel gezwungen, stellen Psychiater oft sehr schnell Diagnosen, mit denen Psychologen dann arbeiten sollen – auch wenn sie diese Diagnose vielleicht genauer gestellt hätten, möglicherweise sogar zu einem anderen Ergebnis gekommen wären. Psychiater sind aber oft der erste Facharzt, den ein Betroffener nach dem Hausarzt konsultiert, da Haus*ärzte* üblicherweise Überweisungen an andere Ärzte tätigen. Für Psychiater reicht – aus besagtem Zeitmangel – oft irgendeine Diagnose, da die Medikamente, die ein Psychiater schließlich als Therapie verwendet, nur aufgrund einer Diagnose verabreicht werden können. Das soll nicht heißen, dass Psychologen grundsätzlich gründlicher wären. Sie haben oft ebenso wenig Zeit für die Diagnose und verlassen sich auf ihre Erfahrung. Es kommt daher viel zu oft vor, dass wir in diesem Bereich immer wieder über schlichtweg schlampige Diagnosen stolpern.

Bei der Emetophobie kommt neben diesen ökonomischen Umständen im Gesundheitswesen, die wegen zu wenig Zeit, zu wenig Sorgfalt als Konsequenz nach sich ziehen, noch die mangelnde Bekanntheit der Emetophobie (Nigbur, Bohne, & Gerlach, 2007) und der Mangel an Diagnostikinstrumenten hinzu. Es gibt für die in DSM und ICD klassifizierten Störungen viele Diagnoseinstrumente, meist in Form von Fragebögen, Inventaren, Symptomchecklisten u.ä. So gibt es beispielsweise das *Beck Anxiety Inventory* (Beck & Steer, 1990), das nach seinem Autor, dem berühmten Psychologen Beck, benannt ist. Es misst die Schwere von verbreiteten, klinisch relevanten, somatischen und kognitiven Angstsymptomen. Ein weiteres solches Diagnoseinstrument ist der *Fragebogen zur Angst von körperlichen Symptomen* (Ehlers, Margraf, & Chambless, 1993). Er erfasst die Angst vor körperlichen Symptomen und Beschwerden. Das klingt – dem Namen nach – schon sehr trefflich für die Emetophobie, ist aber dennoch kein Emetophobie-spezifisches Instrument. Daneben gibt es zahlreiche andere Inventare, die aber ebenso wie die zwei genannten nur eine Beschreibung des Störungsbildes ermöglichen. Zur Diagnose ist auch die *Fear Survey Schedule* (Wolpe & Lang, 1964) wenig geeignet, auch wenn sie eine der wenigen Instrumente zur Beschreibung von spezifischen Phobien ist.

Wir hätten also gerne eine Diagnose, nicht einfach eine Beschreibung oder Informationssammlung. Wir möchten, dass die Durchführung eines Tests, Fragebogens, Inventars oder ähnlichem, die Diagnose Emetophobie zulässt oder andernfalls angibt, dass es sich hierbei nicht um eine Emetophobie handelt. Es gibt demnächst von niederländischen Forschern (Bouman & vanHout, in preparation) einen Fragebogen zur Emetophobie, der von Insidern (vanOverveld, de Jong, Peters, vanHout, & Bouman, 2008) schon zur Forschung angewandt wird. Der *Emetophobia Questionnaire* enthält 115 Fragen, die sich beziehen auf die Gedanken rund um das Erbrechen, körperliche Empfindungen, Angst vor dem Erbrechen (z.B. „Ich habe Angst davor, dass mir übel wird."), Vermeiden von Situationen die im Bezug zum Erbrechen stehen (z.B. „Ich vermeide die Nähe zu Personen die aussehen, als könnte ihnen übel sein.") und die Konsequenzen der Emetophobie für den Alltag (z.B. „Wegen der Angst vor dem Erbrechen habe ich an Gewicht verloren."). Die Fragen bzw. eigentlich Aussagen müssen auf einer Skala von 1 (überhaupt nicht) bis 5 (sehr viel) bewertet werden. Die 16 Aussagen, welche die Konsequenzen der Emetophobie betreffen, enthalten außerdem die Wertung 0 für „nicht passend" für Teilnehmer ohne emetophobische Befürchtungen. Der Fragebogen wäre nicht nur für die Forschung sondern auch für die Diagnose und genauere Beschreibung der Störung ein nützliches Instrument. Es ist wünschenswert, dass er möglichst bald an Bekanntheit gewinnt und auch von den Forschern und Klinikern anerkannt und verwendet wird.

Ein zur Zeit anwendbares diagnostisches Instrument, das nach einer Bearbeitung eine mehr oder weniger eindeutige Störungsbezeichnung erlaubt, ist das Strukturierte Klinische Interview für DSM-IV (Wittchen, Zaudig, & Fydrich, 1997) und das Diagnostische Interview bei psychischen Störungen (Schneider & Margraf, 2006) in Anlehnung an die klinisch-diagnostischen Leitlinien des ICD-10 (WHO, 1991/1993). Diese Handbücher (Manuals) gehören zu den genannten, gängigen Klassifikationsschemata und sind allgemein anerkannt. Aber auch sie haben einen Haken: Sie diagnostizieren eine spezifische Phobie – nicht aber konkret die Angst vor dem Erbrechen. Die darin untersuchten Symptome, die notwendig sind, um eine spezifische Phobie zu diagnostizieren sind:

- Die Angst ist stark ausgeprägt und besteht seit langer Zeit.
- Die Person ist sich dessen bewusst, dass diese Angst übertrieben und unangemessen ist.
- Die phobischen Situationen werden gemieden oder nur unter Angst oder starkem Unbehagen ertragen (Vermeidungsverhalten).
- Die Angst führt zu einer deutlichen Einschränkung der beruflichen, schulischen oder sozialen Aktivitäten bzw. der Lebensführung.

Diese Angst äußert sich in Herzrasen, Schweißausbrüchen, Realitätsverlust, Beklemmungsgefühle, Schwindelanfälle usw. bei Konfrontation mit dem Reiz bzw. ist unterschwellig ständig vorhanden. Daraus ergibt sich dann auch der Punkt zum Vermeidungsverhalten, der sich insbesondere so darstellt, dass die Betroffenen öffentliche Orte und Veranstaltungen meiden, ebenso wie Kinofilme, gewisse Lebensmittel usw. Dieses Vermeidungsverhalten ist gleichzeitig auch der Nährboden für die Einschränkungen in den diversen Lebensbereichen.

Im ICD-10 (WHO, 2000) sind spezifische Störungen wie die Emetophobie abzugrenzen von der Nosophobie und der Dysmorphophobie, zwei vermeintliche Angsterkrankungen, die eigentlich als hypochondrische Störungen klassifiziert werden. Dabei beschäftigen sich die Betroffenen intensiv mit der Vorstellung, an einer oder mehreren schweren und fortschreitenden körperlichen Krankheiten zu leiden. Tatsächlich entwickeln solche Patienten körperliche Beschwerden, aber auch normale oder allgemeine Körperwahrnehmungen und Symptome werden als krankhaft aufgefasst. Die Angst konzentriert sich meist auf ein bis zwei Organe. Die Abgrenzung ist für alle, die an Übelkeit leiden eine möglicherweise schwierige Angelegenheit. Steht die Angst davor, krank zu sein, über der Angst vor dem Erbrechen, so sollte wirklich überlegt werden, ob die Emetophobie nicht die falsche Diagnose ist.

Kasten 1: Checkliste: Leiden Sie an Emetophobie?

- ❏ Ich habe Angst, selbst zu erbrechen oder davor, dass jemand (in meiner Anwesenheit) erbricht
- ❏ Diese Angst ist auch in meinen Augen übersteigert, also nicht angemessen
- ❏ Diese Angst äußert sich durch psychische Beunruhigung (Nervosität, intensive, unangenehme Emotionen…) und/oder Flucht, und/oder körperliche Angstsymptome wie Schwitzen, Herzklopfen usw.
- ❏ Diese Angstsymptome beruhen tatsächlich auf der Angst vor dem Erbrechen und nicht auf einer wahnhaften, hypochondrischen oder Zwangsstörung:
  - ❏ die Angst vor dem Erbrechen ist unabhängig von der Angst davor, dass eine möglicherweise mit der Angst einhergehende Übelkeit eine körperliche Ursache hat
  - ❏ die Angst vor dem Erbrechen tritt unabhängig von Zwangsangst auf. Zwangsangst wäre dadurch verursacht, dass ein innerer Zwang besteht, gewisse Handlungen auszuführen z.B. die zu verzehrenden Lebensmittel zu kontrollieren, und diese Handlungen aber nicht ausgeführt werden können. Die Angst vor dem Erbrechen muss also unabhängig von solchen Zwangshandlungen (egal ob sie ausgeführt werden oder nicht) auftreten.
- ❏ Die Angst tritt vorwiegend in Situationen auf, in denen ich oder jemand anderer erbrechen könnte
- ❏ Ich vermeide solche Situationen
- ❏ Dieses Erscheinungsbild dauert schon mindestens 6 Wochen an
- ❏ Das Erscheinungsbild schränkt meine Lebensführung ein: z.B. indem ich nicht mehr normal meiner Arbeit/Ausbildung nachgehen kann, in meinen sozialen und/oder familiären Beziehungen, in meiner Freiheit, Dinge zu tun, in meinem Essverhalten usw.

Die Checkliste in Kasten 1 soll illustrieren, wie eine Diagnose von Emetophobie aussehen könnte. Wenn Sie alle Aussagen bestätigen können, leiden Sie mit ziemlicher Sicherheit an Emetophobie. Sollte aber eine Aussage nicht bestätigt werden können, sollten Sie Ihre Diagnose mit einem Fachmann abklären.

Bis tatsächlich geeignete Diagnosehandbücher erstellt werden oder die Emetophobie konkret in den Diagnosehandbüchern von DSM (SKID) oder ICD (DIPS) aufgenommen wird, bleibt auch die Forschung eher ungenau. Die Untersuchungen, die an Emetophobikern durchgeführt werden, können sich nicht auf eindeutig verlässliche Diagnosen verlassen sondern auf „beschreibende" Klassifikationen einer allgemein als „spezifische Phobie" bezeichneten Störung. Dadurch kann es passieren, dass sich in die Gruppe der Befragten auch andere Phobien einschleichen oder dass in Studien auch Nicht-Emetophobiker untersucht werden, d.h. solche, bei denen die Angst nicht in dem Maße ausgeprägt ist, dass es für eine Diagnose reichen würde. In der eingangs vermerkten, eigens für dieses Buch durchgeführten Internetstudie wurde daher eine Auswahl getroffen, um sicherzustellen, möglichst nur „echte" Emetophobiker einzubeziehen: Die Untersuchten mussten unter Angst vor dem Erbrechen leiden *und* mindestens eine von den folgenden Gegebenheiten aufweisen:

- der Alltag ist durch diese Angst beeinträchtigt;
- *oder* die Betroffenen ernähren sich (unspezifisch) „anders" wegen der Angst vor dem Erbrechen;
- *oder* sie verzichten auf bestimmte Lebensmittel wegen der Angst vor dem Erbrechen
- *und* sie müssen ein Vermeidungsverhalten aufgrund der Angst vor dem Erbrechen entwickelt haben.

2.3   Häufigkeit der Emetophobie

Der Grund für den beschriebenen, lang andauernden Mangel an Diagnoseinstrumenten ist wohl die bisher vermutete Seltenheit der Emetophobie. Sie ist aber häufiger als angenommen (Rink, 2006). Es gibt Prävalenzschätzungen von verschiedenen Forschern. Die Prävalenz ist das Auftreten einer Störung in der Bevölkerung. Die vermuteten Zahlen reichen von 1,7-3,1% für Männer und 6-7% für Frauen (Philips, 1985; vanHout, Lansink, & Bouman, 2005). Offensichtlich gibt es also mehr Frauen als Männer unter den Emetophobikern. Die erste Internetstudie (Lipsitz, Fyer, Paterniti, & Klein, 2001) fand unter den vorwiegend amerikanischen Teilnehmern 89% weibliche Emetophobiker, ein englisches Forscherteam (Veale & Lambrou, 2006) kam sogar auf 97% Frauen, in den Niederlanden (van Overveld, de Jong, Peters, van Hout, & Bouman, 2008) waren 88% weibliche Teilnehmer in der Studie. In unserer Internetstudie fanden sich 97% Frauen. Abbildung 2 illustriert diese Verteilungen.

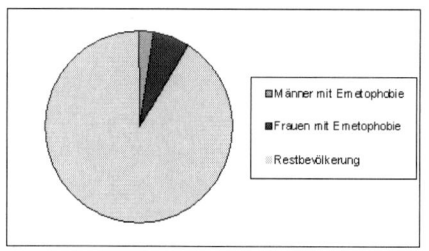

Häufigkeit der Emetophobie in der Bevölkerung   Geschlechterverteilung in der Stichprobe

Abbildung 2: Prävalenz

Die weibliche Überrepräsentanz in dieser Patientengruppe würde sich durchaus mit der Tatsache decken, dass es im Allgemeinen mehr Frauen als Männer gibt, die mit Phobien zu kämpfen haben. Allerdings muss auch gesagt werden, dass die Prävalenzschätzungen hier lediglich auf den Internetstudien beruhen. D.h. man untersucht eine Gruppe von Leuten, die ihre Störung im Internet mit anderen besprechen möchten. Das Ergebnis müsste also korrekt formuliert heißen: Es gibt 1,7-3,1% Männer und 6-7% Frauen die ihre Angst vor dem Erbrechen in Internetforen besprechen UND an Internetstudien zum Thema teilgenommen haben. Die komplizierte Formulierung soll verdeutlichen, dass das nicht dasselbe sein kann, wie der prozentuale Anteil von Männern und Frauen in der Allgemeinbevölkerung, die an Emetophobie leiden. Zum einen ist Angst vor dem Erbrechen nicht immer gleich eine „waschechte" Emetophobie, d.h. einige unter jenen, die das Forum nutzen, leiden vielleicht nur subklinisch (also zwar mit Leidensdruck aber nicht mit allen Symptomen des vollen Störungsbildes) an der Angst. Damit würde sich der geschätzte Anteil an Emetophobikern verringern. Andererseits finden wohl auch nicht alle Emetophobiker den Weg ins Internetforum, vielleicht weil sie nicht wissen, dass sie an einer Emetophobie leiden, vielleicht weil sie keine Internetnutzer sind oder vielleicht weil sie keine Foren mögen. Damit wäre dann der reale Anteil an Personen mit Emetophobie wieder höher als geschätzt. Es gibt also Leute im Forum, die gar nicht an Emetophobie leiden und es gibt Leute, die an Emetophobie leiden und gar nicht im Forum sind. Dann muss man sich auch noch vor Augen halten, dass nur ganz bestimmte Leute Mitglied in Internetforen werden, nämlich solche, die ihre Probleme dort gerne besprechen und dies auch können. Das sind vielleicht Leute mit einem nicht all zu niedrigen Bildungsstandard, mit einem Sozialstatus der zumindest reicht um sich gelegentlich Zugang zum Internet zu verschaffen und mit dem Wunsch, sich zu äußern. Über etwas Reden ist bekanntlich eine weibliche Art, Probleme zu bearbeiten. Männer benutzen eher Ablenkungsstrategien, wenn es ihnen schlecht geht (in ein Gasthaus gehen etc.), während Frauen über ihre Probleme nachgrübeln und diese mit vertrauten Personen besprechen wollen. Daher ist es nicht verwunderlich, dass wir mehr Frauen in unserer Stichprobe finden als Männer, da sie ihre Probleme über das Kommunikationsmedium eines Forums besprechen.

Es gibt also zahlreiche Umstände, die zu den oben genannten Schätzungen geführt haben können. Wie viele Emetophobiker es wirklich gibt bzw. wie häufig die Störung ist, weiß man zum heutigen Zeitpunkt noch nicht. Hierfür wären breit angelegte Untersuchungen in den verschiedenen Einrichtungen der Gesundheitsversorgung usw. sowie eine genaue Diagnostik notwendig.

Auf die von uns durchgeführte Studie meldeten sich über 150 (selbst diagnostizierte) Emetophobiker, allein im deutschsprachigen Raum. Im deutschen Forum www.emetophobie.de, wo besagte Studie durchgeführt worden ist, sind derzeit 1583 Mitglieder registriert, auf der niederländischen Seite www.emetofobie.nl spricht man von mindestens 115.000 Emetophobikern in den Niederlanden und Belgien. Wie schon ausführlich diskutiert wurde, muss das nicht heißen, dass es sich bei registrierten Nutzern ausschließlich um klinische Emetophobiker handelt. Die Diagnose ist eine sehr vage Angelegenheit. Wenn nicht genau definiert werden kann, was etwas sein soll, so ist es schwer, darüber zu forschen – die verschiedenen Studien könnten unterschiedliche Dinge untersuchen und jegliche Vergleichbarkeit wäre damit verloren. Damit erübrigt sich die Erklärung, warum es bislang so wenig Forschungsliteratur und so wenige Ratgeber u.ä. zum Thema Emetophobie gibt. Mit dem neuen Fragebogen aus den Niederlanden (Bouman & vanHout, in preparation) ist gewiss ein erster Schritt in eine einheitlichere Forschungslandschaft getan.

3 Phänomenologie der Emetophobie

Die Phänomenologie einer Störung ist ihr Erscheinungsbild. Die phänomenologische Herangehensweise in der Forschung beruht auf dem Beschreiben der Zustände und Veränderungen eines Objektes oder einer Situation. Dass wir viele Informationen zur Phänomenologie der Emetophobie haben, beruht letztlich auf der bisher betriebenen Forschung. Die Emetophobie wurde bislang meist in Internetstudien (Lipsitz, Fyer, Paterniti, & Klein, 2001; Nigbur, Bohne, & Gerlach, 2007; vanHout, Lansink, & Bouman, 2005; vanOverveld, de Jong, Peters, vanHout, & Bouman, 2008; Veale & Lambrou, 2006) u.z. hinsichtlich ihres Erscheinungsbildes untersucht.

3.1 Zeitlicher Verlauf

Wie in der ersten Internetstudie zur Emetophobie (Lipsitz, Fyer, Paterniti, & Klein, 2001) herausgefunden wurde, bestätigen weitere Ergebnisse, dass der Beginn der Angst meist in der Kindheit liegt. In unserer Studie begann die Störung im Mittel bei 9,69 Jahren (SD=6,52). Das bedeutete, dass die Befragten im Schnitt 14,47 Jahre (SD=9,06) an Emetophobie litten. 62,7% der Befragten gaben an, ständig an dieser Angst zu leiden (34,7% mit Unterbrechungen). Unter jenen, die nicht durchgehend Angst vor dem Erbrechen hatten und von den 23,7%, welche Angaben zur Dauer gemacht hatten, variierten Anzahl (1-12) und Dauer der Unterbrechungen (Stunden bis zu 12 Jahre). Dabei fielen 10,5% auf eine Unterbrechung von mindestens einem Jahr. Die Werte unserer Studie sind durchaus vergleichbar mit jenen anderer Forscher (Lipsitz, Fyer, Paterniti, & Klein, 2001; Veale & Lambrou, 2006).

3.2 Angst vor dem Erbrechen in verschiedenen Varianten

Die spezifische Angststörung Emetophobie hat viele Gesichter. Üblicherweise vermeiden Betroffene gänzlich die Konfrontation mit dem Erbrechen, egal ob es sich um eigenes oder fremdes Erbrechen handelt.

Sie leiden unter Angstzuständen und oft sogar Panikattacken, wenn es auch nur im Entferntesten um eine Annäherung an das gefürchtete Thema geht. Es finden sich aber auch Betroffene, die nur dann starke Angstgefühle entwickeln, wenn sie selbst Übelkeit verspüren und dementsprechende Folgen befürchten. Diesen Betroffenen macht es nichts aus, wenn andere Menschen erbrechen müssen. Es gibt andererseits auch Betroffene, die ein eigenes Erbrechen ohne Angstzustände ertragen können, aber in Panik versetzt werden, wenn dies andere tun. Solche Fälle, wo eine Störung üblicherweise durch zwei Symptome bzw. eine daraus resultierende Verknüpfung (Angst vor eigenem und fremdem Erbrechen) diagnostiziert wird, aber das eine und das andere Symptom einzeln, also ohne das andere, vorkommen können, nennt man in der Fachsprache eine doppelte Dissoziation. Die Häufigkeit des Auftretens solcher Dissoziationen wird in der Forschung statistisch ausgewertet und dann entsprechend als Anmerkung oder Diagnosekriterien in die Diagnosemanuale aufgenommen. Bei der Emetophobie ist es so, dass deutlich mehr Betroffene Angst vor eigenem als vor fremdem Erbrechen haben (Veale & Lambrou, 2006).

In unserer Internetstudie gaben 35,6% an, mehr Angst vor eigenem Erbrechen zu haben (davon 11,9% privat, 78,6% öffentlich mehr Angst bzw. 9,5% gleich viel), 7,6% hatten nur Angst vor fremdem Erbrechen (davon hatten 77,8% in der Öffentlichkeit mehr Angst, 22,2% öffentlich und privat etwa gleich viel Angst) und 56,8% vor beidem (6% privat mehr Angst, 61,2% öffentlich mehr Angst und 32,8% gleich viel). Insgesamt betrifft also die Angst öffentlich mit dem Reiz des Erbrechens konfrontiert zu sein mehr Befragte (68,6%) als jene, die sich nur privat fürchten (7,6%) oder vor beidem gleich viel (23,7%). Abbildung 3 bietet eine Übersicht über diese Ergebnisse.

Lipsitz und Kollegen (Lipsitz, Fyer, Paterniti, & Klein, 2001) fanden in ihrer Studie ebenso heraus, dass die Angst vor dem Erbrechen in der Öffentlichkeit deutlich größer ist, als zu Hause: fast zwei Drittel der Befragten hatten mehr Angst, in der Öffentlichkeit zu erbrechen, fast ein Drittel hatte zu Hause und in der Öffentlichkeit gleich viel Angst. Die gute Übereinstimmung der Daten verschiedener Studien bestätigt, dass die Emetophobie ein doch relativ spezielles Störungsbild ist, das in den vereinigten Staaten von Amerika und dem deutschsprachigen Raum in Europa durchaus auf vergleichbare Weise auftritt.

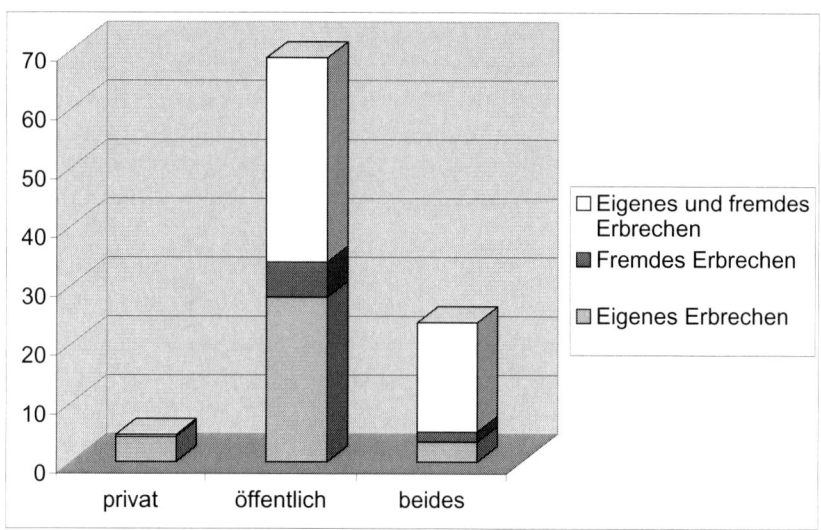

Abbildung 3: Angst privat/öffentlich und vor eigenem/fremdem Erbrechen

Neben diesen Details unterscheiden sich die Betroffenen auch im Hinblick darauf, ob sie, wenn sie schon erbrechen müssen, alleine sein wollen oder ob sie allein die Vorstellung nicht ertragen, alleine erbrechen zu müssen. Diese Betroffenen brauchen in dieser für sie stark angstbesetzten Situation einen Menschen, meistens eine nahe stehende Bezugsperson, der für sie da ist. In unserer Internetstudie gaben 53,4% der Befragten an, beim Erbrechen lieber alleine zu sein. 9,3% fanden, dass es auch alleine gehen würde während 19,5% lieber jemanden als Beistand dabei hätten. 12,7% gaben an, dass sie jemanden als Beistand unbedingt bräuchten (5,1% machten keine Angabe).

Diese Zahlen vorausgestellt sei also festgehalten, dass keineswegs alle an Emetophobie Leidenden dieselbe Phänomenologie aufweisen. Wir führen hier lediglich allgemeine Beschreibungen von möglichen Erscheinungsformen auf. Der Einzelfall ist stets eine Geschichte für sich, da es sich letzten Endes um einen Menschen mit seiner eigenen Vorgeschichte, seinen Vorlieben und Neigungen und allen Eigenheiten, die eine Person haben kann, handelt.

3.3 Intensität und Profil der Angst

Die Intensität der Angst ist etwas, was schwer messbar ist und letztendlich auf subjektivem Erleben beruht. Wir haben die Teilnehmer der Internetstudie gebeten, ihre Angst als Angabe in Prozent auszudrücken. Diese lag bei einem Mittelwert von 87,42% (SD=15,09%).

In einigen Fragen zum Erleben der Angst haben wir versucht ein Profil der Aspekte zusammenzustellen, welches das Erleben der Betroffenen etwas verdeutlichen soll. Hierzu wurde den Betroffenen im Fragebogen jeweils eine Frage zum Erleben gestellt und sie konnten dann unter mehreren Aspekten die wichtigsten auswählen bzw. auch freie Antworten hinzufügen. z.B. lautete eine Frage „Was ängstigt Sie am Erbrechen besonders?" und die Betroffenen konnten wählen zwischen a) das Geräusch, b) der Geruch, c) der Anblick des Erbrochenen, d) das Würgegefühl, e) Ekel vor mir, f) Angst daran zu Ersticken, g) andere: ... Unter diesen Aspekten des Erbrechens, welche als besonders ängstigend ausgewählt wurden, waren das Würgegefühl (82,8%), der Anblick des Erbrochenen (71,3%), das Geräusch (71,2%), der Geruch (65,3%), der Ekel vor sich selbst (32,8%) und die Angst daran zu Ersticken (29,6%). Des Weiteren wurden Kontrollverlust und/oder Hilflosigkeit (15,8%) und der Geschmack (5%) genannt. Vereinzelt wurden außerdem die Übelkeit, die Angst aufzufallen bzw. die Peinlichkeit in der Öffentlichkeit, der Schmerz und Suizidgedanken beschrieben. Einige Befragte erklärten, dass schließlich der ganze Akt an sich (also die Situation als Ganzes) ängstigend und nicht die Einzelheiten alleine ausschlaggebend seien. Bei Konfrontation mit dem Erbrechen, wurden unter den zur Auswahl stehenden möglichen Reaktionen der Wunsch wegzulaufen (83,7%), Ekel (73,9%), die Angst, selbst zu erbrechen (69,5%), Schweißausbrüche (54,1%), die Angst vor dem Erbrochenen (31,4%) und Schwindelgefühle (31,3%) ausgewählt. Frei dazu genannt wurde außerdem Übelkeit (10,4%), schlichtweg Panik (8%), Herzrasen (7,2%) und kreisende oder sich aufdrängende Gedanken und Bilder noch über längere Zeit nach der Konfrontation (6,4%). Vereinzelt wurden Depressionen oder depressive Reaktionen wie weinen, Aggressionen, Angst sich anzustecken, Hilflosigkeit und physiologische Symptome wie Zittern, Frieren oder Durchfall genannt.

62,4% der Befragten gaben an, jemandem, der erbrechen müsste, nicht beistehen zu können. 35,9% befanden, es käme darauf an, wer der Betroffene wäre. Nur 1,7% gaben an, sie könnten jemandem beim Erbrechen beistehen.

3.4 Vermeidung

Die Angst vor dem Erbrechen geht – wie andere spezifische Phobien – mit dem Vermeiden von Situationen und Faktoren einher, die zu einer Konfrontation mit dem Erbrechen führen könnten. Die Forschergruppe um Lipsitz (Lipsitz, Fyer, Paterniti, & Klein, 2001) berichtete, dass 62% der befragten Emetophobiker soziale Einbußen in Kauf nahmen, 34% familiäres Vermeidungsverhalten aufwiesen, ca. 20% der Betroffenen Probleme mit der Arbeitswelt hatten, 9% Schwierigkeiten in der Schule hatten und 70% berichteten eine Beeinträchtigung der Freizeitaktivitäten. Es ist auch durchaus üblich, dass die Betroffenen den Kontakt mit Kindern oder schwangeren Frauen meiden, da diese in den Augen eines Emetophobikers eine hohe Neigung zum Erbrechen haben. Dementsprechend fanden Lipsitz und seine Forschergruppe, dass 44% der weiblichen Betroffenen eine Schwangerschaft aus Angst vor der damit verbundenen Übelkeit und dem Erbrechen mieden. Ein weiteres Viertel der Befragten berichtete, dass sie eine Schwangerschaft aus diesem Grund zwar gefürchtet hatten, aber ihrem Kinderwunsch trotzdem nachgegeben hatten. Schließlich meinten auch 12% der Emetophobikerinnen, dass sie die Schwangerschaft wegen der Angst vor dem Erbrechen besonders unangenehm erlebt hatten.

Das Vermeideverhalten aufgrund der Emetophobie gilt auch als Diagnosekriterium und daher als notwendiges Einschlusskriterium (d.h. Personen ohne Vermeideverhalten wurden in den statistischen Auswertungen nicht berücksichtigt) in unserer Internetstudie. Es äußerte sich im Vermeiden von Vergnügungsparkanlagen (Achterbahn, Karussell…) bei 20% der Befragten, von öffentlichen Verkehrsmitteln (insbesondere Bus aber auch Bahn u.a. 30,03%), Schifffahrten (9,35%), Flüge bzw. Flugreisen (6,8%) und Autofahrten (4%). Die Befragten vermeiden es Alkohol selbst zu trinken (10,8%) und Alkoholisierten zu begegnen (10,2%), oder anderen Menschen zu begegnen, von denen angenommen wird dass ihnen übel werden könnte (z.B. Kinder/selbst Kinder zu haben, Schwangere... 10,2%). Insbesondere vermeiden es 11,67% Kranken (insbesondere mit Magen-Darm-Grippe) Menschen zu begegnen. Vermieden wird auch der Besuch von Veranstaltungen (Partys, Feste, Discos... 45,83%), Menschenansammlungen (18,7%) oder gar soziale Kontakte (z.B. Freunde, Beziehungen 4,25%). 63,6% gaben an, auf bestimmte Lebensmittel zu verzichten (34,7% kein Verzicht, 1,7% keine Angabe), worauf wir im Abschnitt zum Essverhalten genauer eingehen. Vereinzelt (max. 3mal) wurden auch öffentliche Toiletten, auswärts zu übernachten, im Mittelpunkt zu stehen, Sport bzw. Bewegung, in der Öffentlichkeit zu essen, Restaurants, anderen beim Essen zuzusehen, Familientreffen, Drogen, Zigaretten, Sex, bestimmte Medikamente zu nehmen oder eben keine Medikamente gegen Übelkeit dabei zu haben, Sonne, Wartezimmer, Arztbesuche, öffentliche Gebäude, Höhen, Situationen, in denen schon einmal Übelkeit aufgetreten war, Situationen ohne Fluchtmöglichkeit bei auftretender Übelkeit und alleine zu sein genannt. Einzelne gaben an, überhaupt zu Hause zu bleiben oder ohne ein Behältnis (eine Plastiktüte o. dgl.) für den „Notfall" nicht aus dem Haus zu gehen.

Zum Verlauf des Vermeidungsverhaltens gaben 32,2% an, dass es mit dem Verlauf der Emetophobie nicht stärker geworden wäre, 66,9% berichteten aber eine Verschlechterung (einmal keine Angabe). 45,7% erklärten, diese Verschlechterung an zunehmenden Einschränkungen zu bemerken, 11,8% merkten es vor allem an größerer Angst und 11% gaben soziale Einbußen (bis hin zur Isolation) an. Bei 12,6% lautete die Angabe, dass es sich weder um eine Verschlechterung noch um eine Verbesserung beim Vermeideverhalten handeln würde und 23 % gaben an, dass das Vermeideverhalten besser geworden wäre (darunter finden sich auch drei Personen, die in bestimmten Bereichen eine Verbesserung, in anderen eine Verschlechterung verzeichneten und darum doppelt in die Wertung mit eingegangen sind). 12,75% gaben dazu explizit an, dass ihnen eine Therapie oder Selbstkonfrontation (d.h. diese Personen begeben sich absichtlich in beängstigende Situationen um damit umgehen zu lernen) geholfen hätte.

Kasten 2: Top-10 der vermiedenen Dinge bei Emetophobikern

1. Bestimmte Lebensmittel
2. Veranstaltungen (Party, Fest, Disco...)
3. Menschenansammlungen
4. öffentliche Verkehrsmittel benutzen
5. Kontakt zu Kranken
6. selbst Alkohol trinken
7. Alkoholisierten begegnen
8. Schifffahrten
9. Flüge bzw. Flugreisen
10. Autofahrten

Die Betroffenen sind in ihrem Alltag also maßgeblich eingeschränkt. Sie können ihre Beziehungen nicht pflegen, die Ausbildung nicht verfolgen, nicht zur Arbeit gehen... denn Reize, die Angst auslösen können, sind überall. z.B.:

- jegliche Konfrontation mit dem Erbrechen (persönliches Umfeld, eigener Körper, Filme, Zeichnungen etc.)
- bestimmte Körperreaktionen, wie Magenknurren oder Schwindel
- bestimmte Geräusche, wie Husten oder Räuspern
- Nahrungsmittel, die Erbrochenem ähnlich sehen oder danach riechen, wie bestimmte Suppen beispielsweise oder extrem übel riechender Käse u.v.a.

Hält man sich vor Augen, wie groß die auftretende Angst ist, so wird verständlich, dass die Betroffenen möglichst versuchen, dieser Angst aus dem Weg zu gehen. Die Liste an zu vermeidenden Dingen wird sehr lang.

3.5 Essverhalten

Wie schon des Öfteren erwähnt, ist das Essverhalten bei vielen Betroffenen gestört, da manche auf Grund ihrer Phobie nur sehr wenig oder unregelmäßig essen können oder bestimmte Nahrungsmittel meiden. Drei Viertel der Befragten in der Studie von Lipsitz und Kollegen (Lipsitz, Fyer, Paterniti, & Klein, 2001) gaben an, dass sie auf eine gewisse Art und Weise essen und/oder nur bestimmte Lebensmittel zu sich nehmen und/oder bestimmte Rituale rund um das Essen pflegten, z.B. exzessives Waschen oder wiederholtes Überprüfen der Haltbarkeit der Lebensmittel, da sie befürchten, vielleicht ein Nahrungsmittel zu sich zu nehmen, das bereits verdorben sein könnte. So fällt auch für viele Emetophobiker ein Restaurantbesuch flach, da sie dort die hygienischen Zubereitung sowie die Haltbarkeit der Lebensmittel nicht überprüfen können.

In unserer Studie finden 24,6%, dass sie normal essen, also wie andere Menschen (nicht-Emetophobiker), neben 75,4%, welche ihre Nahrungsaufnahme als abnormal bezeichnen würden. Letztgenannte führten als Gründe für ein abnormales Essverhalten die Angst vor dem Erbrechen (80%), die Angst vor dem Zunehmen (22,1%), Allergien (17,7%), die Übelkeit (7,8%) und anderes (6,7%) an. Als Folgen des abnormalen Ernährungsverhaltens wurde von 19,5% ein Energiemangel bei Arbeit/ Freizeit wegen der Unterernährung bestätigt. 17,7% gaben an, sie würden nie essen können, was eben gekocht wurde, da sie immer separat essen würden. 33,1% gaben vor in kein Restaurant gehen zu können, und 34,6% fanden ständig Ausreden, wenn sie zum Essen eingeladen wurden. Als freie Antworten wurden (öfter als einmal) genannt, dass vor Ausgängen (außer Haus gehen) das Essen vermieden wurde, dass Essen außer Haus – also in Restaurants, bei anderen Leuten usw. – im Allgemeinen vermieden würde bzw. sehr schwer fällt. Dementsprechend fanden sich auch Angaben, dass in Gegenwart anderer zu essen eher schwierig wäre und dass Mindesthaltbarkeitsdatum und Reinheit der Lebensmittel bei manchen Befragten eine Rolle spielen. 32% machten diesbezüglich keine Angabe, und zwar wegen normaler Ernährung und/oder weil keine Auswirkungen durch abnormale Ernährung vorlagen.

32,2% der Befragten bestätigten, bestimmte Koch- bzw. Zubereitungsrituale zu pflegen (13,6% volle Zustimmung, 18,6% eher Zustimmung), während 51,7% keine (30,5%) bzw. eher keine (21,2%) derartigen Rituale pflegten (16.1% keine Angabe). 46,6% pflegten bestimmte Essrituale (23,7% volle Zustimmung, 22,9% eher Zustimmung), während 35,6% eher keine (13,6%) oder keine (22%) Essrituale hatten (17,8% keine Angabe).

63,6% der Studienteilnehmer gaben an, auf bestimmte Lebensmittel zu verzichten (34,7% kein Verzicht, 1,7% keine Angabe). Unter den Angaben, auf was nun konkret verzichtet würde, wurden besonders häufig rohe Eier bzw. Speisen mit rohen Eiern (16,8%), Fleisch, insbesondere rohes Fleisch und Hackfleisch (13,6%), Fisch (12%), Alkohol (10,8%), Fett bzw. fette Speisen (8,8%), leicht verderbliche Speisen bzw. Speisen, von denen bekannt ist, dass sie eine Salmonellengefahr bergen (5,6%), Milch bzw. Milchprodukte (5,6%) Fast-Food (4%) genannt (38,1% keine Angabe). Weitere, seltenere Nennungen umfassten Knoblauch, warme Gerichte, Suppen, Torten und dergleichen. 5,9% der Befragten haben vor keinen bestimmten Lebensmitteln Angst. 90,8% haben vor verdorbenen Lebensmitteln Angst. 69,6% vor Bakterien, 59,3% wählten Alkohol als Lebensmittel, vor dem sie Angst hätten 25,5% wählten Fett und 1,7% Zucker. Bei 7,6% ist der Grund für diese Angst, dass befürchtet wird, von den betreffenden Lebensmitteln dick zu werden (4,2% trifft vollk. zu, 3,4% eher zu, 11% eher nicht, 73,7% trifft nicht zu – 7,6% ohne Angabe). 90,7% gaben hingegen als Grund an, von den jeweiligen Lebensmitteln möglicherweise erbrechen zu müssen (0,8% nein, 8,5% ohne Angabe). 71,2% der Befragten gaben an, Angst davor zu haben, zuviel zu essen und auf Grund dessen dann vielleicht erbrechen zu müssen.

Ohne die Angst vor dem Erbrechen meinten 52,5%, könnten sie normal essen. 17,8% stimmten dieser Aussage eher zu, 9,3% eher nicht, 11% gar nicht und 9,3% machten keine Angabe.

3.6 Emetophobiker neigen zum Somatisieren

Boschen (Boschen, 2007) betont, dass all diese Aspekte der Emetophobie einen stark somatischen Charakter haben. Menschen, die unter einer Panikstörung, einer posttraumatischen Belastungsstörung oder anderen spezifischen Phobien leiden, erleiden immer wieder mehr oder weniger starke Angstschübe. Bei diesen beginnen sie zu schwitzen, das Herz pocht immer schneller, es wird ihnen schwindlig usw. Es ist in der psychologischen Diagnostik durchaus üblich, Angststörungen in erster Linie durch diese körperlichen Erscheinungen von anderen Störungen zu unterscheiden. Aber auch Lampenfieber kennt fast jeder gesunde

Mensch – wer hat noch nie die berühmten Schmetterlinge im Bauch gespürt oder dass der Magen Achterbahn fährt? Boschen (Boschen, 2007) meint dazu, dass besonders diese gastrointestinalen Symptome von Emetophobikern ja geradezu heraufbeschwört werden, da sie erwartet werden. Diese Erwartung führt zu einer erhöhten Aufmerksamkeit auf Anzeichen einer möglichen Übelkeit und schon haben Emetophobiker statt der üblichen 100 Schmetterlinge schon 1000000 davon in ihrer Magengegend. Solche Überreaktionen sind genau das, was eine Störung von der Normalität unterscheidet. Die Emetophobiker reagieren auf Stressreaktionen wohl eher mit Übelkeit als mit Kopfschmerzen. Sie verspüren die Übelkeit schon beim Gedanken an eine Magen-Darm-Grippe und erkranken dann womöglich auch leichter daran. Das hat einen einfachen Grund: Die vielen Funktionen des Immunsystems werden zentral vom Gehirn aus gesteuert. Das ist notwendig, da die zentralen Systeme entscheiden können, wofür nun gerade die meiste Energie gebraucht wird. Ein Beispiel für diese Funktionalität bietet das Tierreich (Ewert, 1998): Stellen Sie sich vor, dass zwei Halbaffenmännchen um den Rang des Alphamännchens, also das mächtigste Männchen, in der Gruppe kämpfen. Der Sieger bekommt von seinem Körper als Belohnung einen Testosteronschub – er fühlt sich stark und kann sich von den Wunden, die er im Kampf davongetragen hat, gut erholen. Der Verlierer aber bekommt einen Cortisolschub – ein Stresshormon, welches das Immunsystem herunterreguliert. Dieser Verlierer kann sich vom Kampf nicht besonders gut erholen, wird häufig krank und stirbt an den Folgen.

Entwickelt ein Mensch nun bewusst oder unbewusst Angst vor einer Krankheit und deswegen eine Erwartung und erhöhte Aufmerksamkeit für Krankheitssymptome, so verfällt das Immunsystem durch diesen psychischen Stress in einen Zustand geringerer Aktivität. Das heißt, alleine durch die Erwartung einer Krankheit wird es schon wahrscheinlicher, dass sie tatsächlich ausbricht. Dieses Phänomen tritt auch bei hypochondrischen Menschen und teilweise auch bei solchen mit somatoformen Störungen auf. Psychischer Stress greift das Immunsystem an, da sich der Körper die Energie für andere Stressreaktionen vorbehält, statt diese dem Immunsystem zur Verfügung zu stellen.

Soweit ist der kognitive Aspekt, also die Gedanken, die Emetophobiker bei Konfrontation mit Angstreizen ausbilden, direkt mit den Körperfunktionen verbunden.

3.7 Übelkeit

Das Somatisieren führt uns konkret zum Thema Übelkeit, mit welcher sich ein Großteil der Betroffenen auseinandersetzen muss. Manche Betroffenen sprechen sogar schon von einer „24-Stunden-Übelkeit", die sie nicht mehr loszulassen scheint. Für die Übelkeit liegt meist kein organischer Grund vor, sodass sie als unspezifische somatoforme Störung bezeichnet werden könnte. Das heißt, dass eine Ursache in der Psyche ein körperliches Symptom hervorruft. Wie bereits an verschiedenen Stellen (Diagnose, Komorbiditäten…) angeführt, reicht das Vorhandensein der Symptome zweier Störungen nicht aus, um beide Diagnosen zu stellen. Es ist deshalb zu fragen, ob die eine Störung nicht besser durch die andere erklärt werden kann, anstatt sie als einzelne, unabhängige Symptombündel anzusehen. Dementsprechend kann der Grund der Übelkeit in der Emetophobie vermutet werden – die Übelkeit ist ein Syndrom, d.h. ein Symptommuster, das zur Emetophobie gehören kann.

Da Betroffene panische Angst vor dem Erbrechen haben, sind sie besonders wachsam auf Anzeichen, die sie möglichst früh vor einem auftretenden Brechreiz warnen würden. Je wachsamer sie sind, umso stärker interpretieren sie Anzeichen. Magenknurren, Schwindelgefühle, Speichelfluss… u.a. lösen eine Alarmiertheit aus. Diese Alarmiertheit führt zur Befürchtung, nun bald Übelkeit zu verspüren. Diese Befürchtung entspricht einer sich selbst erfüllenden Prophezeiung: Den Betroffenen wird übel. Gleichzeitig steigt die Angst – bis hin zu einer Panikattacke. Sehr schnell kann man einsehen, dass es sich hierbei um einen Teufelskreis handelt: Angst vor dem Erbrechen – Erhöhte Wachsamkeit – Erhöhte Wahrnehmung von potentiellen Signalen – Erhöhte Angst und Befürchtung – Übelkeit – Erhöhte Angst vor dem Erbrechen – Erhöhte Wachsamkeit… usw. Abbildung 4 stellt diesen Kreislauf graphisch dar.

3 Phänomenologie der Emetophobie

Teufelskreislauf Emetophobie

- Angst vor dem Erbrechen
- Höhere Aufmerksamkeit für körperliche Symptome
- Intensivere Wahrnehmung von körperlichen Vorgängen
- Interpretation von körperlichen Vorgängen als gefährliche Symptome
- Mehr Angst, mehr Befürchtungen
- Übelkeit

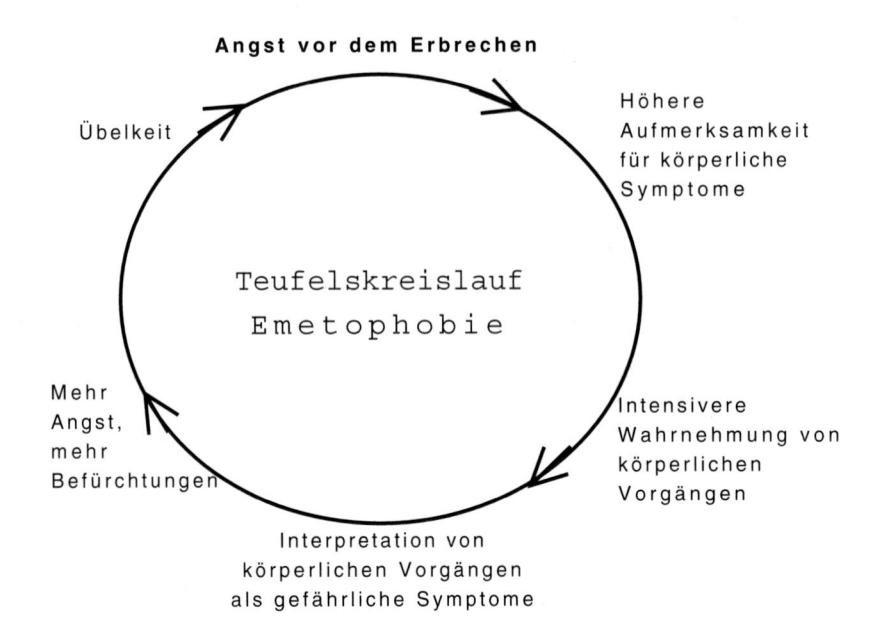

Abbildung 4: Teufelskreis der Emetophobie und der Übelkeit

Dieser Teufelskreis kann gut mit jenem von Panikattacken verglichen werden: Hier verhält es sich ebenso, nur ist die Befürchtung nicht auf das Erbrechen konzentriert sondern die Gedanken lauten hierbei eher „Ich kriege einen Herzinfarkt!" oder „Ich drehe durch!" oder „Ich muss ersticken!". Personen mit Panikattacken verspüren in erster Linie Herzrasen, Schwindelgefühle und Atemnot. Ähnlich wie bei Emetophobikern kann diese sich nach oben drehende Spirale durch „nichts" ausgelöst werden, allein der Gedanke „Wann kommt die nächste Attacke?" leitet die Aufmerksamkeit auf den Rhythmus des Herzschlages, auf Körpertemperatur, Atem etc. und allein die Aufmerksamkeit erhöht den Herzschlag, führt zu Hyperventilation und als Konsequenz daraus zu Schwindel. Nun ist es aber bei Panikattacken so, dass die Betroffenen nicht ersticken, nicht durchdrehen und keinen Herzinfarkt erleiden. Bei Emetophobikern hingegen führt die aufgeschaukelte Übelkeit nicht selten wirklich zum Erbrechen, d.h. das Horrorszenario tritt wirklich ein. Die gelernte Angst wird dadurch noch gestärkt, da sie ja bestätigt wird (Boschen, 2007).

So gesehen handelt es sich also um eine Übelkeit, die in der Psyche verursacht wird. Allerdings stellt sich hier die Frage, welches Symptom zuerst da war: die Übelkeit oder die Angst vor dem Erbrechen. Bevor also die Übelkeit als Emetophobie-Symptom oder die Emetophobie als Folge einer unspezifischen somatoformen Störung klassifiziert wird, sollten Verlauf und Intensität (welches Symptom steht im Vordergrund?) beider Syndrome abgeklärt werden. Diese Abklärung verhält sich analog zur Anorexie. Tritt also die Übelkeit schon vor der Emetophobie auf, so gilt es, die Übelkeit, d.h. ihre auslösenden und aufrechterhaltenden Faktoren, zu verstehen. Bei 7,1% der Befragten unserer Internetstudie begann die Übelkeit vor der Angst vor dem Erbrechen u.z. im Mittel 2,4 Jahre vorher (SD=1,43 Jahre). Bei 36,2% begannen Übelkeit und Angst gleichzeitig, bei 38,3% begann die Angst vor der Übelkeit u.z. im Schnitt 10,24 Jahre (SD=6,66 Jahre). In Abbildung 5 sehen Sie diese möglichen Verläufe.

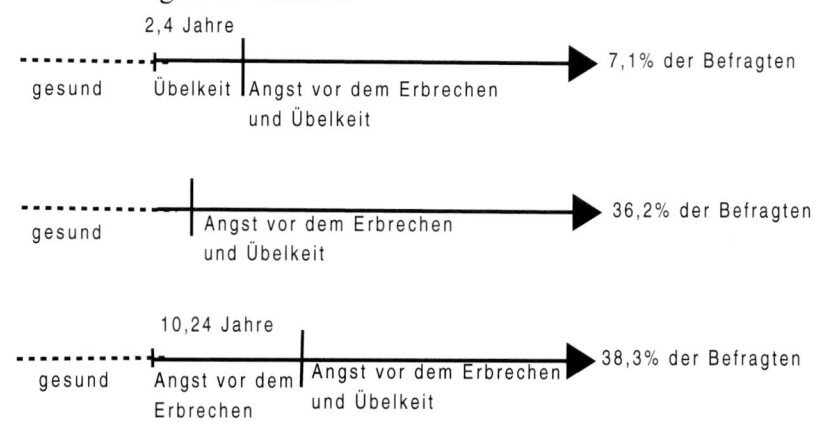

Abbildung 5: Verlauf von Angst vor dem Erbrechen und Übelkeit

18,4% machten keine Angabe zum Beginn von Übelkeit weil diese nicht vorhanden war oder machen keine Angabe zum Beginn der Angst und/oder Übelkeit weil dieser nicht exakt festmachbar war. Im Übrigen leiden 45,8%, an Übelkeit („trifft vollkommen zu"), was mit den weiteren 37,3%, die ebenfalls „eher" an Übelkeit leiden, die Mehrheit ausmacht. Nur 4,2 % leiden nicht an Übelkeit, 12,7% leiden eher nicht an Übelkeit. Diese Übelkeit tritt bei 71,2% mit Unterbrechungen und bei 19,5% ständig (Rest ohne Angabe) auf. 5,9% verspüren die Übelkeit seltener als 1mal im Monat, 16,9% etwa 1-3mal im Monat, 29,7% 1-3mal in der Woche und 40,6% täglich (ein- o. mehrmals oder gar ständig). Die Angaben über die Länge der Übelkeitsattacken legen nahe, dass diese eher von kurzer Dauer sind: Bei 31,8% dauerten sie nur 1/2h, bei 23,6% 2h und bei 15,5% 4h. 5,5% gaben eine kürzere, 23,6% eine längere Dauer an. Trotz der kurzen Dauer scheinen die Übelkeitsattacken sehr störend zu sein: 27,2% befanden, dass die Übelkeit sie bei den täglichen Verpflichtungen beeinträchtigen würde, weitere 38,6% stimmten diesem Aspekt eher zu. Die restlichen 34,2% mit keiner oder nur geringer Zustimmung sind somit in der Unterzahl und umfassen ja auch diejenigen, die gar nicht an Übelkeit leiden. Der Aussage, die Übelkeit kaum noch aushalten zu können, stimmten 68,1% zu bzw. eher zu, 45% meinten (bzw. eher), sich vor Übelkeit beinahe übergeben zu müssen aber 99,1% verneinten es, sich auch tatsächlich zu übergeben und nur 17,7% meinten, dass sie sich vor Übelkeit manchmal lieber übergeben würden.

Zur Übelkeit gibt es offensichtlich zahlreiche subjektive Theorien: 81,3% der Befragten gaben an, die Übelkeitsauslösender ganz oder zumindest teilweise zu kennen. 39,8% nannten Ereignisse in der Familie, 21,3% Ereignisse bei der Arbeit, 40% Ereignisse in der Partnerschaft und/oder Freundschaft, 12,9% das Weltgeschehen, 48,2% die Gesundheit bzw. 62,3% Krankheit, 51,2% Genuss bestimmter Lebensmittel (56,2% Fett, 42,44% Zucker, 14,8% scharfe Speisen, 17,1% sonstige), 54,6% Stress und 32,4% sonstige Auslöser. Unter den sonstigen Auslösern fanden sich bei 19,2% Situationen im Zusammenhang mit der Ernährung (fremd zubereitetes Essen, Unternehmungen nach dem Essen...), bei 14,5% die Konfrontation mit dem Erbrechen oder ähnlichen Reizen (Übelkeit anderer, Krankheiten im Umlauf) und 10,4% nannten agoraphobische Aspekte.

3.8 Ekel

Die niederländische Forschung beschäftigt sich intensiv mit der wissenschaftlichen Untersuchung der Emetophobie. Eine Studie widmete sich dem Ekel bzw. der Persönlichkeitseigenschaft der „Ekelneigung" (vanOverveld, de Jong, Peters, vanHout, & Bouman, 2008). Die Forschergruppe mutmaßte, dass das als ekelhaft wahrgenommene Ereignis des Erbrechens bei Emetophobie mit einer speziellen Form von Ekel und Angst vor Beschmutzung/Verunreinigung durch Kontakt mit der ekelerregenden Substanz zu tun haben könnte. Der Ekel könnte laut dieser Forschergruppe einen Einfluss auf die Entstehung und Aufrechterhaltung der Störung haben. Zunächst vielleicht, weil Reize wie Erbrochenes oder Spinnen ein hohes Potential von Kontaminierung (das ist der Kontakt zum gefürchteten Objekt bzw. die Verunreinigung durch dieses) haben. Objekte also, die sehr ekelerregend sind und bei denen es möglicherweise zu Körperkontakt kommen kann, weisen sich durch ein hohes Kontaminierungspotential aus. Zum anderen könnte man sagen, dass Ekel und das subjektive Erleben von Kontaminierung bei manchen Personen leichter ausgelöst wird als bei anderen. Laut eigenen Forschungen weiß die Gruppe von van Overveld, dass es dabei eine Rolle spielt, ob das Erleben von Ekel auch negativ bewertet wird. Dieser Faktor wird als Ekelneigung bezeichnet.

Emetophobiker vermeiden in der Tat Situationen, in denen sie möglicherweise mit dem Erbrechen (selbst oder als Zuschauer) konfrontiert werden. Das wissen wir aus unserer eigenen Studie sowie aus der bisherigen Forschung (Boschen, 2007; A. L. Davidson, Boyle, & Lauchlan, 2008; Lipsitz, Fyer, Paterniti, & Klein, 2001; Veale & Lambrou, 2006). Mit einem speziellen diagnostischen Instrument zur Erhebung der Ekelempfindlichkeit und der Häufigkeit, mit der Ekel empfunden wird (van Overveld, De Jong, Peters, Cavanagh, & Davey, 2006) untersuchten die Forscher, ob Emetophobiker hier höhere Werte zeigten als andere. Tatsächlich zeigte sich, dass Emetophobiker Ekel häufiger und leichter empfinden als Personen ohne Emetophobie. Darüber hinaus konnte festgestellt werden, dass der Schweregrad der Emetophobie (im Sinne von emetophobischen Gedanken und Vermeidungsverhalten sowie Einschränkungen im Alltag) mit der Häufigkeit und Empfindlichkeit von Ekelerfahrungen zusammenhängt.

Wie schon erwähnt, sind die meisten Emetophobiker weiblich. Die Forschergruppe rund um van Overveld wartet nun mit einer Erklärung für dieses Phänomen auf: Die Ekelneigung sei bei Frauen generell höher als bei Männern, sodass Ekel-bezogene Störungen bei Frauen deswegen häufiger vorkommen.

Allerdings beruhen die Schätzungen über die Geschlechtsverteilung dieser Störung auf den gemeldeten Mitgliedern in Internetforen und/oder deren Teilnahme an den dort durchgeführten Studien. Es kann sein, dass Frauen eher in einem Internetforum ihre Probleme besprechen möchten als Männer und/oder dass diese Frauen dann auch eher bereit sind, lange Fragebögen zu bearbeiten, als ihre männlichen Leidensgenossen (siehe auch das Kapitel zur Häufigkeit der Emetophobie).

Overveld und sein Team (van Overveld, de Jong, Peters, van Hout, & Bouman, 2008) merkten auch an, dass die Ekelneigung nicht Ursache der Emetophobie sein muss: Es kann genau so gut sein, dass sie ein Seiteneffekt davon ist.

3.9 Beeinträchtigung durch die Angst vor dem Erbrechen

Neben den 2,5%, welche angaben, im Alltag nicht durch die Emetophobie beeinträchtigt zu sein, fanden 43,3% ihr Berufsleben als beeinträchtigt, 31,3% ihre Ausbildung, 50,8% ihre Beziehungen, 79,8% die Freizeit bzw. das Hobby und 56,9% die Ernährung, 26,1% befanden ihre Selbstständigkeit als eingeschränkt und 30,9% vermeiden eine Schwangerschaft nur wegen der Emetophobie. Letztgenanntes stimmt mit den amerikanischen Ergebnissen (Lipsitz, Fyer, Paterniti, & Klein, 2001) überein. Abbildung 6 bietet eine Übersicht über die häufigsten Beeinträchtigungen.

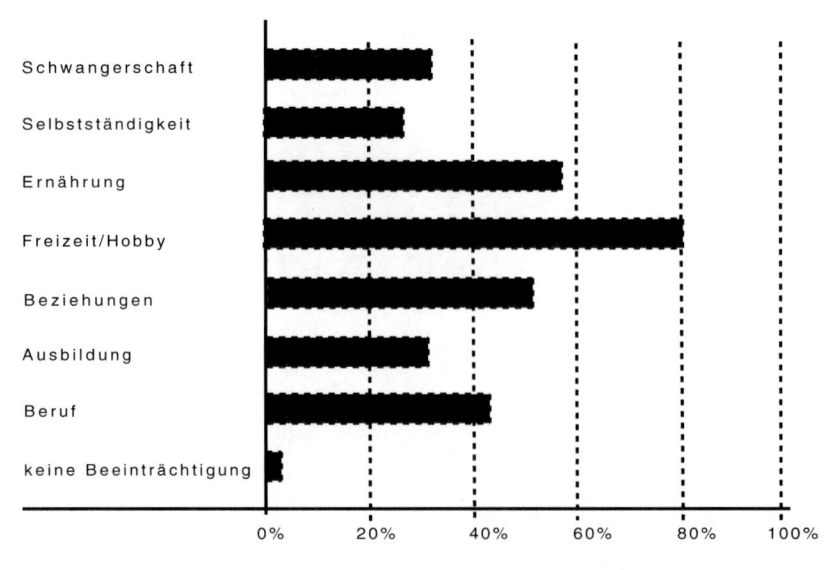

Abbildung 6: Beeinträchtigungen durch die Emetophobie

4 Komorbidität und Emetophobie

4.1 Der Mensch ist ein Ganzes

Komorbidität bezeichnet das gemeinsame Auftreten mehrerer Störungen. Komorbidität ist der Normalzustand: Eine Störung kommt selten allein, weiß der Psychologe aus der Praxis. Da diese Störungen aber nicht nur psychischer Natur, sondern auch körperlicher Natur sein können, sei hier vorneweg gesagt, dass der Mensch ein Ganzes ist. Das bedeutet, dass es sinnlos ist, zu einem Arzt zu gehen, der die Übelkeit behandelt, und zu einem Therapeuten, der die Angst behandelt, wenn diese zwei Experten nicht zusammenarbeiten. Die Übelkeit und die Angst hängen zusammen. Was dabei Auslöser und was Folge ist, spielt augenscheinlich eine große Rolle, ist aber von Fall zu Fall neu zu untersuchen und zu entscheiden. Fest steht jedoch, dass die beiden Phänomene nicht getrennt betrachtet werden dürfen. Das ist insbesondere wichtig, wenn man bedenkt, dass ca. 80% (83,1% der Befragten unserer Internetstudie; wobei 45,8% voll zutreffend, 37,3% eher zutreffend angaben) der Emetophobiker an Übelkeit leiden. Genauso verhält es sich auch mit anderen Symptomen und Störungen. Es kommt ausgesprochen häufig vor, dass zur Begleiterscheinung „Übelkeit" bei der Emetophobie die Diagnosen „Gastritis" oder „Reizdarm/magen" gestellt werden. In unserer Studie gaben z.B. 10,4% an, der Arzt habe als Ursache ihrer Übelkeit eine Gastritis, bei 16,8% einen Reizdarm/magen diagnostiziert. Die wenigsten Ärzte fragen dann aber nach psychischen Zusammenhängen. Gerade das Reizdarmsyndrom hat aber oft „ungeklärte" Ursachen. Da die Schulmedizin gegen Unbekanntes machtlos ist, wird hierzu oft ein Psychologe zu Rate gezogen. Es gilt also, nicht die Symptome des Reizdarms zu behandeln (Blähungen, Verstopfung, Durchfall...), sondern die Ursachen dafür aufzuspüren. Die klassische Diagnose einer psychischen Ursache lautet bei Ärzten „Stress". Aber Stress kann vieles sein – auch eine belastende Beziehung, Arbeitslosigkeit oder Minderwertigkeitsgefühle bedeuten psychischen Stress. Ob wir das nun Stress nennen oder auf ein Entwicklungsdefizit, Beziehungsprobleme oder Konflikte zurückführen, sei dahingestellt. Wichtig ist, dass die Ursachen identifiziert und bekämpft werden. Als psychische Faktoren sitzen sie im Zentralnervensystem (Gehirn) und können von dieser Steuerzentrale aus alle Körperregionen angreifen. Würde nun ein Arzt nur die Symptome im Körper behandeln, so sind die Ursachen in der Umwelt oder in der Persönlichkeit immer noch vorhanden und bringen im schlimmsten Fall eine weitere, andere Störung zum Ausbruch. Unter diesem Gesichtspunkt kommt es oft zum *Doktor-Shopping*. Dieser saloppe Begriff bezeichnet ein Phänomen, bei dem ein leidender Patient seine einzelnen Symptome von den gewählten Fachärzten behandeln lässt, ihn jeder aber nur und ausschließlich in bezug auf eine Einzelsymptomatik betrachtet. z.B. behandelt der Hals-Nasen-Ohrenarzt die Halsschmerzen, der Gynäkologe das Prämenstruelle Syndrom, der Darmspezialist die Verstopfung und der Psychologe die Depressionen. Würde aber ein *Ganzheits*-Mediziner/Psychologe/Therapeut o.ä. die Fallgeschichte als Gesamtbild betrachten, so könnte er feststellen, dass diese diversen Symptome alle – nur leicht in der Zeit versetzt – beispielsweise mit dem Umzug in das Haus der Schwiegereltern aufgetreten sind und damit zu tun haben könnten, dass die Betroffene sich in ihrer neuen Umgebung aus diversen Gründen nicht einleben kann. Das Gesamtsyndrom (ein Syndrom ist ein Bündel von Symptomen) ist also eine Anpassungsstörung, die sich im Körper ausgebreitet hat (eine so genannte Somatisierung). Komorbiditäten sollten also gemeinsam betrachtet werden: Psychische und körperliche Komponenten sind gleichermaßen zu behandeln, und zwar nicht getrennt, sondern gemeinsam.

4.2 Psychische und körperliche Komorbiditäten

Da bei ständig wiederkehrender bzw. ständig präsenter Übelkeit ein Arztbesuch naheliegend ist, wollten wir von den Studienteilnehmern auch wissen, ob sie sich einer Untersuchung unterzogen hatten. 78,3% gaben an, schon einmal beim Arzt gewesen zu sein, um sich und insbesondere den Magen untersuchen zu lassen. Davon waren 24,7% nur ein- bis zweimal beim Arzt, 40,4% 3-10mal und 34,8% sogar öfter. 10,2% wurden vom Arzt mit keiner Diagnose bedacht, Bei 38,1% wurden psychischen Störungen diagnostiziert, 4,2% erhielten eine körperliche Diagnose und 22,9% psychische und körperliche Diagnosen (24,6% keine Angabe, darunter die 21,7% die nicht beim Arzt waren). Es nannten 10,4% eine Gastritis, 16,8% Reizdarm/magen, 8% Angststörungen (spezifische Phobie, soziale Phobie, Agoraphobie, Panik…), 4% Essstörungen und 46,6% gaben keine konkrete Diagnose an. Außerdem genannt wurden Depressionen, Somatisierungsstörung bzw. psychosomatische Symptome, Darmpilze, Lebensmittelallergien u.a.

Diese Diagnosen sind vom Arzt gestellt – ob sie nun richtig sind, sei dahingestellt. Befragte man die Studienteilnehmer nach ihrer psychischen Gesundheit, so gaben 63,6% an, außer an Emetophobie auch noch an anderen psychischen Störungen zu leiden. Darunter fanden sich 34,8% Angststörungen (8,4% Agoraphobie, sonst: Panikstörungen, spezifische Phobien, generalisierte Angststörung), 23,8% Depressionen, 2,5% Manisch-Depressiv, 6,65% Zwänge, 3,4% Post-Traumatische Belastungsstörung, 6,65% Persönlichkeitsstörungen, 5,95% Essstörungen, vereinzelt Somatisierungsstörungen, ADHS und Anpassungsstörung.

Die erste Internetstudie mit Emetophobikern (Lipsitz, Fyer, Paterniti, & Klein, 2001) fand, dass die Hälfte der Befragten an Panikattacken mit Symptomen wie Übelkeit (82%), Atemlosigkeit (62%) und Magenproblemen (57%) litt. Andere psychische Störungen, die auch in dieser Studie von den Betroffenen selbst angegeben und daher wie in unserer Studie nicht zwingend von einem Arzt oder Psychologen diagnostiziert worden waren, sind demgemäß spezifische Phobien bei 30%, insbesondere verbunden mit Ekelreaktionen. 40% berichteten, sie hätten eine Panikstörung oder Agoraphobie. 46% berichteten von Depressionen, 21% von sozialer Phobie und 18% von Zwangsstörungen. 57% beschrieben Trennungsangst in der Kindheit. Dieses Ergebnis kann aber vermutlich auf die Suggestivität der Frage im benutzten Fragebogen zurückzuführen sein. Wir haben in unserer Studie dieselbe Frage eingeführt und kamen auf ein ähnlich hohes Ergebnis: Die Frage zur Trennungsangst lautete (in beiden Studien, also in der Originalstudie von Lipsitz und Kollegen sowie in unserem Versuch, das Ergebnis zu prüfen): „Litten Sie (in ihrer Kindheit) oder leiden Sie unter Trennungsangst?"

In unserer Studie fügten wir noch die drei Auswahlmöglichkeiten hinzu: *a) in der Kindheit, b) noch heute, c) nie*

50% gaben an, noch heute unter Trennungsangst zu leiden. 10,2% gaben an, in der Kindheit daran gelitten zu haben (36,4% nie, 3,4% keine Angabe). Tatsächlich stellt sich die Frage, wer sich denn leicht und gerne trennt? Dieses „Syndrom" kann nicht als solches gewertet werden, da vermutlich jeder Befragte etwas anderes unter Trennungsangst davon verstehen wird, jedenfalls im seltensten Fall die „klinische Version". Dass sich Kinder ungern von ihrer Mutter trennen, ist jedem bewusst. Gleichsam wissen wohl die meisten, was Trennungsschmerz bedeutet. Dementsprechend ist eine gewisse Abneigung oder Angst diesbezüglich natürlich.

Im Übrigen lassen sich die Ergebnisse zu den Komorbiditäten in vielen Studien ähnlich nachlesen. So gibt es z.b. in einer ähnlichen Internetstudie mit vorwiegend amerikanischen Teilnehmerinnen (A. L. Davidson, Boyle, & Lauchlan, 2008) einen Anteil von 62,7%, die neben der Emetophobie auch an anderen Störungen (spezifische Phobien, Generalsisierte Angststörung, Zwangsstörung, Panikstörung, Depressionen und Anorexie) litten.

5 Die Verwandten der Emetophobie – Fehldiagnosen sind programmiert

Da Diagnosen auf Symptomen beruhen und da einige Störungen gemeinsame Symptome haben, gibt es immer wieder Fehldiagnosen. Oft wird die Emetophobie auch als komorbide Störung oder nur als Symptom anderer Störungen interpretiert, etwa der sozialen Phobie, der Agoraphobie oder der Panikstörung (vanOverveld, de Jong, Peters, vanHout, & Bouman, 2008). Doch Angstforscher bemerkten immer wieder, dass sich die Emetophobie von diesen Kategorien unterscheidet (Lelliott, McNamee, & Marks, 1991). Insbesondere bei Fallstudien wurde auf die Spezialität dieser Krankheit Rücksicht genommen (Dattilio, 2003; Moran & O'Brien, 2005; Rink, 2006; Ritow, 1979). So wie es individuelle Unterschiede im Hinblick auf geeignete und weniger geeignete Therapien gibt, so sind auch Störungen und somit auch die Emetophobie speziell zu behandeln. Eine falsche Diagnose hat einen maßgeblichen Einfluss auf den Behandlungserfolg. Zum einen mangelt es dem Patienten an der Bereitschaft zur Mitarbeit in der Therapie (die so genannte „Compliance"), wenn sich der Patient falsch verstanden fühlt. Zum anderen wird möglicherweise auch die falsche Therapie gewählt.

Bei der Emetophobie liegt etwa eine Fehlerquelle im abnormalen Essverhalten, das die meisten Emetophobiker aufweisen. Deswegen werden oft Essstörungen anstatt einer Emetophobie diagnostiziert. Einige Probleme mit Komorbiditäten und Verwechslungen haben wir schon kennen gelernt. Hier widmen wir uns noch einigen Sonderfällen.

5.1 Gemeinsamkeiten mit anderen Angststörungen

Laut Diagnose steht die Angst vor dem Erbrechen immer im Mittelpunkt und bestimmt das Leben der Betroffenen maßgeblich. Diese Angst an sich tritt jedoch in bestimmten Situationen verstärkt auf. Wie im biographischen Teil dieses Buches vermutet werden kann, gehört ein sozialphobischer Aspekt zum Erscheinungsbild der Emetophobie. Die Angst vor dem Erbrechen steigert sich in sozialen Situationen. Anstatt des üblichen Lampenfiebers haben die meisten Emetophobiker Angst, zu erbrechen, wenn sie im Mittelpunkt der Aufmerksamkeit vieler Menschen stehen. Die soziale Phobie allein ist bestimmt durch die Angst vor der negativen Beurteilung durch andere Menschen. Die Angst vor dem Erbrechen in Anwesenheit anderer bezieht sich auch auf die Angst, was andere darüber denken würden, wenn das „Horrorszenario" auftreten würde. Dies muss nicht unbedingt auf einer Bühne passieren. Auch eine Prüfungssituation, ein Spaziergang in einer gut besuchten Fußgängerzone einer Stadt etc. bieten den Emetophobikern genug Reize für Angst vor sozialen Situationen, in denen ein Erbrechen mehr als nur peinlich sein könnte. Dem schließt sich mit einer etwas verwischten Abgrenzung der agoraphobische Aspekt an: Agoraphobie ist definiert als Angst vor Situationen, in denen eine Flucht schwer oder nicht möglich wäre. Üblicherweise tritt Agoraphobie mit Panikattacken auf und die Betroffenen fürchten sich davor, Panikattacken in Kaufhäusern, in Aufzügen, auf offenen Plätzen... zu erleben, sodass sie diese Situationen meiden. Dementsprechend befürchten Emetophobiker in Kaufhäusern, in Aufzügen, auf offenen Plätzen etc. zu erbrechen – und meiden diese Situationen ebenso. Möglicherweise erleiden sie sogar Panikattacken, ausgelöst durch die Angst bzw. die Befürchtung, mit dem Erbrechen konfrontiert zu werden. Diese Ähnlichkeit führt oft zu Falschdiagnosen, etwa wie die „Agoraphobie ohne Panikattacken" (Pollard, Tait, Meldrum, Dubinsky, & Gall, 1996). In der amerikanischen Internetstudie (Lipsitz, Fyer, Paterniti, & Klein, 2001) berichtete die Hälfte der Befragten das Auftreten von Panikattacken, die ohne Bezug zur Angst vor dem Erbrechen zu sein schienen. Die Symptome dieser Panikattacken wurden in der Studie mit Übelkeit (82%), Atemnot (62%) und Magenproblemen (57%) umschrieben. Letztgenanntes lässt aufhorchen, da Übelkeit bei Panikattacken die Angst vor dem Erbrechen weiter schüren würde bzw. den betroffenen Emetophobikern im Falle einer Panikattacke eben auch ein Anlass zur Angst gegeben wäre.

Ganz anders aber sieht es Pollard und sein Forschungsteam (Pollard, Tait, Meldrum, Dubinsky, & Gall, 1996): Menschen, die an Agoraphobie ohne Panikattacken leiden, haben Angst vor Symptomattacken, die sich von jenen der Agoraphobiker mit Panikattacken unterscheiden. Gefürchtet sind Kopfschmerzen, Erbrechen, Schwindelgefühle und Verlust der Blasen- und Darm-Kontinenz. Diese Attacken werden also von den Betroffenen schon vor ihrem vermeintlichen Auftreten dermaßen gefürchtet, dass jede Gefahr dahingehend vermieden wird. Die angenommenen katastrophalen Konsequenzen sind u.a. Peinlichkeit, schwere Krankheit oder gar der Tod. Dementsprechend sieht Pollard die Emetophobie nicht als solche, sondern als spezielle Form der Agoraphobie ohne Panikattacken, sozusagen als Agoraphobie mit Angst vor dem Erbrechen. Er ordnet sie als Angst vor einem innerkörperlichen Empfinden ein. Die gefürchteten Attacken sind den Panikattacken sehr ähnlich und daher laut Pollard von grundlegender Bedeutung für die Entwicklung der Agoraphobie. Dementsprechend ähnelt auch das Vermeideverhalten dem von Personen, die an Agoraphobie mit Panikattacken leiden (z.B. Angst, das Haus zu verlassen, vor Menschenmengen, vor sozialen Situationen, ohne Begleitung unterwegs zu sein etc.).

5.2 Zwang

Die Kontrolle der Lebensmittel oder das Ritual, das mit der Einnahme der Nahrung verbunden ist, haben bei der Emetophobie nicht selten einen zwanghaften Charakter. Eine Zwangsstörung beinhaltet das zwanghafte Vermeiden und/oder Ausführen bestimmter Dinge/Tätigkeiten. Eine typische Zwangsstörung ist z.B. der Sauberkeitszwang, bei welchem die Betroffenen sich mehrmals täglich waschen, ihre Kleidung wechseln, ihre Umgebung putzen und diese übertriebene Hygiene meist auch ihrem sozialen Umfeld aufzwängen (d.h. auch der Ehepartner, die Kinder, die Arbeitskollegen etc. müssen sich ständig umziehen, waschen usw.). Manche Emetophobiker „können" gewisse Nahrungsmittel nicht essen, wenn sie diese nicht ausreichend auf ihre Güte hin überprüft haben. Die Betroffenen „müssen" sich mehrmals am Tag die Hände waschen und wollen sich so vor einer Infektion mit Bakterien schützen, die eine Magendarmgrippe verursachen können. Auch hier gilt, dass die Zwangsstörung nur als eigene Störung diagnostiziert werden kann, wenn alle notwendigen Kriterien für selbige erfüllt sind.

5.3 Emetophobie als Ursache oder Folge von Essstörungen?

Auch wenn aus wissenschaftlicher Hinsicht nicht gesagt werden darf, dass Emetophobie andere Störungen verursacht, ist es dennoch gerechtfertigt, diese Möglichkeit in Erwägung zu ziehen. Emetophobie geht meist mit einem zumindest beeinträchtigten, wenn nicht gar gestörten Essverhalten einher. Wie zuvor beschrieben, passen manche Betroffene ihr Essverhalten der Phobie an und können auf Grund ihrer Angst nur noch wenig und/oder unregelmäßig essen oder meiden bestimmte Lebensmittel ganz. In unserer Studie gaben 75,4% an, nicht wie andere Menschen essen zu können und 63,6% erklärten, wegen der Emetophobie auf bestimmte Lebensmittel verzichten zu müssen. Verzicht auf bestimmte Lebensmittel oder gleich ganz auf Essen kann durchaus zu Mangelerscheinungen und nicht selten zu Untergewicht führen. Der Body-Mass-Index (BMI) dient heute als Maß für eine Klassifizierung des Gewichts in normal, zu niedrig oder zu hoch. Ein BMI von 19 bis 25 gilt als Normalgewicht (55,1% aller Befragten unserer Studie). Darunter spricht man von Untergewicht (38,1% aller Befragten) und darüber von Übergewicht (6,8% aller Befragten). Da heute aber auch das Schönheitsideal im Untergewichtsbereich liegt (BMI von 18/19, bestimmte Models sogar darunter), sollte man eher fragen, ob die Betroffenen mit ihrem Gewicht zufrieden sind. 23,7% der Befragten finden sich selbst zu leicht, 48,3% finden ihr Gewicht gerade richtig und 28% sind sich zu schwer. Unterteilt man diese Befragung nach der Zufriedenheit mit dem Gewicht nach BMI-Klassen, so erhalten wir ein leicht verzerrtes Bild nach unten. Bei den Untergewichtigen finden sich 57,8% zu leicht, 33,3% gerade richtig und 8,9% zu schwer. Die Normalgewichtigen finden sich mit 3,1% zu leicht, 63,1% gerade richtig und 33,8% zu schwer. Von den Übergewichtigen findet sich eine Person gerade richtig, der Rest zu schwer. Dies scheint sich nun am ehesten mit den modernen Ansichten einer „guten" Figur zu decken. Wenn wir also weiter an unserer Hypothese festhalten, dass es unter den Emetophobikern besonders viele gibt, die aufgrund eines abnormalen Essverhaltens – wegen der Angst vor dem Erbrechen – zu leicht sind, sollten wir die extrem untergewichtigen Personen betrachten. Wertet man von den Untergewichtigen nun nur jene im Anorexiebereich, d.h. mit einem BMI unter 18, so handelt es sich um 31 Fälle, von denen sich 71% zu leicht finden, 15,8% gerade richtig und 3,2% (also eine Person) findet sich immer noch zu schwer. Daraus würde man nun schon eher folgern, dass es sich nicht um eine Körperschemastörung wie bei der Magersucht handelt. Dabei würden sich nämlich auch alle Untergewichtigen noch immer zu schwer finden. Es ist trotzdem nicht auszuschließen, dass in der Stichprobe einige Befragte mit einer Essstörung enthalten sind. In der Tat geben 19,35% dieser Spezialgruppe eine Essstörung bzw. konkret Anorexie als Komorbidität an. Untergewicht gilt als Diagnosekriterium für Anorexie (Magersucht), ist aber nicht das einzige Kriterium, u.a. muss das Untergewicht bei der Anorexie absichtlich herbeigeführt worden sein. Die angegebenen Komorbiditäten sind nicht von uns abgeklärt, sondern beruhen auf Selbstangaben, d.h. es kann sein, dass diese Personen selbst eine Essstörung vermuten oder dass ein behandelnder Arzt oder Psychologe eine richtige oder auch falsche Diagnose gestellt hat. Ist das Untergewicht nämlich nur ein „Abfallprodukt" der Emetophobie, eben wegen des Vermeidens von Essen, dann ist die Diagnose einer Essstörung falsch. Wie es sich nun im Detail mit der gleichzeitigen Diagnose beider Störungen verhält, wird später erklärt. Auf jeden Fall müssten aber für eine Doppeldiagnose alle Kriterien für beide Störungen vorhanden sein. Bei noch strengerer Betrachtung darf zusätzlich nicht eine Störung durch die andere besser erklärt werden als durch eine eigene Ursache. Anorexie ist aber nicht die einzige Essstörung, die in Verbindung mit Emetophobie auftreten kann. Stellen Sie sich einen Bulemiker vor, d.h. jemanden mit Ess-Brech-Sucht, der plötzlich Angst vor dem Erbrechen bekommt. Nun wird er sich wohl kaum mehr freiwillig erbrechen, aber vielleicht doch weiterhin anfallsartig essen. Die daraus resultierende Symptomatik wäre eine Binge-Eating-Störung. Hier ist die Reihenfolge der Erkrankung an der Essstörung und an der Phobie wenig aufschlussreich, da auch zuerst die Emetophobie vorliegen könnte, der Betroffene in der Folge oder unabhängig davon eine Essstörung entwickeln könnte. Diese könnte dann – sofern sie mit Essanfällen verbunden ist – nicht eine Bulemie sein, sondern würde eine Binge-Eating-Störung.

5.4 Emetophobie und Anorexie – Komorbidität oder Subtypen?

Ein nicht zu vernachlässigender Teil der Emetophobiker ist untergewichtig, da sie gewisse Lebensmittel oder phasenweise gar das Essen generell, vermeiden. Paradox ist, dass die Angst und die damit verbundenen Symptome (Übelkeit, Brechreiz) verstärkt dann auftreten, wenn Hungergefühle vorliegen. Diese werden falsch interpretiert: Was normales Magenknurren ist, verstehen Emetophobiker als Magenverstimmung, Verdauungsgeräusche werden dann beispielsweise als erste Anzeichen einer Darminfektion gedeutet. Die körperlichen Symptome und das damit verbundene Gefühl der Angst hindern den Betroffenen am Essen. Ein wahrer Teufelskreis!

Der resultierende Gewichtsverlust durch solche Essensvermeidephasen mag erwünscht oder unerwünscht sein. Da er in manchen Fällen erwünscht ist, wurde die Komorbidität mit Anorexie (Magersucht) in Frage gestellt. Könnte es sein, dass die Betroffenen nicht wirklich Angst vor dem Erbrechen haben, sondern sich diese gewissermaßen antrainiert haben, um eine, für sie selbst plausible, Rechtfertigung zu haben, weswegen sie der Nahrungsaufnahme widerstehen müssen? Diese Anorektiker würden ihre Unterernährung also für sich und für andere nicht in Zusammenhang mit dem gewünschten Gewichtsverlust bringen, sondern die Emetophobie als Grund für ihr Untergewicht hervorheben. Sie würden also die Übelkeit und die Angst vor dem Erbrechen als Vorwand verwenden, um trotzdem gezielt abzunehmen. Somit wäre die Emetophobie im extremsten Fall nur eine Simulation der Betroffenen, die eigentlich nur eines im Sinn hätten: Abnehmen. Diese Sicht der Dinge lehne ich entschieden ab, da sie nicht so verallgemeinert werden kann. Gewiss mag sie auf den Einzelfall zutreffen, doch wie unsere Studie zeigt, ist das eher die Ausnahme als die Regel. Wir haben in dieser Studie die Betroffenen selbst nach ihrer Meinung und nach ihrem eigenen Fall befragt. 63,6% stimmten gegen die Aussage, untergewichtige Emetophobiker/innen nutzten ihre Angst vor dem Erbrechen und ihr Symptom, nämlich die Übelkeit, als Ausrede, um nicht essen zu müssen, da sie gerne dünner wären. 25,4% stimmten eher dagegen, 7,6% eher zu, 3,4% machten keine Angaben. Bei der Frage, ob die Aussage auf den Befragten selbst zuträfe, stimmten nur 1,7% vollkommen zu,

4,2% eher zu, 7,6% eher nicht und 85,6% nicht zu (0,8% ohne Angabe).
Letztlich muss also individuell bestimmt werden, was Sache ist. Der Verlauf der Störung(en) kann Aufschluss über die Differentialdiagnose dieser beiden Störungen geben: Wenn vor der Emetophobie schon eine Magersucht vorlag, ist der Ansatz, die Emetophobie wäre nur ein Vorwand, eine mögliche Erklärung für die Emetophobie an sich. Dann wäre es auch möglich, die Emetophobie als ein weiteres Magersuchts-Syndrom oder eine weitere Unterteilung derselben zu betrachten. Es gibt nämlich bei der Diagnose von Anorexie die Unterscheidung zwischen „purging" und „nicht purging" Typen. Das purging-Verhalten ist ein kompensatorisches Verhalten bei Essanfällen. Auch Anorektiker können also Essanfälle haben und dann als Kompensation wie die Bulimiker Erbrechen induzieren oder andere gewichtsreduzierende Maßnahmen setzen wie tagelanges Fasten, übermäßige körperliche Betätigung oder Abführmittel. Der Unterschied zur Bulemie ist, dass die Anorektiker erfolgreich sind bei ihren Kompensationsstrategien. Anorektiker vom purging-Typ sind untergewichtig, Bulemiker haben meist ein normales Gewicht, können auch übergewichtig sein. Dementsprechend könnte man sagen, es gibt eine Störung wie „Anorexie, emetophobischer Typ". Auch wenn diese Bezeichnung einleuchtend klingt, so ist diese Diagnose keineswegs zulässig – in DSM und ICD sind beide Störungen getrennt ausgewiesen. Es gibt die Emetophobie ja auch nur als Randgruppe in der Kategorie der „anderen" spezifischen Phobien. Auf keinen Fall aber darf die Emetophobie nur als Symptom der Magersucht oder einer anderen Störung gesehen werden. Es bedarf noch vieler wissenschaftlicher Studien aufgrund derer die APA, die sich unter anderem um die Aktualisierung der DSM-Klassifikation kümmert, eine neue Klassifikation zulassen würde. Eine solche Einführung der Emetophobie – an welcher Stelle auch immer im DSM, wäre ein sehr langer wissenschaftlich-bürokratischer Weg.

Folgt andersherum die Magersucht der Emetophobie, so ist das Erscheinungsbild komplexer und man mag sich fragen, ob die Emetophobie die Magersucht ausgelöst hat. Dafür ist es aber augenscheinlich viel schwieriger, eine plausible Erklärung zu finden. In beiden Verläufen können getrennte Diagnosen gestellt werden,
- sofern die Kriterien für beide Störungen erfüllt sind
- *und* nicht eine der beiden Störungen durch die andere erklärt werden kann.

Wie inzwischen deutlich geworden sein dürfte, ist die Abklärung des zweiten Punktes wesentlich schwieriger als dass man dies allein mit vernünftigem Urteilen bewältigen könnte. Eine genaue Untersuchung des Einzelfalles ist in jedem Fall notwendig, um eine aussagekräftige Differenzialdiagnose zwischen den beiden Störungsbildern zu stellen.

Es ist durchaus so, dass Emetophobiker als Anorektiker diagnostiziert und behandelt werden. Kanadische Forscher berichten von solchen Fällen (Manassis & Kalman, 1990). In der Studie werden vier Fälle von jungen Mädchen vorgestellt, die wegen ihrer Angst vor dem Erbrechen so viel an Gewicht verloren hatten, dass sie die Diagnosekriterien für Anorexie erfüllten. Der Unterschied zu anderen Anorektikern lag vor allem darin, dass diese Mädchen nicht danach strebten, Gewicht zu verlieren, sondern sogar fanden, dass sie zu dünn seien. Somit war klar, dass die Diagnose der Anorexie schlichtweg falsch war. Neben dem Wunsch dünn zu sein und der Angst vor der Gewichtszunahme weisen Anorektiker also die Symptome einer Körperschemastörung auf: Auch wenn sie noch so dürr und knöchern erscheinen, finden sie sich selbst immer noch dick. Alle diese drei Komponenten (Wunsch und dazu gesetzte Maßnahmen Gewicht zu verlieren, Angst vor dem Zunehmen und Körperschemastörung) fehlen bei Emetophobikern. In unserer Studie stellten wir den Teilnehmern die Frage, was sie denn von Anorektikern unterscheide. Hierzu bestätigten 51,7% keine Angst vor dem Zunehmen zu haben, 37,3% meinten, dass die Angst vor dem Erbrechen größer wäre als die Angst vor dem Zunehmen (7,6% machten andere, 3,4% keine Angaben).

5.5 Emetophobie und Phagophobie – Angst vor dem Essen?

Die Phagophobie ist ebenfalls als spezifische Phobie klassifiziert und bezeichnet die Angst vor dem Essen. Sie findet sich häufig im Kindesalter und wird ebenso wie die Emetophobie oft mit der Anorexie verwechselt, da sich im Verlauf der Störung ein massiver Gewichtsverlust einstellt. Der Hauptunterschied zur Anorexie ist aber, dass die Phagophobiker keine Angst vor dem Zunehmen haben, sondern vor dem Essen an sich. Sie sehen auch ein, dass sie untergewichtig, d.h. zu dünn sind. Nun ist es aber so, dass diese Angst vor dem Essen meist einen speziellen Grund und Auslöser hat: Die Betroffenen befürchten, bei der

Nahrungsaufnahme zu ersticken, weil sie sich verschlucken könnten, oder sie befürchten, Übelkeit zu erleben und sich übergeben zu müssen. So berichtet z.b. eine Forschergruppe einer psychiatrischen Einrichtung für Kinder an der Universität Okayama (Okada et al., 2007) von sechs Fällen von Phagophobie, die duch ein Ereignis ausgelöst wurden, in welchem sich die Betroffenen entweder selbst übergeben mussten, oder jemanden anderen dabei gesehen haben. Die Kinder beklagten in erster Linie aber nicht eine Angst vor dem Essen, sondern Angst vor dem Erbrechen. Darüber hinaus gaben sie vor, Übelkeit zu verspüren, wenn man sie zum Essen aufforderte. Die Fallgeschichten ähneln vielen der Teilnehmer unserer Internetstudie: Es gibt ein frühes (z.B. mit 3 Jahren) Erlebnis mit dem Erbrechen und in der Folge die Symptomatik der Emetophobie: Vermeiden von Essen oder Vermeiden von Situationen die ein Erbrechen provozieren könnten.

Nun könnte jemand sagen, dass die meisten untersuchten Emetophobiker eigentlich eine Phagophobie hätten oder dass alle Phagophobiker eigentlich an Emetophobie leiden. Die Forscher aus Okayama haben die Störungen anhand der Symptome klassifiziert, indem das Vermeiden von Essen als Hauptaugenmerk herangezogen wurde. Unter dieser Betrachtungsweise könnte sich jeder Emetophobiker, der aus Angst vor dem Erbrechen das Essen vermeidet, auch als Phagophobiker bezeichnen. Aber dem ist ja meist nicht so – meist vermeiden Emetophobiker auch andere Dinge, abgesehen von gewissen Lebensmitteln oder dem Essen allgemein. Wir erinnern uns auch an die Ausführungen in Abschnitt 5.2 zum Untergewicht bei Emetophobie. Der Diagnostiker muss also sehr genau betrachten, welche Angst zentral ist und welche Angst nun das Vermeideverhalten verursacht. Im Falle der Phagophobiker von Okayama handelt es sich um 5-15jährige Kinder bzw. Jugendliche. Die Autoren der Studie berichteten leider nicht, ob auch anderes Vermeideverhalten mit der Störung einherging. Ohne diese Information sehen wir uns einer unsicheren Diagnose gegenüber. Damit können wir wieder einmal auf die Relevanz einer möglichst umfassenden Betrachtung des Gesamtbildes hinweisen. Wenn nicht alle Informationen vorliegen, ist eine Fehldiagnose wahrscheinlicher als eine korrekte Klassifikation.

6 Emetophobie und Partnerschaft

In erster Linie ist eine Partnerschaft etwas schönes und wertvolles für die beiden beteiligten Menschen. Liebe ist eines der wichtigsten Gefühle, wenn nicht das wichtigste überhaupt. Trotzdem kann eine Partnerschaft nicht nur positive Effekte auf eine psychische Störung wie die Emetophobie haben.

In unserer Studie waren 88,10% der Befragten nicht verheiratet und 83,10% hatten keine Kinder – dies mag aber am gemessenen Altersdurchschnitt von 26,81 Jahren (jüngste mit 16 Jahren, älteste mit 47 Jahren, SD=6,89) liegen. Von den Befragten lebten 30,80% alleine, 38,5% mit dem Partner, 21,4% bei den Eltern und 9,4% in einer Wohngemeinschaft (1 ohne Angabe).

Für einen nicht unwichtigen Teil der Emetophobiker ist Partnerschaft also direkt ein Thema, für den anderen wohl auch indirekt, weil Partnerschaft zum Leben des Menschen gehört. Wir betrachten zunächst einige potentielle Probleme und sehen uns dann die Chancen an, die in einer gut funktionierenden Partnerschaft stecken – letztendlich meine ich damit einen Ansatzpunkt für therapeutische Maßnahmen.

6.1 Störungen in der Partnerschaft und Persönlichkeit

Abhängigkeiten sind bei Emetophobikern keine Seltenheit. Manche Betroffenen sind wegen der Übelkeit in Abhängigkeiten geflüchtet, die ihnen über die Übelkeit hinweghelfen. Meist handelt es sich um psychische Abhängigkeiten, wie eben die Einnahme harmloser Medikamente oder Mittelchen aus der Homöopathie. Eine solche Form der psychischen Abhängigkeit ist die des intensiven Bedürfnisses nach Nähe zu einer bestimmten Bezugsperson. Die Anwesenheit dieser Person vermittelt den Betroffenen die Sicherheit, mit der Situation des Erbrechens fertig zu werden. Diese enge Beziehung kann sich sogar in einer abhängigen (dependenten) Persönlichkeitsstörung äußern, die bei Angststörungen eine nicht zu vernachlässigenden Komorbidität darstellt. Personen mit dependenter Persönlichkeitsstörung haben laut DSM-IV-TR und ICD-10 ein überstarkes Bedürfnis, versorgt zu werden, was zu unterwürfigem Verhalten und Trennungsängsten führt. Dieses Muster trifft man bei Emetophobikern, die in einer Partnerschaft leben, tatsächlich an. Das Erscheinungsbild äußert sich hierbei durch ein übermäßiges Bedürfnis nach dem Beschützt-werden bzw. nach Begleitet-werden. Dementsprechend gaben 12,7% an, dass sie jemanden als Beistand unbedingt bräuchten, wenn sie sich denn übergeben müssten. Diese Gruppe ist zwar, im Vergleich zu den Emetophobikern, die im Extremfall dann wirklich lieber alleine sein möchten, in der Unterzahl, aber es gibt einige Fallschilderungen in der Studie, bei denen die Betroffenen nur noch zu Hause sitzen und ihr Partner die einzige Verbindung nach Außen darstellt. Die Persönlichkeitsstörung ist des Weiteren aber gekennzeichnet durch die Unterordnung der eigenen Bedürfnisse unter die anderer Personen zu denen eine Abhängigkeit besteht. Emetophobiker aber bitten diese Personen oft, für sie auf Dinge zu verzichten, die sie selbst vermeiden (z.B. öffentliche Veranstaltungen), und so viel wie möglich bei ihnen zu sein. Ähnlich verhält es sich mit dem dritten Kennzeichen der dependenten Persönlichkeitsstörung: Die Unfähigkeit, Entscheidungen alleine zu treffen, ist bei Emetophobikern nur bedingt vorhanden. Diese Kodiagnose muss also sehr behutsam getroffen werden, auch wenn die Partnerschaften von Emetophobikern oft Auffälligkeiten aufweisen können. Zwar kann man auch unter den Emetophobikern Menschen mit dependenten Persönlichkeits*zügen* finden, es spricht aber nichts gegen die Annahme, dass deren Häufigkeitsverteilung die Häufigkeit in anderen klinischen Gruppen oder der Allgemeinbevölkerung übersteigt.

Die dependente Persönlichkeitsstörung ist keine Partnerschaftsstörung an sich, da ja nicht zwingend beide Partner an einer Störung leiden. Bei den eigentlichen Partnerschaftsstörungen handelt es sich um einen Aspekt, der für jede psychische Störung eine wichtige Rolle spielt. Für diese Behauptung gibt es zwei Gründe:
1. Ein nicht unwesentlicher Teil jener Menschen, welche an psychischen Störungen leiden, lebt in einer gestörten Partnerschaft (sofern eine feste Partnerschaft vorhanden ist).
2. Beziehung spielt bei psychischen Störungen eine vulnerabilisierende, auslösende, aufrechterhaltende oder heilende Rolle.

6.2 Vulnerabilitätsfaktor Beziehung

Vulnerabilitätsfaktoren sind Umstände, welche die betreffende Person noch anfälliger für z.b. eine psychische Störung machen. Die vulnerabilisierende Rolle von Beziehungen zeigt sich schon anhand des Risikofaktors von Störungen in der Familie: Eine gestörte Eltern-Kind Beziehung ist ein Risikofaktor für eine breite Fächerung von psychischen Störungen, von Schizophrenie über Magersucht bis hin zu Depressionen usw. Die Partnerschaft im Sinne einer Liebesbeziehung fußt auf den kindlichen Erfahrungen von Beziehung – letztendlich lernen wir im Kindesalter, wie wir mit einer geliebten Person umgehen: Die Eltern als die ersten Bezugspersonen sind in diesem Sinne prägend für alle weiteren Beziehungen zu nahen Personen, da wir in dieser ersten menschlichen Begegnung Verhaltensmuster, soziale Reaktionen und Interaktionen lernen. Dieses Gelernte wird sich also später in der einen oder anderen Form in unseren Liebes- und Freundschaftsbeziehungen manifestieren. In der Psychoanalyse spricht man beispielsweise von Projektionen, wenn die Interaktion mit dem gegengeschlechtlichen Elternteil später die Partnerbeziehung beeinflusst. Das beruht auf unbewussten Erwartungen, wie sich der andere in bestimmten Situationen eigentlich verhalten müsste, gerade weil sich eben das Elternteil damals so verhalten hat. Schon die Wahl des Partners erfolgt aufgrund gelernter Muster, miteinander umzugehen (sog. Interaktionsmuster). Diese Muster beinhalten etwa, auf welche Art Kritik geübt wird, wie und ob Lob ausgesprochen wird usw.

In einer Zusammenfassung von Paar-Typisierungen (Bodenmann, 2005) finden wir einen Wegweiser zur Untersuchung von Beziehungen. Es ist darauf hinzuweisen, dass solche Typisierungen, genauso wie die meisten Klassifikationen, nicht die endgültige Weisheit sind. Sie dienen nur zur Orientierung. Die folgende Paar-Typisierung dient also nur als Wegweiser mit groben Richtungsangaben Nord-Süd.

In dieser Typisierung nach Bodenmann würden die *wertschätzenden Paare* wohl kaum Ausgangspunkt für eine Störung sein. Diese Paare zeigen Verständnis füreinander, gehen auf die Bedürfnisse, Ansichten und Gefühle des Partners ein und interagieren in gegenseitiger Wertschätzung und Unterstützung – kurz, alles, was man sich von einer guten Beziehung erwarten würde. Diesem Typ gegenüber stehen Paare,

deren Interaktionen nicht so reibungslos ablaufen. Beziehungen, die mehr als Belastung denn als Bereicherung wahrgenommen werden, sind jene,
- in denen sehr laut und sehr viel gestritten wird, die Versöhnung danach aber ausbleibt,
- in denen beinah überhaupt nicht miteinander geredet wird, weder im positiven noch im negativen Sinne.

Hinzu kommt oft noch eine starke emotionale Distanzierung vom anderen Partner, was auch wechselseitig der Fall sein kann. Solche so genannte „kaputte" Beziehungen sind nicht nur ein Risikofaktor für Emetophobie, sondern für viele, wenn nicht gar die meisten psychischen Störungen. Als Betroffener sollte man sich also die Frage stellen, ob man mit der eigenen Beziehung zufrieden ist und diese Frage auch ehrlich beantworten. Wenn die Antwort nun *Nein* lautet, so sollte man sich in der Folge fragen, seit wann dem so ist und ob dies nun ein Risikofaktor, ein auslösender Faktor oder ein aufrechterhaltender Faktor für die Emetophobie sein könnte.

6.3 Beziehung als Auslöser

Als auslösender Faktor kann eine Beziehung dann gesehen werden, wenn die Störung ausbricht, nachdem die Beziehung gewissermaßen gescheitert ist. Das Scheitern einer Beziehung geht mit großem psychischem Leid, im Sinne von psychischem Stress einher. Das Scheitern einer Beziehung ist meist ein schleichender Prozess und demgemäß schleichen sich auch das Leid und die Folge – eine Störung – ein. Dass nun eine Emetophobie ausbricht, liegt nicht an der Beziehung, sondern an einer Vielzahl von anderen Faktoren, die in die Vergangenheit der betroffenen Person zurückreichen, sowie an der aktuellen Umwelt. Im Prinzip kann jede Situation, die psychischen Stress bedeutet, ein auslösender Faktor für eine Störung sein, wenn der Betroffene vorher schon mehrere Risikofaktoren ausgesetzt war. Mehr dazu im Kapitel zu den Ursachen und Auslösern.

6.4 Wenn Beziehungen Störungen am Leben halten (oder auch umgekehrt)...

Besonders wichtig ist der Aspekt, dass die Beziehung ein Faktor sein kann, der eine psychische Störung aufrecht erhält. Dieser Aspekt lässt sich für die Emetophobie ganz spezifisch beschreiben. Nachfolgend ein Gedankenexperiment zweier Szenarien:

1. Szenario: Stellen Sie sich eine Beziehung vor, in der nicht mehr viel passiert als die tägliche Routine. Man könnte sagen, sie ist ein bisschen langweilig oder sie kommt nicht vom Fleck. Meist hängt das damit zusammen, dass sich die Partner zu wenig Aufmerksamkeit schenken oder – wie oben beschrieben – beinah überhaupt nicht miteinander reden, sondern Interaktionen vermeiden. Auch sind sicher Themen unter den Teppich gekehrt worden, über die es sich lohnen würde, zu sprechen, um so durch gezielte Veränderungen die Qualität der Beziehung zu verbessern. Doch da Veränderungen anstrengend, oft schmerzhaft sind, wird jedes Problem zunächst verdrängt, irgendwann möglicherweise totgeschwiegen – aber das Problem ist damit nur scheintot. Die Emetophobie erlangt nun die Rolle einer Funktionalität – zunächst bringt sie natürlich Abwechslung in den Beziehungsalltag, weil der eine Partner gewisse Dinge mehr und andere weniger machen möchte, z.B. das selbst zubereitete Essen auf seine Güte kontrollieren und Restaurantbesuche vermeiden. Sie wird sozusagen zum zentralen Inhalt der Beziehung, die Beziehung selbst und die meisten Interaktionen darin beruhen auf der Angst vor dem Erbrechen des einen Partners: Die Gespräche kreisen (fast) nur um dieses Thema, die Aktivitäten werden dementsprechend geplant. Insbesondere aber erlangt der betroffene Emetophobiker durch seine Angst Aufmerksamkeit von seinem Partner, da dieser nun aufgefordert wird, Rücksicht zu nehmen. Aufmerksamkeit und Zuwendung sind angenehme Dinge, die jeder Mensch gerne bekommen möchte. Erhält der Emetophobiker also genau diese *Belohnungen*, wenn er Übelkeit verspürt oder Panikattacken erlebt, so besitzen diese negativen Aspekte der Emetophobie für ihn dennoch einen positiven Wert, und zwar im Hinblick auf den Partner. Natürlich meint es der Partner nicht böse, doch er ist ungewollt der Grund, warum die Emetophobie so hartnäckig bleibt.

Finden sie sich als Emetophobiker oder als Partner eines Emetophobikers in diesem Szenario wieder, so sollten sie gemeinsam ihren Umgang mit der Störung diskutieren. Die positive Verstärkung, die hinter der Zuwendung des Partners steckt, müsste unterbunden werden, um den angenehmen Teil der Emetophobie zu eliminieren.

Natürlich kann die Emetophobie diese Funktionalität auch in einer sehr guten, wertschätzenden Beziehung erfüllen. Das ist aber eher selten der Fall. Meist ist die Emetophobie dann aufrechterhaltender Faktor mit der Funktionalität der erlangten Aufmerksamkeit, wenn der Betroffene auf keine andere Art und Weise Aufmerksamkeit zu erlangen vermag.

2. Szenario: Stellen Sie sich eine Beziehung vor, die aus zahlreichen Diskussionen und Streitereien besteht, wo aber keine Lösung des Problems in Sicht ist und auch nur selten oder gar keine Versöhnungen stattfinden oder Entschuldigungen ausgesprochen werden. Da die Übelkeit, welche die Emetophobie oft begleitet, oft in Verbindung mit psychischem Stress auftritt – und Streit bedeutet psychischer Stress – ist es nicht verwunderlich, wenn der Emetophobiker genau nach den Auseinandersetzungen Übelkeit verspürt und dann eine erhöhte Angst vor dem Erbrechen erleidet. Nun findet zwar keine Zuwendung durch den Partner statt, da sich dieser emotional so weit distanziert hat, dass er dem Partner nicht beistehen möchte, er ist aber doch irgendwo vom Mitleid gerührt. Hätte er kein Mitleid, würde er sich möglicherweise denken „Wozu haben wir noch eine Beziehung? Wir sollten uns trennen!". Nun ist es aber schwierig, als Mensch mit ein bisschen Feingefühl, einem leidenden Menschen den Laufpass zu geben. Die Beziehung, die durch Mitleid aufrechterhalten wird, erhält auch den Faktor aufrecht, der das Mitleid auslöst. Der Emetophobiker provoziert also durch seine emetophobischen Symptome das Mitleid seines Partners, dieser sieht aufgrund des Mitleides von einer Trennung ab, der Emetophobiker wird im Sinne des ersten Szenarios in seiner emetophobischen Reaktion verstärkt und erhält somit die Beziehung, die wiederum ihrerseits die emetophobischen Reaktionen aufrecht erhält. Finden Sie sich in so einem Szenario wieder, so sollten Sie sich Unterstützung von Außen holen, da es aus dieser Situation grob gesagt zwei Auswege gibt: Eine erfolgreiche (!) Paartherapie oder die Trennung. In beiden Fällen besteht die Aussicht auf eine (neue) Beziehung, die dann möglicherweise eine so hohe Qualität hat, dass sie die Heilung der Störung unterstützen könnte. Die Hoffnung darauf sollte sich niemand nehmen lassen.

6.5 Therapeutische Effekte einer Beziehung

Damit haben wir die Überleitung zum heilenden Aspekt einer Beziehung gefunden. Was therapeutische Arbeit angeht, so liegt der Schwerpunkt ihrer Wirkung in der Beziehung selbst. Eine gute Therapeut-Klient-Beziehung ist Voraussetzung für den therapeutischen Erfolg. Oft ist es so, dass allein die Erfahrung einer positiven Beziehung an sich heilend ist. Zu den Faktoren einer Therapie, die als grundsätzlich heilend gelten, steht die Beziehung zum Therapeuten an oberster Stelle (Grawe, Donati, & Bernauer, 2001). Ähnlich verhält es sich mit zwischenmenschlichen Beziehungen. Liebe ist ein stark positives Gefühl, das einem Rauschzustand sehr ähnlich ist. Nicht wenige psychische Störungen verschwinden, wenn sich der Betroffene verliebt. Allerdings, die Schattenseite bedeutet nun auch, dass die Störung wieder auftaucht, wenn eine Romanze nicht zur oben beschriebenen *perfekten* Beziehung wird, sondern in einer der schlecht funktionierenden, *kaputten* Beziehungsformen endet. Wie Sie zu einer gut funktionierenden Beziehung kommen, kann hier nicht ausgeleuchtet werden, da das Thema schon viele Bücher gefüllt hat. Trotzdem sei hier darauf hingewiesen, dass sowohl die Wahl des geeigneten Partners als auch die erfolgreiche Beziehungsführung darauf beruht, sich selbst bestmöglich zu kennen. Insbesondere sollte man also seine eigenen Stärken und Schwächen abschätzen und objektiv beurteilen können. Diese werden nämlich in einer Beziehung immer wieder zum Reibungspunkt. Gegenstand von Psychotherapien sind oft Diskussionen und Übungen rund um die vergangene und aktuelle Beziehungssituation der Klienten. So ist z.B. das Training sozialer Kompetenzen in den meisten Psychotherapiezentren ein fixer Bestandteil, meist in Form von Gruppentherapien. Derartige Kursangebote werden aber auch ambulant oder in Schulungszentren angeboten.

7 Ursachen, Hintergründe und Interpretationen

Warum sollte ein Mensch gerade an Emetophobie erkranken? Diese Frage wurde nicht nur für diese spezifische Phobie noch nicht geklärt. Bei den meisten psychischen Störungen werden nur Mutmaßungen darüber angestellt, was sie verursacht haben könnte. Man könnte z.b. vermuten, dass ein traumatisches Erlebnis die Störung ausgelöst hat. So wie sexueller Missbrauch, Misshandlung oder Vernachlässigung typische Erlebnisse in der Kindheit von Borderline-Patienten sind oder ein zu früh übertragenes, zu hohes Ausmaß an Verantwortung bei Anorektikerinnen überdurchnittlich oft vorkommt, können derartige Umstände auch eine Emetophobie bedingen. Doch die Ansicht, dass ein einziges Ereignis ein ganzes Leben verändern kann, ist in den meisten Fällen falsch. Es handelt sich meist um ein ganzes Bündel von Faktoren, das einer Störung zugrunde liegt. In der Abbildung 7 sind die wohl wichtigsten Modelle für die Erklärung der Entstehung von Krankheiten dargestellt. Es handelt sich nicht um Entstehungsmodelle speziell für Emetophobie oder psychische Krankheiten, sondern um umfassende Modelle, die auf das ganze Individuum anwendbar sind. Links sehen wir das Bio-Psycho-Soziale Modell. Hierbei handelt es sich um die Zusammenschau der drei Komponenten sozialer Systeme, psychischer Vorgänge und der Biologie in und um eine Person. Die sozialen Systeme sind hier mit Gesellschaft, Familie und Freunde benannt. Diese grobe Unterteilung beinhaltet auch, dass sich diese Systeme gegenseitig beeinflussen: Die Familie ist Teil der Gesellschaft, an diese angepasst, aber auch in der Gesellschaft als aktiver Part vertreten, da die Gesellschaft letztlich auf der Summe aller darin befindlichen Personen beruht. Ganz analog verhält es sich mit den Freunden und der Gesellschaft. Die Familie bestimmt auch mit, welcher Freundeskreis gebildet wird, umgekehrt beeinflussen Freunde aber auch das Familiengeschehen. Das unten dargestellte biologische System meint den Körper, d.h. den biologischen Organismus, der seinerseits die Summe vieler Organe wie zum Beispiel Verdauungsorgane, Haut und Gehirn ist. Die einzelnen Organe hängen über diese Koexistenz innerhalb eines Organismus zusammen. Sie bestehen wiederum aus einzelnen Zellen. Die Biologie ist zum Teil angeboren, da ererbt, aber auch beeinflusst durch das Verhalten des Individuums. Damit sind wir beim Mittelteil des Modells, dem psychischen Individuum angelangt. Die Psyche wird ihrerseits von den sozialen Systemen mitbestimmt, verändert diese aber auch durch soziale Einflussnahme und Wahl sozialer Kontakte (z.B. Freunde). Das biologische System und das psychische hängen eng zusammen, da sie innerhalb eines Individuums über Neurotransmitter im Gehirn und Neurohormone bzw. Hormone ein großes Schaltwerk bilden.

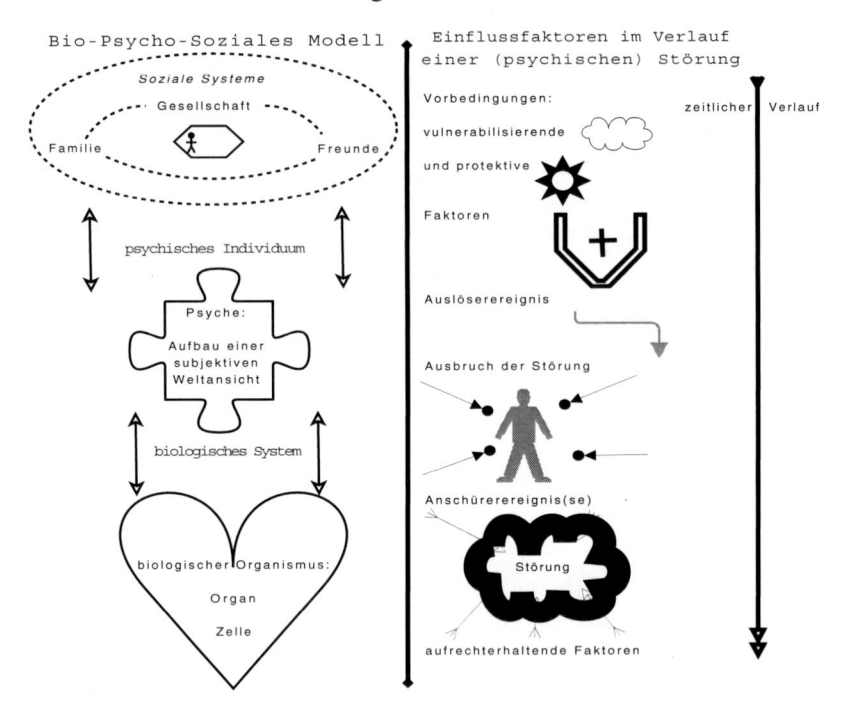

Abbildung 7: Entstehungs- und Faktorenmodelle für Krankheiten

Das rechts dargestellte Modell der Entstehung von Störungen beruht zunächst auf Vorbedingungen. Dazu zählen vulnerabilisierende Faktoren. Das sind Elemente, welche die Entstehung einer Störung begünstigen. Diese Elemente gelten auch als Risikofaktoren, da sie, wenn sie vorhanden sind, die Wahrscheinlichkeit erhöhen, dass jemand an einer Störung erkrankt. Das Gegenstück dieser vulnerabilisierenden Faktoren sind die protektiven, d.h. schützenden Faktoren. Die Summe dieser Elemente macht es aus, wie vulnerabel, also anfällig jemand für eine Störung ist. Das erklärt meist, warum manche Leute, die einem Ereignis ausgesetzt sind, an einer Störung erkranken, und andere, die demselben Ereignis ausgesetzt sind, aber nicht. Diese Vorbedingungen finden sich gemäß des bio-psycho-sozialen Modells auf allen drei Ebenen. Schützende und störende Faktoren können sowohl biologischer, psychischer als auch sozialer Art sein. Das kann auf biologischer Ebene z.B. eine körperliche Neigung zu einem unausgeglichenen Neurotransmitterhaushalt sein, der die Entstehung von Depressionen begünstigt. Auf sozialer Ebene könnte eine harmonische Familie, die Geborgenheit und Wärme gibt, ein Schutzfaktor sein. Auf psychischer Ebene kann jemand, der ein hohes Maß an Selbstvertrauen hat, Feindseligkeiten eher standhalten. Die resultierende Vulnerabilität kann so hoch sein, dass der Auslöser ein ganz alltägliches Ereignis ist. Bei der Emetophobie ist der Auslöser meist eigenes Erbrechen, z.B. bei einer Magen-Darm-Infektion. Nicht jeder, der an einer Magen-Darm-Infektion erkrankt oder aus anderen Gründen erbrechen muss, entwickelt deswegen eine krankhafte Angst vor dem Erbrechen. Im weiteren Verlauf der Störung gibt es zwei Faktoren, die ein Abklingen des abnormen Zustandes verhindern: Anschürereignisse und aufrechterhaltende Faktoren. Wir kennen die Aufrechterhaltung schon aus Kapitel 6, in dem wir Beziehungen als solches potenzielles Element betrachtet haben. In der Folge werden die einzelnen Komponenten dieser Modelle genauer vorgestellt.

7.1 Erbe oder Umwelt?

Im Prinzip lassen sich weit verbreitete Meinungen zu Ursachen/Auslösern für psychische Störungen in drei Gruppen unterteilen:

- Die eine Gruppe sagt, die Störungen seien genetisch bedingt, also ererbt.
- Die andere Gruppe sagt, die Störungen seien während des Lebens, also in der Entwicklung, durch die Umwelt und/oder durch Ereignisse entstanden.
- Die dritte Gruppe sagt, die Störung beruhe auf einer Mischung aus genetischen und Umweltfaktoren.

Bezüglich der Angst vor dem Erbrechen kann man die erste und zweite Meinung ausschließen. Insbesondere die erste Behauptung, also Störungen können rein genetischen Ursprungs sein, ist in den wenigsten Fällen vertretbar. Es gibt zwar Störungen wie z.b. Autismus, die genetisch bedingt sind, aber schon beim Alkoholismus ist die Störung - bei einer bestimmten Form dieser Suchterkrankung – zum Teil genetisch, zum anderen Teil durch Umweltfaktoren bedingt. Den genetischen, ererbten Anteil an den Ursachen findet man heraus, indem man zum einen betrachtet, inwieweit die vorhandene Störung bei den Eltern, und inwieweit sie bei den Geschwistern vorkommt. Am Aufschlussreichsten sind Zwillingsstudien bei eineiigen Paaren, da diese exakt die gleichen Gene haben. Wenn also einer der Zwillinge Emetophobie hätte, müsste auch der andere an dieser Störung leiden. Wenn das nun bei allen Zwillingen der Welt so wäre, dann könnte man mit hoher Wahrscheinlichkeit sagen, dass der Emetophobie eine genetisch bedingte Störung zugrunde liegt. Bislang gibt es keine Unteruchungen, die diese Aufassung belegen.

Andererseits ist es plausibel, dass ein traumatisches Erlebnis im Zusammenhang mit heftigem Erbrechen (selbst oder fremd) der Anfang einer Emetophobie sein kann. Meist aber steht das auch in Zusammenhang mit psychosozialen Vulnerabilitätsfaktoren – das ist z.B. psychischer Stress aus sozialen, ökonomischen oder anderen Gründen. Es müssen also mehrere Umstände zusammentreffen, um eine Störung auszulösen. Aber es gibt viele Menschen, die in ihrer Kindheit eine heftige Bauchgrippe hatten und dabei viel und oft erbrechen mussten, später auch heftigen psychischen Belastungen ausgesetzt waren, aber trotzdem nicht an Emetophobie erkranken. Sie verfügen offenbar über irgendwelche Schutzmechanismen. Diese schützenden Einflüsse können wiederum biologischer oder psychologischer Natur sein. Einerseits kann eine gesunde Psyche auf einer robusten Organisation von Neurotransmittern im zentralen Nervensystem (Gehirn) in Verbindung mit den vielen hormonellen Eigenschaften der Person beruhen. Andererseits sind Menschen, die in harmonischen Familien ohne besondere Vorkommnisse aufwachsen auch ausgeglichener und möglicherweise durch eine adäquate Erziehung besser auf die Schattenseiten des Lebens vorbereitet.

Kurz und zusammenfassend betrachtet: Sowohl Umwelt als auch ererbte Physiologie (die Beschaffenheit des Körpers, der Hirnstrukturen) leisten einen Beitrag zu dem, was wir schließlich sind.

7.2 Das bio-psycho-soziale Modell

Dieses Modell dient also der Erklärung von psychischen Störungen, deren Entstehung, Verlauf und Heilung. Es nimmt biologische Faktoren an, womit das vorhin besprochene genetische *Erbe* gemeint ist. Es müssen aber ein paar Begrifflichkeiten erläutert werden. Man unterscheidet in der Evolution zwischen dem Genotyp – das sind alle Anlagen die ein Mensch hat – und dem Phänotyp, das sind dann die tatsächlichen Ausprägungen. So könnte zum Beispiel jemand die genetische Veranlagung besitzen, besonders schlank zu sein, und ganz ohne Bewegung und mit sehr fetthaltiger Nahrung dennoch stark übergewichtig werden. In diesem Fall wurde dann die genetisch bedingte Veranlagung zur Schlankheit nicht ausgeprägt, d.h. der Genotyp ist vorhanden, der entsprechende Phänotyp aber nicht.

Der zweite Faktor, die *Umwelt*, wird im Modell in die zwei Teile *Psyche* und *soziale Umwelt* gegliedert. Die Psyche könnte auch als Produkt aus Umwelt und Erbe gesehen werden, die Umwelt ist die Gesellschaft, die Kultur und die ökologische Beschaffenheit der Umgebung. Sie wird in verschiedener Hinsicht ihrerseits vom Individuum mit seinen biologischen und psychischen Eigenheiten mitgestaltet. So etwa sucht sich jemand seine soziale Umwelt zu einem gewissen Grad aus – d.h. man wählt seine Freunde, bzw. jemand baut sich ein Haus oder kauft eine Wohnung, zieht aufs Land oder in die Stadt. Der Phänotyp, also der Teil von den genetischen Anlagen, die tatsächlich ausgeprägt werden, wird maßgeblich durch die Umwelt mitbestimmt.

7.2.1 Biologische Komponente

Es gibt also biologische Faktoren, die angeboren sind. Darunter fällt im Falle der Emetophobie vielleicht auch die vermutete, erhöhte Tendenz zum Somatisieren (Boschen, 2007). *Somatisieren* bedeutet so viel wie *verkörperlichen* (soma = körper) und meint in diesem Zusammenhang, dass psychische Vorgänge nicht nur in der Psyche (Gedanken, Emotionen, Verhaltensweisen, Einstellungen...), sondern auch oder vor allem im Körper bemerkbar werden. Im Körper zeigen sie sich bei der Emetophobie konkret in Form von Übelkeit, aber auch von anderen Symptomen. Verwandt dazu sind alle möglichen körperlichen Symptome, die nicht auf körperliche sondern auf psychische Ursachen zurückzuführen sind. So zum Beispiel gibt es Leute, die auf Begräbnissen stets mit Fieber (also einem konkret messbaren Faktum) erscheinen, einfach weil sie ein Begräbnis in der Psyche belastet. Diese erhöhte Somatisierungstendenz wickelt sich durch verschiedene Mechanismen ab, die eine Kopplung der kognitiven Vorgänge im zentralen Nervensystem (das ist das Gehirn) mit dem übrigen Körper ermöglichen. Das erfolgt z.B. über Neurohormone, über die Hirnanhangsdrüse. Bezeichnenderweise hat schon Descartes diese Drüse, auch Zirbeldrüse oder Hypophyse genannt, als den Sitz der Seele bezeichnet. Sie ist möglicherweise die Lösung des Leib-Seele Problems, über das man schon in der Antike nachgedacht hat. Es geht dabei darum, wie Körper und Psyche zusammenhängen: Sind das zwei verschiedene Substanzen oder letzten Endes doch Eins? Die Hirnanhangdrüse stellt in diesem Sinne die Verbindung zwischen der Gedankenwelt und dem Körper dar. Dazu ein anschauliches Beispiel: Das Immunsystem. Über diese Drüse werden Immunreaktionen gesteuert: Bei Stress wird das Immunsystem heruntergefahren, indem das Gehirn Situationen voraussieht und darüber verfügt, wozu die körperlichen Ressourcen (Energie) eingesetzt werden – in diesem Fall für die Bewältigung der bevorstehenden Situation bzw. gar der Stressreaktion. Die notwendigen Ressourcen werden dem Immunsystem weggenommen. Beim Emetophobiker wäre dies der psychische Stress durch die ständige Angst – allein durch die Angst kann das Immunsystem angegriffen werden. Außerdem ist die Hirnanhangsdrüse auch reziprok mit dem Verdauungsapparat verbunden. „Reziprok" bedeutet, dass diese „Telefonleitung" in beide Richtungen verbindet: Einerseits informiert die Hirnanhangsdrüse den Mund und den Magen beim Anblick von Speise, sodass diese aufs Essen vorbereitet werden, indem dort bestimmte Säfte abgesondert werden, wenn wir Essen sehen oder riechen. Andererseits sendet der Magen Sattheits- oder Hungersignale an das Gehirn. Es ist also nicht unwahrscheinlich, dass Übelkeit allein dadurch entstehen kann, wenn wir zu sehr daran denken. Emetophobiker nutzen diese Leitung also besonders stark. Wenn wir nun wieder an unser bio-psycho-soziales Modell denken, so könnte man diese überhöhte Somatisierungstendenz als biologische Komponente ansehen. Zudem ist die Neigung zur Ängstlichkeit auch gewissermaßen biologisch beeinflusst, da Angst im Gehirn nichts anderes als ein chemischer Prozess in einer bestimmten Gehirnregion ist. Diese Angst wird bei Emetophobikern möglicherweise wie bei anderen Personen mit Angststörungen wiederum besonders leicht in den Körper geschickt.

Gegen biologische Ursachen kann man sich zwar nicht wehren aber sie sind auch jene, welche am ehesten durch Medikamente beeinflusst werden können. Sollten Sie also bei einem Psychiater oder einem anderen Arzt in Behandlung sein, so bearbeitet dieser wohl hauptsächlich die biologische Ebene der Krankheit. Biologische Faktoren sind gewiss Risikofaktoren, aber keineswegs ein „Schicksal". Betrachten Sie hierzu als Beispiel zwei Personen, von denen die eine in der Sonne schnell bräunt, die andere nur einen schmerzenden Sonnenbrand bekommt. Bleiben aber beide Personen das ganze Jahr über im Schatten, so sind beide ziemlich hellhäutig. Es kann also zwei Personen geben, die eine Tendenz zum Somatisieren haben und die eine erhöhte Ängstlichkeit aufweisen. Die eine erkrankt an Emetophobie, weil die Umwelt noch ihren Beitrag dazu geleistet hat, die andere Person bleibt gesund, weil sie in einer heilen Welt aufgewachsen ist. Die Person, die erkrankt ist, kann aber genau so wie die andere gesund sein, wenn sie ihre Psyche und ihre Umwelt derart umgestaltet, dass die biologischen Faktoren keine Übermacht mehr haben können.

7.2.2 Psychologische Komponente

Die psychologischen Faktoren sind in erster Linie gewisse Denkschemata. Emetophobie hat ganz spezielle psychische Kennzeichen. Die Neigung zur Ängstlichkeit äußert sich in der Emotion der Angst, die als neurochemischer Vorgang im Gehirn abläuft. Daran sehen wir, dass es schwer ist, die Dinge auseinander zu halten. Zwar ist Angst als Gefühl etwas geistiges, hat aber biologische, also körperliche, Grundlagen. Die Angst ist eng gekoppelt mit den physiologischen Reaktionen wie Herzklopfen, Schwitzen usw. Ein weiteres psychologisches Kennzeichen ist die Antizipation (das ist die erwartende Voraussehung) der gefürchteten Situationen oder Ereignisse. Diese Antizipation veranschaulichen wir am Beispiel einer schwangeren Frau: Ein Emetophobiker trifft eine alte Bekannte, die ein Kind erwartet. Die Freude, sich wieder zu sehen, wird sofort vom Anblick des dicken Bauches überschattet: Dabei kommen beim Emetophobiker nämlich die Gedanken auf, dass Schwangere oft Übelkeit und Brechreiz verspüren. In seiner Vorstellung sieht er schon die Situation auf sich zukommen, in der die Bekannte sich vor ihm übergeben muss. Anstatt sich nun anlässlich des Wiedersehens gemeinsam in ein Café zu setzen, findet er einen Vorwand weswegen er nun dringend weg müsste. Das Beispiel führt uns unmittelbar zur psychischen Komponente des Vermeideverhaltens. Vermeidung kann sich sowohl im Verhalten als auch in der Gedankenwelt zeigen. Im Verhalten äußert es sich etwa wie in der soeben beschriebenen Situation, hinsichtlich Unternehmungen, beim Essen etc. Sich aufdrängende Gedanken und Befürchtungen bringen den Emetophobiker dazu, auf viele Dinge zu verzichten. Er richtet sein Leben so ein, dass gewisse Situationen nicht entstehen können. Dazu kommt die kognitive, also gedankliche, Vermeidung. Man könnte die Angststörung in zwei Typen gliedern: Jene, die sich gedanklich ständig mit dem Thema befassen und jene, die (sogar) den Gedanken an das gefürchtete Objekt vermeiden und nur im Ernstfall mit Angstsymptomen reagieren. Der erste Typ ist der häufigere und weist zusätzlich noch eine psychische Komponente auf: Die gesteigerte Aufmerksamkeit für Anzeichen, dass die Gefahr der Reizkonfrontation besteht (z.B. aufkommende Übelkeit oder Konfrontation durch fremdes Erbrechen in der Umwelt usw.). Die gesteigerte Aufmerksamkeit sorgt dafür, dass jegliche Hinweise, die auf eine potentielle Gefahr hindeuten, als solche erkannt und in der Folge meist überbewertet oder falsch interpretiert werden. Wenn ein Emetophobiker z.B. von seinem Kind hört, ein anderes Kind hätte sich an diesem Tag im Kindergarten übergeben müssen, so bedeutet das für den Emetophobiker, dass eine Magen-Darm-Grippe im Umlauf sei und dass wahrscheinlich schon der ganze Kindergarten angesteckt worden ist, anstatt dass er sich denken würde, dass das betroffene Kind evt. nur zuviel oder etwas falsches gegessen hätte. In jedem Fall wird also ein Katastrophenszenario vorausgesehen und die „notwendigen" Maßnahmen zur Eingrenzung der Gefahr einer möglichen Konfrontation getroffen. Diese Gedanken laufen schon automatisch ab, gewissermaßen schablonenhaft, weswegen sie auch als Denkschemen bezeichnet werden.

Entstehen können solche Schemen z.B. durch Konditionierung: Emetophobiker hatten gemäß dieser Theorie ein negatives Erlebnis oder ein ungewolltes Gefühl mit dem Erbrechen in Verbindung gebracht und reagieren deshalb mit Angst und Panik auf den Angstreiz. Konditionierung passiert, indem gleichzeitig ein neutrales Ereignis - hier das Erbrechen - und ein beängstigendes Ereignis (Schmerz, Todesangst...) auftreten. Die Person assoziiert ungewollt die beiden Ereignisse und entwickelt bei wiederholt gleichzeitigem Auftreten der beiden Ereignisse eine Reaktion, die auch erfolgt, wenn das neutrale Ereignis alleine auftritt. Hierzu wieder ein Beispiel:

Ein Kind wird von seinem Vater immer gehänselt, wenn es krank ist. Dieses Kind erkrankt in der Schulzeit wiederholt an einer Magen-Darm-Grippe, bei der es heftig erbrechen muss. Der Vater reagiert jedes Mal mit herabwürdigenden Hänseleien, unterstellt dem Kind schließlich sogar, es würde absichtlich krank. Das Kind fürchtet sich bald schon vor dem Krankwerden, insbesondere vor dem Erbrechen. Es meidet bald jede Ansteckungsgefahr, beginnt dann sein Essen stärker zu kontrollieren da die Gefahr bestehen könnte, etwas Verdorbenes zu erwischen und leidet schließlich an Emetophobie. Die Angst hätte ihre Wurzeln also nicht im Erbrechen, sondern in der Beziehung mit dem Vater. Die fälschlicherweise mit Phagophobie diagnostizierten Kinder in der japanischen Studie (Okada et al., 2007) haben eine derartige Geschichte hinter sich: Sie hatten infolge einer Krankheit o.ä. ein intensives Erlebnis einer Situation, in welcher sie heftig und teilweise auch mehrmals erbrechen mussten. In der Folge weigerten sie sich zu Essen, was dann als Essens- bzw. Schluckangst diagnostiziert worden war. Einen ganz ähnlichen Bericht kennen wir aus dem kanadischen Raum, wo der Forscherin Katharina Manassis vier junge Mädchen vorgestellt worden waren, die derartig an Gewicht verloren hatten, dass man sie für Magersüchtige hielt (Manassis & Kalman, 1990). Dem war aber nicht so: Ein Erlebnis mit einer viralen Infektion, meist eine Magen-Darm-Grippe, hatte bei ihnen die Angst vor dem Erbrechen ausgelöst, weswegen sie sich in der Folge nicht mehr trauten, Nahrung aufzunehmen. Beiden Studien ist gemeinsam, dass das Erleben des Erbrechens in den Fallstudien meist als sehr unangenehm in befremdlichen Situationen (z.B. im Krankenhaus) empfunden worden war.

Ein weiterer psychologischer Faktor beim Erbrechen ist die Angst vor dem Kontrollverlust. Beim Erbrechen ist man für gewöhnlich den

Reaktionen des eigenen Körpers „ausgeliefert". Das Erlebnis geht also mit einem massiven Kontrollverlust einher. Schottische Forscher (A. Davidson, 2002; A. L. Davidson, Boyle, & Lauchlan, 2008) verglichen Emetophobiker mit gesunden Kontrollpersonen sowie einer Gruppe von Personen mit anderen Phobien hinsichtlich ihrer Einstellung zur Kontrollierbarkeit bestimmter Ereignisse. Die Ergebnisse legen es nahe, dass die Gruppe der Emetophobiker fest daran glaubt, die Kontrolle über die Ereignisse in ihrem Leben und in ihrer Gesundheit zu besitzen. Dieser Glaube an eine eigene Kontrollierbarkeit ist bei Emetophobikern deutlich höher als bei anderen Phobikern oder gesunden Kontrollpersonen. Die Forscher schlossen daraus, dass die Emetophobiker deshalb eine größere Angst haben, diese Kontrolle zu verlieren. Das resultiert darin, dass sie sich vor Situationen wie dem Erbrechen fürchten. Die Interpretation ist nur bedingt mit den Studienergebnissen belegbar, da die Studie zunächst nur den Glauben an die Kontrollierbarkeit (in der Fachsprache ein *internaler Locus of Control*) untersucht und nicht die Angst vor Kontrollverlust. Dass das Erbrechen als Situation des Kontrollverlustes erlebt wird und deshalb für diese Personen mit dem speziellen Kontrollglauben als Bedrohung gilt, wurde nicht untersucht, sondern in dieser Form interpretiert. Zudem ist an der Studie zu kritisieren, dass die Emetophobiker im Internet, die Kontrollpersonen mit und ohne Phobien aber persönlich beispielsweise an Universitäten rekrutiert worden waren. Das impliziert, dass nur sehr spezielle Personen untersucht wurden: Es werden nur solche Emetophobiker untersucht, die sich in Foren gerne über ihre Störung unterhalten. Vielleicht sollte man, bevor man den Ergebnissen zum stärkeren Kontrollglauben bei Emetophobikern traut, noch untersuchen, ob sich Personen, die Foren nutzen, hinsichtlich ihres Kontrollglaubens von anderen Gruppen unterscheiden. Alternativ hätte man die Kontrollgruppen ebenso wie die Emetophobiker in Internetforen rekrutieren können, damit die Gruppen wirklich vergleichbar und das Ergebnis aussagekräftiger gewesen wäre. Zuletzt wäre nun in der Folge noch wichtig zu untersuchen, ob die Emetophobie denn wirklich mit Angst vor dem Kontrollverlust und nicht einfach mit einem stärkeren Kontrollglauben einhergeht. Es ist zwar nahe liegend, dass der Glaube an die Kontrollierbarkeit von Umständen/Gesundheit, der Wunsch nach Kontrolle/Kontrollierbarkeit und die Angst vor Kontrollverlust irgendwie zusammenhängen, aber wie das Zusammenspiel tatsächlich abläuft und wie das konkret bei der Emetophobie aussieht, ist nicht bekannt.

Der Aspekt des Wunsches nach Kontrolle ist z.b. auch bei der Anorexie von Bedeutung, da es dort um die strenge Kontrolle des Essverhaltens geht. Die Anorektikerinnen kontrollieren sich umso mehr, je weniger sie ihre Umwelt kontrollieren können. Diese Interpretation beruht auf der Tatsache, dass Anorexie-Patientinnen oft zu früh Verantwortung übernehmen mussten, als Kind in einer Familie aber nicht wirklich in das Geschehen eingreifen konnten, da das Sagen schließlich noch die Erwachsenen hatten (z.B. bei Eheproblemen). Analog dazu könnten Emetophobiker wiederholt Situationen mit massivem Kontrollverlust als beängstigend erlebt haben, und diese Angst äußert sich nun in der Situation des Erbrechens, da sie sich nun generell davor fürchten, die Kontrolle zu verlieren bzw. einem Ereignis einfach hilflos ausgeliefert zu sein.

Aus verhaltenstheoretischer Sicht sollte hier auch die Funktionalität der Emetophobie erwähnt werden. Wir kennen diese schon aus dem Kapitel zur Partnerschaft (aufrechterhaltender Faktor Beziehung) und sie wird später im Kapitel Verhaltenstherapie noch einmal ausführlich behandelt. Die Funktionalität wäre in diesem Sinne, dass die Angst vor dem Erbrechen auch positive Seiten hat, z.B. dass sich Mitmenschen verstärkt um den Betroffenen kümmern. Die psychologischen Faktoren dabei sind positive Empfindungen, die durch diese Zuwendung ausgelöst werden. Sie wirken als Verstärker auf das Störungsbild – also die Angst, das Hilflos-sein, das Etwas-nicht-tun können (um gewisse Situationen zu vermeiden) usw. sind Mittel zum Zweck: Der Emetophobiker erfährt dadurch, dass er diese Verhaltensweisen zeigt, mehr Aufmerksamkeit und das ist angenehm. Darum wird er in Zukunft auch mit höherer Wahrscheinlichkeit diese Verhaltensweisen wieder zeigen, da er dafür ja mit Aufmerksamkeit belohnt wird. Die Emetophobie hat hier also die Funktion, Aufmerksamkeit zu beschaffen – daher spricht man in diesem Zusammenhang von Funktionalität.

Inzwischen dürfte schon mehrmals aufgefallen sein, dass die psychischen Kennzeichen ihrerseits von den biologischen Faktoren sowie von den sozialen Faktoren abhängen. Eine gewisse Art zu Denken kann gelernt sein, unterliegt andererseits aber auch angeborenen Faktoren wie eben den vorgegebenen Gehirnstrukturen. Dazu spielt die Umwelt noch eine entscheidende Rolle, da sie bestimmte Denkschemata prägt indem man z.B. einiges von den Eltern lernt. Außerdem werden die angelernten Schemata verstärkt oder abschwächt wie zuvor am Beispiel der Funktionalität beschrieben. Als Ausblick auf das Kapitel zu den Therapien halten wir hier fest, dass Denkschemata insbesondere von kognitiven Therapeuten in die Mangel genommen werden, der beobachtbare Teil und/oder die Folgen der Denkschemata, also das Verhalten, von Verhaltenstherapeuten. Am wirksamsten ist die Kombination beider Therapieformen, also eine kognitive Verhaltenstherapie.

7.2.3 Soziale Komponente

Die sozialen Faktoren sind Menschen in der näheren und weiteren Umwelt. Dazu gehören die Eltern, die dem Kind Vorbilder waren, von denen es also Haltungen, Meinungen und Handlungsweisen übernommen hat. Außerdem gehören dazu nicht nur die Verwandtschaft und die Freunde, die den heranwachsenden und schließlich erwachsenen Menschen beeinflusst haben, sondern auch die gesamte soziale Umwelt: Eine Gesellschaft, d.h. alle Menschen in der Kultur, in der sich der Betroffene befindet, hat gewisse Moralvorstellungen, ungeschriebene Gesetze usw. an denen sich der Mensch entsprechend seiner Entwicklung mehr oder weniger reiben kann. Gemäß der Psychoanalyse entspräche diese Überlegung der Unterteilung der Psyche in ein sichtbares „Ich", den moralischen Ansprüchen und dem triebgesteuerten Wesen der Person. Letztgenanntes reibt sich mit den Moralvorstellungen der Gesellschaft bzw. den höheren Ansprüchen der Person an sich selbst, sodass sich der Konflikt zwischen diesen zwei unbewussten Anteilen im sichtbaren Teil der Person durch Störungen äußert. Der unbewusste Konflikt gelangt so – gemäß psychoanalytischer Sicht – ins Bewusstsein. Da diese Sicht aber veraltet und überholt ist, möchte ich hier noch einmal die Sinnhaftigkeit des bio-psycho-sozialen Modells unterstreichen, da es nicht nur Freuds sicher zielführende Überlegungen zu den Problemen mit gesellschaftlichen Ansprüchen, sondern auch noch die medizinischen Hintergründe des Daseins beinhaltet. Die soziale Komponente ist aber nicht nur der auferlegte gesellschaftliche Druck, der vorgibt wie wir uns zu verhalten haben, sondern auch unser ökonomischer Status. Es gibt zahlreiche Studien die belegen, dass Menschen aus niedrigem ökonomischem Status öfter an psychischen Störungen erkranken als gut situierte Menschen. Der Kampf ums Überleben wird heute nicht mehr nur auf der körperlichen Ebene ausgetragen wie zu Beginn der Menschheit, als Stärke und Kampf, Krankheit und Gesundheit zum Überleben oder Nicht-Überleben beigetragen haben. Heute kommen psychisch-soziale Hintergründe dazu. Dem Gesellschaftsideal des erfolgreichen Arbeitstieres nicht zu entsprechen, oder auch nur nicht-perfekt zu sein, mag allein genügen, um für eine Störung ausreichend psychischen Stress zu verursachen, wenn zudem die psychische und biologische Ebene genügend Störvariablen enthalten.

7.2.4 Zusammenspiel von bio-psycho-sozialen Faktoren

Damit haben wir also den Bogen geschlossen. Zusammenfassend lässt sich zum bio-psycho-sozialen Modell sagen, dass alle drei Komponenten wichtig sind und ihr Zusammenspiel erst zum Entstehen einer Störung führt. Dabei ist von Bedeutung, welche der Faktoren eher vulnerabilisierend wirken – also eine Störung fördern, und welche eher protektiv sind – also vor einer Störung schützen. Das Ausmaß dieser schützenden und schädigenden Komponenten in den drei Ebenen Biologie, Psyche und soziale Umwelt, macht in Summe die Entstehung einer Störung aus. Dabei kann man noch im zeitlichen Verlauf zwischen prädisponierenden (die Störung im Vorfeld begünstigende) Faktoren und auslösenden Faktoren unterscheiden: Eine Störung kann durch schädigende Komponenten vorbereitet werden, ohne jemals richtig auszubrechen, wenn der entscheidende Auslöser nicht kommt. Umgekehrt können noch so viele schlimme Einzelerlebnisse (Auslöser) auftreten, wenn die betroffene Person nicht anfällig für eine Störung ist: Liegen keine prädisponierende Faktoren vor, so ist die Person gegen die meisten auslösenden Ereignisse immun, d.h. sie sind dann bei ihr in diesem Sinne gar nicht auslösend.

Zu den vielschichtigen Faktoren zählen auch Personen mit psychischen Störungen in der Verwandtschaft oder Bekanntschaft. Sind diese also in der näheren oder weiteren Verwandtschaft, zumindest aber blutsverwandt, so könnte man eine biologische Komponente annehmen. Diese sind – wie bereits erwähnt – nicht eindeutig nachweisbar und bis heute nur sehr vage definiert. Es gibt aber sehr starke Hinweise dafür, dass gewisse neurochemische Voraussetzungen für Angststörungen veranlagt, also vererbt/angeboren, sein können. Was Personen mit psychischen Störungen ohne Blutsverwandtschaft bzw. im Allgemeinen nicht-vererbte psychische Störungen angeht, so ist ihre Rolle klar die einer psychologisch-sozialen anderen Umgebung: Personen mit psychischen Störungen verändern nicht nur ihr eigenes Leben, sondern auch das ihrer Mitmenschen. Insofern kann schon die Krankheit der Mutter die Entstehung einer Erkrankung bei der Tochter fördern, ohne dass eine Erblichkeit vorliegen müsste. Aufgrund dieser vermuteten und tatsächlich möglichen Zusammenhänge haben wir die Teilnehmer unserer Internetstudie auch befragt, ob in ihrer näheren/weiteren Verwandtschaft (näher: Engere Familie wie Eltern und Geschwister, weitere Verwandtschaft alle übrigen) sowie näheren/weiteren Bekanntenkreis (engere Freunde vs. Arbeitskollegen etc.) Personen mit psychischen Störungen vorkämen. 61% der Befragten gaben an, dass es auch im Umfeld Menschen mit psychischen Störungen gab (37,6% keine solchen Bekannten Fälle, 1,4% keine Angabe). Dazu gab es 17% in der näheren Familie, 7,1% in der weiteren Verwandtschaft, 3,5% im engeren Freundeskreis, 2,1% im weiteren Bekanntenkreis und 31,2% mehrere bekannte Fälle in den div. Kategorien (39% keine Angabe). Da uns aus biologischer Sicht vor allem die nähere Familie interessiert, sei vorsichtig vermerkt, was einige Teilnehmer der Studie an Informationen zur Verfügung gestellt hatten; „Vorsichtig" deshalb, weil diese Angaben keine psychologischen oder psychiatrischen Diagnosen sind, oder aber solche sein mögen, wir das aber nicht prüfen hätten können. Es gab drei Fälle mit Brüdern mit Alkohol-/Drogenproblemen sowie einem aggressiven Bruder. Drei Fälle hatten Schwestern mit Angststörungen, zwei mit Zwangsstörungen. Drei Mütter und acht Väter haben Alkoholprobleme, elf Mütter und sieben Väter leiden an Depressionen, neun Mütter und zwei Väter leiden an Angst, drei Väter haben Aggressionen, zwei eine Zwangsstörung und eine Mutter ist selbstmordgefährdet.

In der Literatur finden wir z.B. bei der kanadischen Studie mit den vier vermeintlichen Anorektikerinnen, die eigentlich an Emetophobie litten (Manassis & Kalman, 1990) Brüder mit feindseligem Verhalten und ängstliche Mütter sowie eine möglicherweise sehr enge Beziehung zwischen Mutter und Tochter mit damit verbundenen Trennungsschwierigkeiten (im Sinne von Trennungsangst). Angststörungen bei den Müttern sind nicht deutlich häufiger als Alkoholismus bei den Männern oder Depressionen bei Müttern/Vätern. Anstatt also eine spezielle neurochemische Biologie vorauszusetzen, können wir annehmen, dass schwierige Familienkonstellationen im Sinne des bio-psycho-sozialen Modells sehr wohl als soziale Komponente, sowie evt. generell unspezifische Störungen im Neurotransmitterhaushalt (die sich evt. bei den verschiedenen Personen in unterschiedlichen Störungen äußern) einen zusätzlichen, biologischen Faktor darstellen.

7.3 Anschürer und Auslöser

In unserer Studie befragten wir die Personen nach auslösenden Faktoren oder so genannten Anschürern, d.h. Ereignisse/Umstände, die die Emetophobie weiter verstärkt haben. 65,3% gaben an, einen Auslöser oder Anschürer in Zusammenhang mit der Emetophobie bringen zu können (33,1% berichteten nichts dergleichen, zwei der Befragten machten keine Angabe). Auf die Frage, diese Umstände oder Ereignisse näher zu konkretisieren, gaben 18,6% ein Erlebnis fremden Erbrechens als Auslöser an, 34,6% berichteten eigenes Erbrechen als Auslöser. Bei 8,4% handelte es sich um eigenes Erbrechen, welches die Angst weiter anschürte und 14,4% berichteten über Anschürer-Ereignisse fremden Erbrechens, 34,7% gaben nichts an (was hauptsächlich aus den 33,1% Personen ohne Auslöser/Anschürer resultiert und ein paar weiteren ohne Konkretisierung).

Diese Zahlen legen nahe, dass anschürende und auslösende Ereignisse eine wichtige Rolle in der Entstehung und im Verlauf der Emetophobie spielen könnten. Man sollte dabei allerdings bedenken, dass diese Beurteilungen von den Betroffenen selbst retrospektiv – also im Nachhinein – getroffen wurden. D.h. dass gedankliche Verzerrungen aufgrund von emotionalen Umbewertungen, Vergessen usw. stattfinden konnten und die nun vorliegenden Ergebnisse beeinflusst haben. Trotzdem bemerkenswert ist, dass Auslöser meist durch eigenes Erbrechen, Anschürer aber eher durch fremdes Erbrechen repräsentiert sind. Das Erleben in der ersten Person – also in erster Perspektive – spielt also zum Entstehungszeitpunkt eine größere Rolle als im weiteren Verlauf. Das kann daran liegen, dass in der Folge derartige Vorkommnisse (das

Erbrechen) derart gut vermieden werden, dass sie eben nicht zustande kommen und somit keine Anschürer sein können. Andererseits kann dies auch daran liegen, dass man fremdes Erbrechen wohl häufiger erlebt als eigenes, aber vor dem Beginn der Störung nicht derart wahrgenommen hat. Erst nach Ausbruch der Emetophobie werden Situationen, in welchen fremdes Erbrechen miterlebt wird, stärker und als bedrohlich wahrgenommen, sodass sie zu Anschürer-Ereignissen werden.

Kasten 3: Erarbeiten Sie Ihr persönliches Entstehungsmodell!

Vorbedingungen:
- vulnerabilisierend:
  - *sozial* z.B. schwierige Familienverhältnisse, wenig Freunde

  _____

  - *psychologisch* z.B. wenig Selbstvertrauen, Ängstlichkeit

  _____

  - *biologisch* z.B. Stoffwechselstörungen, psychische Störungen oder Lebensmittelunverträglichkeiten in der näheren Verwandtschaft/selbst

  _____

- protektiv:
  - *sozial* z.B. gute Beziehung zu Mutter/Vater, gute Einbindung in die Gesellschaft

  _____

  - *psychologisch* z.B. Ehrgeiz, Kontaktfreudigkeit

  _____

  - *biologisch* z.B. gesunder Organismus, keine mögliche erbliche Vorbelastung

  _____

Auslöserereignis:

_____

Anschürer-Ereignisse:

Zeitpunkt (Alter)	Umstände	Ereignis
..	.. ,	..
..	.. ,	..
..	.. ,	..

aufrechterhaltende Faktoren: Warum ist die Angst so schwer zu besiegen?

z.B. Übelkeit, positive Verstärkung durch Beziehung, Freundeskreis des Hilfesuchenden

_____

7.4 Entstehung der Emetophobie im Kindesalter

Die erste Studie zur Therapie bei Kindern mit Emetophobie wurde 1984 von Forschern an der psychiatrischen Abteilung der Verhaltenstherapeutischen Klinik in Cleveland (Klonoff, Knell, & Janata, 1984) durchgeführt. Die Forscher berichten von fünf Kindern im Alter von 6-15 Jahren, die aus Angst vor dem Erbrechen ein breites Spektrum an Vermeidungsverhalten zeigten: Sie gingen nicht außer Haus, weigerten sich, die Schule zu besuchen, die Nahrungsaufnahme war gestört und soziale Situationen wurden im Allgemeinen vermieden, was zu massiven Veränderungen im Familienleben führte. Das gedankliche Symptom war eine antizipatorische Angst vor dem Erbrechen, d.h. die Kinder befürchteten aufgrund verschiedener Anlässe erbrechen zu müssen – sozusagen eine Erwartungsangst. Die Angst war bei allen Untersuchten in einer Phase entstanden, in der ein wichtiger Entwicklungsschritt vollzogen worden war – z.B. Eintritt in die Schule, Beginn der Pubertät... Dazu kamen Stressoren wie z.B. die Scheidung der Eltern oder ein Schulwechsel. Unmittelbar ausgelöst worden war die Angst durch ein Ereignis, bei welchem sich die jungen Patienten übergeben mussten. Diese Schilderung verdeutlicht, dass die Entstehung von Emetophobie bei Kindern nicht anders aussieht, als bei Erwachsenen – meist entsteht die Emetophobie bereits im Kindesalter (Lipsitz, Fyer, Paterniti, & Klein, 2001).

Während diese fünf Emetophobiker sich vor eigenem Erbrechen fürchteten, gibt es auch Kinder, die sich sowohl vor eigenem wie auch vor fremdem Erbrechen fürchten, wobei die Furcht vor fremdem Erbrechen sogar särker sein kann. Eine Fallstudie in Amerika (Moran & O'Brien, 2005) berichtet von einem 11jährigen Mädchen, dessen Emetophobie zwar durch eigenes Erbrechen ausgelöst worden war, deren Ängste aber vor allem auf fremdes Erbrechen in der Öffentlichkeit, und zwar vor allem durch andere Kinder (in der Schule, im Bus...) gerichtet waren. Bemerkenswert ist, dass die Mutter dieses Mädchens als Tagesmutter gearbeitet hatte, als das Mädchen 2-8 Jahre alt gewesen war. Die beaufsichtigten Kinder hatten sich gelegentlich übergeben müssen und das betroffene Mädchen konnte dem Therapeuten noch sehr genau schildern, was sie erlebt hatte.

Weitere Therapiestudien zu Kindern und Jugendlichen (Bus; Manassis & Kalman, 1990; Moran & O'Brien, 2005; Okada et al., 2007) zeigen, dass die Entstehung der Emetophobie in diesem Alter wohl auf diese typische Art und Weise verläuft und dass die Behandlung bei Kindern erfolgreich ist.

7.5 Subjektive Theorien

Theorien und Modelle zu Störungen und deren Verursachungen werden z.b. in der Verhaltenstherapie auch wegen ihrer strukturierenden Wirkung als Instrument eingesetzt. Der Grund dafür ist, dass Menschen ein Leid leichter ertragen, wenn sie es sich erklären können. Darum fragten wir die Teilnehmer auch nach ihren eigenen Theorien zur Verursachung ihrer Störung. Diese Theorien mögen ausgedacht, durch Recherchen zusammengesucht, von anderen Personen übernommen o.ä. sein. Ob sie stimmen, sei dahin gestellt. Jedoch ist es sehr wichtig, sich Gedanken über die eigene Geschichte zu machen und ein Fünkchen Wahrheit mag letztendlich immer drin stecken, da die Entstehung der Emetophobie ohnedies aus vielen Faktoren zusammengesetzt werden muss – und diese Zusammensetzung ist bei jeder Person wieder anders.

79,7% der Befragten bestätigten, schon Theorien zur Verursachung ihrer Angst vor dem Erbrechen aufgestellt zu haben. Unter den frei formulierten Antworten fanden sich 8,9%, welche den Auslöser als Ursache beschrieben, 34,8% machten körperliche Ursachen für die Störung verantwortlich, 35,4% nannten psychische Ursachen. Es gab also auch Mehrfachnennungen (Auslöser und/oder körperlich und/oder psychisch), aber diese waren in der Unterzahl. Unter den psychischen Ursachen fanden sich auch 4%, welche die Angst vor Kontrollverlust beschrieben, vereinzelt wurden andere psychische Störungen, Kindheitstraumen und sexueller Missbrauch als psychische Ursachen berichtet.

Mein Tipp an die Betroffenen wäre es an dieser Stelle, die Theorien stärker an ein bio-psycho-soziales Modell anzugleichen: Es sind nie körperliche oder psychische Gründe alleine, die eine psychische Störung wie die Emetophobie bedingen. Es ist ein bisschen etwas von beidem und dazu kommen noch die soziale Umwelt bzw. der sozioökonomische Status, die Kultur in der man aufwächst und vieles mehr. Hinzu kommt bei einigen, aber nicht zwingend, die Möglichkeit eines auslösenden Ereignisses. Es ist also zweckdienlich, die sozialen, biologischen und psychologischen Ursachen vor diesem Ereignis genau zu untersuchen: Sie sind wohl die Vorbedingungen dafür, dass das Ereignis eine Störung auslösen konnte. Die psychischen, sozialen und biologischen Umstände des aktuellen Zeitpunktes hingegen können aufrechterhaltende Rollen spielen und sollten daher mit geradezu noch größerer Sorgfalt untersucht werden.

8 Therapie der Emetophobie

Psychische Störungen werden von Psychiatern mit Medikamenten bekämpft, von Psychologen mit Wissen (Psychoedukation, Beratung, Lernen über sich) und von Psychotherapeuten mit Psychotherapie. Dieses Buch soll in etwa das tun, was ein Psychologe machen würde: Möglichst viel Wissen vermitteln, damit sich die Betroffenen dann selbst helfen können, indem sie den besten Heilungsweg auswählen. Dieser ist meistens nicht ein einzelner schmaler Weg, sondern es handelt sich um ein Labyrinth, das zwar viele Ein- und Ausgänge und somit viele mögliche Wege hat, aber auch einige Sackgassen. Als kleiner Wegweiser für dieses Labyrinth werden hier die wichtigsten Informationen zu den Themen Psychotherapie und Medikamente zusammengefasst. Dementsprechend finden sich über die Literaturangaben weitere Hinweise für Unterlagen, welche die Themen noch vertiefen. Alternativ empfiehlt es sich, einen Psychologen um Rat zu fragen – denn Beraten ist genau das, was Psychologen machen. Sie können dort erfragen, welche Therapieangebote es gibt und evtl. eine Fachmeinung darüber einholen, welche Option sich für Sie eignen würde oder was Sie tun können, wenn sie aus irgendwelchen (z.B. finanziellen) Gründen keine Therapie machen wollen oder können.

8.1 Psychotherapie

Die Psychotherapie kann heute als großer Marktplatz beschrieben werden, auf dem die Besitzer der Marktstände mehr oder weniger laut Waren anbieten. Die einen schreien laut, ihr Angebot sei das beste – während andere ganz still dieselbe „Ware" anbieten. Die einen geben ihr „Ware" zu einem sehr niedrigen Preis her, also „fast geschenkt", die anderen verlangen für dasselbe Angebot einen sehr hohen Preis. Hier finden Sie eine ausführliche Beschreibung des „Sortiments", sodass sie zum Schluss den Überblick über die verfügbaren Angebote und deren unterschiedlichen Qualitäten haben sollten. Aufgrund von Information können Sie letztendlich die Entscheidung treffen, welche wohl die für Sie am besten geeignete Therapie ist.

Die Psychotherapie lässt sich grob in einige wichtige Schulen unterteilen. Schulen bilden dabei therapeutische Ansätze mit eigenen Theorien zu den einzelnen Störungsbildern und den Behandlungsmöglichkeiten. Die einfachste Sichtweise wäre es, die Behandlungsmethode nach logischen Aussagen z.b. „Wenn der Patient an einer Emetophobie leidet, dann behandle ihn mit Expositionstherapie." zu finden. Die Realität ist aber eine andere: In Wirklichkeit setzt sich eine Therapie aus mehreren Bausteinen einer Schule zusammen, die entsprechend der Diagnose und entsprechend der Bedürfnisse und Wünsche des Klienten angewandt werden.

Jede Schule wirbt für sich, doch vorab möchte ich hier noch erwähnen, dass die kognitive Verhaltenstherapie beim aktuellen Forschungsstand am besten abschneidet, d.h. sie erzielt die besten Therapieergebnisse.

Aber: Nicht jede Therapie ist für jeden geeignet, genauso wenig wie jeder Therapeut für jeden geeignet ist. Sie sollten sich nun also über die verschiedenen Schulen informieren und bei der Wahl eines Therapeuten darauf achten, dass Sie sich gut mit diesem verstehen. Dabei ist ausschlaggebend, dass Sie eine Vertrauensbeziehung zu diesem Therapeuten aufbauen können. Scheuen Sie sich nicht, nach den ersten paar Sitzungen den Therapeuten zu wechseln – wenn die Beziehung nicht passt, kann die ganze Therapie daran scheitern. Generell werden erfahrene Therapeuten empfohlen – im Prinzip können Sie dort aber genauso auf Probleme stoßen. Unerfahrene Therapeuten haben womöglich einen weniger sicheren Umgang, sind aber in ihren Ansätzen flexibler und gehen daher vielleicht stärker auf Sie ein als ein „alter Hase", der schon seine fixen Vorstellungen davon hat, wie eine Therapie ablaufen sollte. Ein Therapeut durchläuft in seiner Ausbildung verschiedene Phasen – je nachdem in welchem Land Sie einen aufsuchen, hat er eine andere Ausbildung. Sowohl in Österreich als auch in Deutschland muss man als Therapeut nicht Psychologie (und auch nichts anderes) studiert haben – es handelt sich um eine eigene Ausbildung, die zum einen Teil aus Theorie und zum anderen Teil aus Praxiserfahrung und Selbsterfahrung besteht. Der erstgenannte Erfahrungsteil bedeutet, dass der werdende Therapeut mit Klienten arbeitet, zu Beginn und auch später immer wieder unter *Supervision*, d.h. ein erfahrener Therapeut steht ihm dabei zur Seite. Der zweitgenannte Erfahrungsteil bedeutet, dass der Therapeut selbst in Therapie geht, um zu lernen, wo seine Schwachpunkte liegen. Das dient vor allem dazu, dass er im Fall einer schwierigen Situation mit einem Klienten weiß, worauf er bei sich besonders achten muss, ob diese Situation nun von ihm mitverantwortet ist oder nicht und wenn ja, wie er zu handeln hat. Ein Therapeut sollte das Ausmaß der Abgrenzung seiner eigenen Person von der Therapiebeziehung voll im Griff haben, also bestimmen können, inwieweit er sich auf die Beziehung zum Klienten einlässt.

Im Prinzip sind alle Therapien im Einzelsetting oder in der Gruppe möglich. Oft ist es so, dass Patienten sowohl eine Gruppe besuchen, als auch einzeln vom Therapeuten betreut werden. In der Gruppe finden sich viele Vorteile, nicht nur finanzieller Art: Sie können von der Gruppe mehr lernen als nur vom Therapeuten, da es in der Gruppe noch andere Wirkfaktoren gibt als in der Einzelsitzung (Fiedler, 2005). Einzelsitzungen erscheinen Ihnen vielleicht angenehmer, da Sie sich nicht vor der Gruppe *bloß stellen* müssten. Genau dieses vermeintliche *Sich-bloß-stellen* ist aber einer der Wirkfaktoren, da die positive Erfahrung des Austausches in der Gruppe ein korrigierendes Erlebnis sein kann. Dies gilt vor allem für Betroffene, die wegen ihrer Krankheit vereinsamt sind, sich zurückgezogen und Freunde verloren haben. Am empfehlenswertesten ist also eine Kombination aus Einzelstunden und Gruppentherapie, bei demselben Therapeuten oder bei verschiedenen. Sie lernen so noch mehr von sich, da Sie sich einzeln und in der Gruppe auf verschiedene Weisen neu kennen lernen. Die Gruppentherapie als zweite Phase der Therapie, nach einer mehr oder weniger ausgiebigen Einzeltherapie ist auch eine ökonomische Variante der Langzeitbehandlung. Persönliches Wachstum stellt einen wesentlichen Teil der Heilung dar. Es vollzieht sich nicht innerhalb weniger Monate, sondern dauert Jahre. Das kann bedeuten, dass Sie nach einigen wenigen Monaten der Therapie im Einzelsetting (evt. mit ein paar Gruppensitzungen dazu) dann für die Langzeit-Rückfallprävention einmal monatlich noch für Jahre eine Gruppe besuchen. Das soll die Übertragung des Erlernten von der Therapie in den Alltag erleichtern sowie die positiven Ergebnisse der Therapie aufrechterhalten.

Bevor Sie aber einen Therapeuten suchen, sollten Sie wissen, was dieser können muss. Da sich dies anhand der therapeutischen Ausrichtung, im Sinne der *Schule*, bestimmen lässt, werfen wir einen groben Blick auf die verschiedenen Schulen: Betrachten Sie jede Schule kritisch und überlegen Sie, warum diese für Sie geeignet wäre oder warum nicht.

8.1.1 Psychoanalyse

Die Psychoanalyse steht wegen Ihrer Popularität hier als erste in der Liste, um vorneweg ihre Rolle klar zu stellen. Psychoanalyse ist nicht gleich Psychotherapie, wie das viele meinen mögen – sie ist nur eine Form davon, wohl eine der ältesten und berühmtesten. Unter Psychoanalyse stellt man sich ein bequemes Sofa und einen Therapeuten vor, der den Klienten gegebenenfalls hypnotisiert oder seine Träume analysiert. Gewiss steckt in dieser Vorstellung ein Fünkchen Wahrheit, doch heute sieht Psychoanalyse etwas anders aus.

Hier der erste Hinweis, um zunächst mit dem Labyrinth fertig zu werden: Psychoanalyse ist dasselbe wie psychoanalytische oder psychoanalytisch orientierte Psychotherapie, psychodynamische oder psychodynamisch orientierte Psychotherapie und auch dasselbe wie Tiefenpsychologie. Jeder Therapeut, der unter einer dieser Bezeichnungen arbeitet, ist also ein psychoanalytisch arbeitender Therapeut.

Ein erstes wesentliches Merkmal ist, dass die Psychoanalyse an der Lebensgeschichte ansetzt. Sie sieht Störungen als Produkt aus Geschehnissen und Umständen der Vergangenheit – gemäß dem bio-psycho-sozialen Modell wäre sie also stark an einer sozialen Ursachenanalyse orientiert. In der therapeutischen Beziehung werden unbewusste Konflikte und Störungen der Persönlichkeitsentwicklung bearbeitet. Darunter stellt man sich nun möglicherweise die berühmte Aussage „Er/sie hatte eine schwere Kindheit." vor. Sind Sie der Meinung, Sie hätten eine schwere Kindheit gehabt, so könnte die Psychoanalyse Ihnen tatsächlich weiterhelfen. Allerdings ist dieses Merkmal auch kritisch zu betrachten: In einer berühmten Ausrichtung der Psychoanalyse wurden alle Störungen auf nicht abgeschlossene frühe Entwicklungsphasen zurückgeführt. So wurde den Leuten ein *nicht bewältigter Ödipuskomplex*, d.h. die Eifersucht auf den Vater und körperlich empfundene Liebe zur Mutter, oder eine „anale Fixierung", d.h. eine Konzentration auf den Stuhlgang, z.B. im Sinne von absichtlichem Zurückhalten von Kot etc. angedichtet. Tatsächlich würde z.B. eine anale Fixierung dann als Zwangsstörung zu Tage treten. Wie viel tatsächlich an diesen Diagnosen dran ist, sei dahin gestellt. Es gibt zahlreiche Bücher zum Thema. Im Großen und Ganzen zeigen sich bei deren Lektüre aber sehr viele

Schwachstellen. Obendrein konnte bisher keine dieser Interpretationen wissenschaftlich bestätigt werden. Aber auch wenn Sigmund Freuds Theorien wenig brauchbare (richtige) Ursachenmodelle abzugewinnen sind, so hat er doch etwas ausgesprochen Wichtiges geleistet: Der Augenmerk der Therapeuten wurde auf die Kindheit gelenkt. Zuvor wurde diese nämlich ignoriert, da man glaubte, der kleine, also unfertige Mensch bekäme nichts mit und es wäre somit egal, wie man Kinder behandelt. Infolgedessen wäre es auch egal, wie man Kinder erzieht. Freud war der erste einer langen Reihe von Entwicklungspsychologen, denen wir den Umstand verdanken, dass wir heute bei der Erziehung von Beginn an nachdenken, da wir wissen, dass grobe Fehler nicht ohne Folgen bleiben.

Die Emetophobie wird von vielen Psychoanalytikern paradoxerweise gemeinsam mit der Bulemie eingeordnet, da ihnen beiden gemeinsam ein verdrängter Konflikt mit der Mutter zugrunde liege. Dieser beruhe konkret darin, dass die Loslösung von der Mutter nicht vollständig vollzogen worden sei – aus welchen Gründen auch immer. Dem würden die Befunde von den kanadischen Forschern entsprechen (Manassis & Kalman, 1990), wo in einigen Fällen von Trennungsängsten berichtet worden war, die in der Kindheit entstanden waren. Dieser Konflikt äußere sich nun im somatischen Symptom des Erbrechens oder des Nicht-Erbrechen-Wollens: Das Hergeben-/Nicht-Hergeben-Dilemma und zwar konkret über den oralen Weg sei entscheidend. Die orale Phase sei jene, wo der Säugling eine tiefe Bindung zur Mutter entwickelt, seiner ersten wichtigen Bezugsperson. Diese Bindung werde körperlich durch den Akt des Stillens gefestigt. Und hier wird nun die Brücke zur Emetophobie und zur Bulemie geschlagen: Wortwörtlich genommen sehen wir den Ursprung der Störung in Form eines Säuglings, der zuerst gestillt wird und dann ein Bäuerchen machen soll, weniger konkret sehen wir ihn in einem oralen Konflikt. Der Emetophobiker ist also in der oralen Phase, oder in einer Rekapitulation davon – nämlich der später notwendigen Loslösung von der Mutter – stecken geblieben oder hat diesbezüglich einen schweren Konflikt erlebt, den er nun immer noch mit sich herumträgt und in andere Beziehungen überträgt.

Diese Interpretation ist nur eine von vielen, denn man kann Tatbestände in der Psychoanalyse auf sehr viele Arten auslegen. Diese Schilderung soll nur veranschaulichen, was Sie in einer psychoanalytischen Therapie erwarten könnte. Womöglich also werden Sie dort Dinge erfahren, die sie nicht glauben wollen. Womöglich ist es auch besser, wenn Sie diese Dinge nicht glauben, da kein Wissenschaftler belegen kann, dass sie stimmen.

Ein besonderes Augenmerk bei der Psychoanalyse erhält das Unbewusste, das in vielerlei Hinsicht zu Tage tritt und bewusst gemacht werden kann – was ja letztlich das Ziel der Therapie ist (Neukorn, Grimmer, & Merk, 2005). Das wird z.b. gemacht, indem der Klient aufgefordert wird, frei zu assoziieren. Dabei erzählt der Klient, was ihm gerade einfällt, wobei er sogar ermutigt wird, Gedankensprünge zuzulassen. Fallweise (das hängt vom Therapeuten ab) werden auch Träume interpretiert. Zum Träumedeuten gibt es viele verschiedene Ansätze. Bücher, die z.b. die altägyptische Traumdeutung oder dergleichen als Art Lexikon vorstellen, sind nicht ernst zu nehmen. Auch die psychoanalytische Traumdeutung ist in den meisten Fällen überzogen. Was man aus Träumen aber herauslesen kann, ist eine gewisse Grundstimmung. Ist ein Traum Angst besetzt, so wird der Klient aufgefordert, diese Angst näher zu beschreiben. Die Ursache der Angst, also wovor der Klient im Traum Angst hat, wird abstrahiert, sodass im realen Leben vielleicht eine Analogie gefunden werden kann. Stellen Sie sich z.B. einen Traum vor, in dem Sie in großer Eile zum Bahnhof laufen und fürchten, sie könnten den Zug verpassen. Auf dem Weg dorthin werden sie immer wieder aufgehalten und die Befürchtung wird immer beklemmender, weil es doch so wichtig ist, den Zug zu erwischen. In einer anderen Nacht träumt Ihnen etwas Ähnliches mit einem Flugzeug, oder einem Bus, einem Termin etc. Man könnte nun interpretieren, dass Sie auch im realen Leben befürchten, etwas Wichtiges zu verpassen. Daran kann dann der Therapeut mit ihnen arbeiten – also ob diese Befürchtung gerechtfertigt ist, woher sie kommt etc. Insbesondere interessant sind also vor allem die Grundstimmungen in Träumen und diese um so mehr, wenn diese Grundstimmungen öfter, und durchaus auch in verschiedenen Träumen vorkommen.

Die therapeutische Beziehung ist bei jeder Therapie wichtig, doch bei der Psychoanalyse hat sie eine besondere Funktion. Im Zusammenhang mit der Bewusstmachung unbewusster Inhalte wendet die Psychoanalyse die Theorie der Übertragung und Gegenübertragung an. In den meisten therapeutischen Schulen soll sich der Therapeut aus der Therapie mit seiner eigenen Lebensgeschichte und seinen Gefühlen heraushalten, hier aber läuft das anders: Der Klient kommt z.B. zu einem Therapeuten, mit dem er sich nun gut versteht. Dieser Therapeut ist etwas älter und erfahrener – eine Vaterfigur. In der Folge schreibt der Klient dem Therapeuten unbewusst die Eigenschaften zu, welche sein eigener Vater hat. Der Klient baut also zum Therapeuten unbewusst eine Beziehung auf, wie er sie zu seinem Vater hat oder hatte. Die emotionale Reaktion des Therapeuten auf diese Beziehungsübertragung ist die Gegenübertragung – dem Therapeuten passiert etwas Ähnliches wie dem Klienten. Aber, da der Therapeut ja ausgebildeter Psychoanalytiker ist, kann dieser mit diesen Emotionen umgehen: Er erkennt diese Übertragungssituation, analysiert sie und kommt auf diesem Wege zum Verständnis der Gefühlswelt des Patienten und wie diese mit den früheren Beziehungserfahrungen zusammenhängt.

Des Weiteren ist bei der Psychoanalyse die Bearbeitung von Widerständen ein zentrales Thema. Haben Sie schon versucht, ihre Krankheit zu besiegen, indem Sie diese kontrollieren o.ä.? Und dann sind Sie wieder in dasselbe Handlungsschema (z.B. das Vermeidungsverhalten) verfallen? Die Psychoanalyse deckt solche Widerstände gegen den Fortschritt der Therapie auf. Sie sieht das Symptom des Patienten als eine für ihn zunächst einfachste Bewältigungsform – jede Veränderung würde ihn also aus dem Gleichgewicht bringen (Neukorn, Grimmer, & Merk, 2005). Darum wehrt er sich gegen die Aussagen des Therapeuten, wird womöglich auch erbost, findet letztendlich womöglich, die Psychoanalyse wäre einfach nur Blödsinn. Der Psychoanalytiker versucht diesen Widerstand zu bearbeiten und deutet ihn, konfrontiert den Klienten mit Widersprüchen und klärt durch gezieltes Nachfragen konfuse Gedanken des Klienten.

Hilft Psychoanalyse? Was sagt die Wissenschaft? Die Psychoanalyse wird z.B. vom *Wissenschaftlichen Beirat Psychotherapie* empfohlen (Neukorn, Grimmer, & Merk, 2005). In Österreich zählt die Psychoanalyse zu einer der wenigen Therapien, die zumindest zum Teil von der Krankenkasse übernommen werden. Wissenschaftliche Ansätze zur Belegung der Wirksamkeit der Psychoanalyse konnten gute Ergebnisse für Depressionen, Persönlichkeitsstörungen und Verhaltensstörungen vorweisen. Es gibt auch eine Fallstudie zu Emetophobikern, denen mit einer psychoanalytischen Therapie geholfen werden konnte (Boschen, 2007; Ritow, 1979). Tatsächlich ist die besagte Studie (Ritow, 1979) aber nur teilweise psychoanalytisch orientiert. Der Umgang mit der Patientin war eher psychoanalytisch, die Behandlung aber eher systemisch und/oder verhaltenstherapeutisch. Der Therapeut erklärte der jungen Frau, die seit 12 Jahren an Emetophobie litt, lang und breit, dass sie wohl nur mit einer 50%igen Wahrscheinlichkeit erfolgreich aus der Therapie hervorgehen würde. Sie musste ein Brechmittel trinken und erbrach natürlich auch – was in der Interpretation des Therapeuten dann die tatsächlich erfolgreiche Heilung bewirkte. Diese Methode wäre eigentlich eher verhaltenstherapeutisch, da sie einer Expositionstherapie ähnelt. Systemisch könnte die Therapie deswegen sein, da der Therapeut mit paradoxen Interventionen arbeitet.

Auch wenn es fallweise erfolgreiche Therapien mit psychoanalytischen Methoden gibt, so kann eine generelle Wirksamkeit der Psychoanalyse beim speziellen Fall der Emetophobie bislang nicht belegt werden. Die Wirksamkeitsstudien und die dazugehörigen Ergebnisse sind in dieser Hinsicht nicht eindeutig..

Als mögliche Wirkfaktoren psychoanalytischer Therapie wurden die Beziehung zum Therapeuten, die positive Therapieerwartung, die Glaubwürdigkeit des Therapeuten und seine eigene Überzeugung von der Wirksamkeit des Verfahrens belegt (Neukorn, Grimmer, & Merk, 2005). Diese Liste von Wirkfaktoren bezieht sich also hauptsächlich auf die Qualitäten des Therapeuten. Darum sei hier noch ein weiterer Hinweis zur Psychoanalyse und gleichzeitig ein Fazit der Diskussion dieser Schule genannt: Falls Sie der Meinung sind, dass Sie sich gerne auf die Methoden der Psychoanalyse einlassen würden, so bedenken Sie auch, dass Sie dort nicht nur Dinge hören werden, die Sie gerne hören. Von Vorteil für die Psychoanalyse ist es, wenn Sie kreativ sind (wegen der Deutungen) und gerne von sich erzählen. Sie sollten sich auf Dinge einlassen können, die naturwissenschaftlich nicht erklärbar sind, also etwas abgehoben erscheinen können.

8.1.2 Verhaltenstherapie

Bei spezifischen Phobien, also auch bei der Emetophobie, ist erwiesenermaßen die Expositionstherapie am wirksamsten (Rink, 2006). Es handelt sich dabei um dasselbe, was man unter einer Reizkonfrontation mit dem/den angstauslösenden Objekt/en oder Situation/en versteht. Diese Expositionstherapie ist eine Methode der Verhaltenstherapie, welche heute gemeinsam mit der kognitiven Therapie (auch in Kombination als kognitive Verhaltenstherapie) als die beste Therapieform überhaupt gilt. Betrachten wir daher die Verhaltenstherapie als Ganzes, bevor wir uns der speziellen Methode der Exposition widmen.

Die Verhaltenstherapie nimmt an, dass das *gestörte* Verhalten, das bei psychischen Störungen zu finden ist, nach denselben Prinzipien wie gesundes Verhalten entstanden ist und nach diesen auch verändert werden kann (Margraf, 2000; Reinecker, 1999). Dazu analysiert der Verhaltenstherapeut gemeinsam mit dem Klienten das Problem, das zunächst benannt und dann auf verschiedenen Ebenen beschrieben wird. Im Falle der Emetophobie würde die Angst vor dem Erbrechen beschrieben werden – wie äußert sich das in der Person, in ihrem Verhalten, in ihrer Umwelt usw. Dazu gehört dann auch, dass der Klient dazu aufgefordert wird, herauszufinden, welche Auslöser dieses Verhalten hat. Der Emetophobiker würde also beschreiben, dass er auf öffentlichen Veranstaltungen, wo Alkohol ausgeschenkt wird, die Flucht ergreift, weil er befürchtet, einen Betrunkenen zu sehen, der sich übergibt. Der Therapeut sammelt mit dem Klienten dann ganz viele, möglichst alle solche Situationen – bei der Emetophobie also Bus-, Flugzeug- und Schiffreisen, das Essen von Speisen, welches von Fremden zubereitet worden ist, Ansteckungsgefahr bei Magen-Darm-Grippen usw. Dann fragt der Therapeut den Klienten nach den Konsequenzen, die das Verhalten steuern. Dabei konzentriert man sich im Falle der Emetophobie auf das Vermeideverhalten und die Konsequenzen hieraus. Es zeigt sich, dass durch das Umgehen der beängstigenden Situationen die Angst reduziert wird. Auch der Grund für das Vermeideverhalten wird deutlich: Die Befürchtung von anderen Konsequenzen, wenn das Vermeideverhalten nicht stattfindet. Diese Konsequenzen werden ebenfalls analysiert. Dabei käme dann etwa heraus, dass jemand, der an Emetophobie leidet, befürchtet, zu ersticken, wenn er Erbrechen muss, oder dass es ihm furchtbar peinlich wäre usw. Der Therapeut vereinbart mit dem Klienten dann Ziele und Methoden, welche dann durchgeführt und bewertet werden.

Der Klient wird aktiv in die Therapie mit einbezogen. Er wird nicht bevormundet, sondern als mündiger Klient behandelt. Dies entspricht vollkommen dem Prinzip des *Empowerments*, das beinhaltet, dass der Hilfebedürftige lernt, selbstverantwortlich und selbstbestimmt Entscheidungen zu treffen. Der Hilfebedürftige wird informiert und wählt, basierend auf diesen Informationen, die Art und Weise der Therapie aus. Der Therapeut besitzt dabei eine beratende und ausführende Funktion. Diese Haltung der Verhaltenstherapie ist grundsätzlich zu befürworten, da die Selbstständigkeit, welche viele Betroffene im Spezialfall der Emetophobie verloren haben, so am ehesten wieder hergestellt werden kann. Außerdem erlebt der Klient somit auch, dass sein eigenes Tun und Entscheiden wirksam ist, was sich positiv auf das Selbstwertgefühl auswirkt. Diese Haltung ist der Verhaltenstherapie nicht alleine zuzuschreiben – andere Schulen verfolgen diese Richtlinie ebenfalls, aber bei der Verhaltenstherapie ist sie wegen der Förderung der Selbstständigkeit besonders wichtig.

Die Verhaltenstherapie arbeitet nach Handbüchern, welche nach Erkenntnissen der Sozialpsychologie und der experimentellen Psychologie und Therapieforschung die am besten geeigneten Methoden darstellen. Wer sich also exakt an diese Handbücher hält, hat beste Aussichten auf einen Therapieerfolg. (Warum das nicht immer so ist, lesen Sie weiter unten.) In diesen Handbüchern (Manuals) finden sich Modelle, welche die Entstehung, den Verlauf und die Heilung einer bestimmten psychischen Störung veranschaulichen und erklären. Ob diese Modelle in jedem Falle zutreffen, sei dahingestellt, doch sie haben eine ganz spezielle Funktion: Der Therapeut erklärt dem Klienten das Modell, welches meist sehr plausibel ist. So ein Modell beinhaltet bei der Emetophobie etwa, dass die Entstehung durch prädisponierende Faktoren begünstigt, durch ein oder mehrere entscheidende Erlebnisse ausgelöst wurde und durch verschiedene verstärkende Faktoren aufrechterhalten wird. Der Verlauf begründet sich außerdem darin, dass durch das Vermeidungsverhalten eine Heilung gar nicht möglich ist, da dieses Vermeiden die Angst noch mehr schürt. Darum würde die Heilmethode der Wahl also eine Konfrontation mit dem gefürchteten Erbrechen sein. Der Klient mag skeptisch sein, doch der Therapeut wird ihm genau erklären, warum und was zu tun ist. Schlussendlich ist der Klient nach dieser Sitzung vielleicht etwas beunruhigt, da er sich vor der Exposition fürchtet, aber er ist erleichtert, da das Modell einen Erklärungsansatz bietet, einen plausiblen noch dazu. Der Mensch möchte oft Dinge wissen, auch wenn es unangenehmer ist, sie zu wissen, als sie nie zu erfahren. Es geht ihm nach dieser Offenlegung der Tatsachen vielleicht momentan noch schlechter, doch er wird sich schneller erholen – das Grübeln hat ein Ende. So kann das Erklärungsmodell des Verhaltenstherapeuten für den Klienten zwar eine anstrengende Expositionstherapie empfehlen, doch der Klient ist trotzdem froh, wenn er endlich „weiß", wie seine Emetophobie funktioniert und was man dagegen tun kann. Da das Erklärungsmodell möglicherweise nicht dem entspricht, was der Betroffene gerne hören möchte, ist es wichtig, dass der Therapeut eine hohe Glaubwürdigkeit hat. Fazit: Vieles ist leichter zu ertragen, wenn wir es erklären können.

Zu diesen Modellen gehört insbesondere der Erklärungsansatz anhand einer Funktionalität der Störung. Funktionalität ist insbesondere das, was Betroffene an Erklärungsmodellen nicht mögen, weil sie Dinge beschreiben, die eigentlich vertuscht werden oder wo sich der Betroffene gar etwas vormacht. Wird eine gewisse Funktionalität an den Tag gebracht, so sieht es oft sogar so aus, als wäre der Betroffene nicht das Opfer, sondern ein gerissener Patient, der sich über seine Störung gewisse Vorteile verschafft. Das sollte aber auf keinen Fall so gesehen und schon gar nicht dem Klienten gesagt werden, da dieser dann wohl noch weniger bereit sein könnte, die Funktionalität anzuerkennen. Da Funktionalität aber ein Hindernis auf dem Heilungsweg ist, ist es unbedingt notwendig, dass der Betroffene diese einsieht. Diese Funktionalität ist bei der Emetophobie vielschichtig interpretierbar – bei genauerer Betrachtung hat tatsächlich jede Krankheit irgendeine Funktionalität. Die Funktionalität einer Krankheit ist der positive Nutzen, den der Betroffene durch die Krankheit erfährt. Es gibt in fast jedem Bekanntenkreis jemanden, der abrupt Fieber (echtes Fieber, kein erfundenes) bekommt, wenn er etwas für ihn Unangenehmes machen muss. Es gibt Kinder, die krank werden, wenn die Eltern ihnen zu wenig Aufmerksamkeit widmen. Krankheit ist ein Alibi für das Gepflegt-werden, ein guter Grund, um Aufmerksamkeit zu bekommen, man erhält Mitgefühl und Mitleid. Im Abschnitt über die Partnerschaft und Emetophobie finden sich ähnliche Konzepte, zum Beispiel die Beziehung als aufrechterhaltender Faktor der Emetophobie. Der positive Nutzen kann sowohl kurz- als auch langfristig sein. Insbesondere ist ausschlaggebend, wie das Verhältnis von positiven und negativen, kurz- und langfristigen Effekten ist. Ein überwiegend positiver Nutzen zum aktuellen Zeitpunkt, also kurzfristig, behindert den Betroffenen daran, eine Änderungsmotivation zu entwickeln, auch wenn sich langfristig ein negativer Effekt als unausweichlich darstellt. Hier nur einige Beispiele:

Als erstes Beispiel kann die aufrechterhaltende Rolle der Emetophobie in der Partnerschaft genannt werden. Die Emetophobie in einer kaputten Beziehung hat die Rolle, diese Beziehung aufrecht zu erhalten. Entweder, indem sie verhindert, dass der Betroffene verlassen wird, da der Partner dies aus Mitleid nicht tun möchte, oder indem sie in einer Beziehung den Aufschwung bringt, der durch Mangel an geschenkter Aufmerksamkeit fehlt.

Parallelen zu diesem Beispiel kann man in allen zwischenmenschlichen Situationen finden, wo es an Aufmerksamkeit fehlt. Der Mensch braucht Aufmerksamkeit von seiner Bezugsperson, von Vorgesetzten, von Vorbildern usw. Kurzfristig ist erhaltene Aufmerksamkeit angenehm, also eine Belohnung. Auf lange Sicht ist aber eine Beziehung, die sich nur auf die krankheitsbezogene Beachtung stützt, weder erfüllend noch gut für das Selbstwertgefühl des Betroffenen. Wenn die Emetophobie die Funktionalität innehat, dem Betroffenen diese Aufmerksamkeit zu verschaffen, so ist es die Aufgabe von Therapeut und Klient, diese Funktionalität zu beseitigen. Die Aufmerksamkeit muss auf eine andere Weise beschafft werden können, sodass die Emetophobie überflüssig wird.

Als zweites Beispiel dient der Bericht eines Verhaltenstherapeuten (Rink, 2006), der bei einer jungen Emetophobikerin auf zahlreiche Behandlungsprobleme stieß. Obwohl sie zunächst mit dem gemeinsam vereinbarten Behandlungsplan einverstanden war (Expositionstherapie und autonomer Abbau des Vermeideverhaltens), hielt sie sich nicht an die Vereinbarungen und zeigte massiven Widerstand gegen die besagten Maßnahmen. Nach einer ausführlichen Motivationsanalyse zeigte sich, dass die Klientin aufgrund ihrer Emetophobie verschiedene Vorteile hatte. Zum ersten hatte sie wegen der Störung ihre Schullaufbahn abgebrochen und war auch jahrelang keiner Arbeit nachgegangen. So hatte sie den Druck in der Schule, der aufgrund ihrer sich verschlechternden Leistung immer größer geworden war, vermieden - ebenso den Leistungsdruck der Arbeitswelt. Die Emetophobie war der Vorwand und der gute Grund, den sie anderen gegenüber vertreten konnte, um ihre Untätigkeit zu erklären. Sie *konnte* nicht lernen oder arbeiten, denn sie war *krank*. Zum zweiten hatte sie einen Freundeskreis aufgebaut, den sie selektiv nach einem bestimmten Kriterium ausgewählt hatte: Diese Freunde mussten besonders viel Verständnis für ihre Störung – die Emetophobie – haben. Verständnis zu bekommen ist eine Form der Zuwendung, was ein durchaus positiver Nebeneffekt einer psychischen Störung ist. Diese Faktoren führten schließlich so weit, dass die Klientin die Therapie auf unbestimmte Zeit hinausschob, um diesen Zielkonflikt gegebenenfalls selbst zu lösen.

Solche Behandlungsprobleme sind keine Seltenheit und sind oft das, was Psychiater dann als *chronische Störung* bezeichnen. Doch das muss nicht sein! Ein Therapeut kann auch *lästig* sein, und den Emetophobiker dazu bringen, sich diese sekundären Krankheitsgewinne vor Augen zu führen und – so schön sie auch sind – zu eliminieren. Durch diese Vernichtung aller positiven Nebeneffekte der Emetophobie wächst die Therapiemotivation ungemein, bzw. die Motivation steht nicht mehr in Kontraposition zur unbewussten Motivation, die Krankheit aufrecht zu erhalten. Diese zweite Motivation, die eigentlich paradoxerweise an der Krankheit festhält, kann genauso gut dazu führen, dass der Betroffene immer wieder nach einer Therapie verlangt und dann darin scheitert. Eine erfolglose Therapie liefert dem Betroffenen wiederum eine Bestätigung dafür, dass er ein wirklich schweres Schicksal zu tragen hat und deshalb noch mehr Verständnis und Zuwendung braucht.

8 Therapie der Emetophobie

Kasten 4: **Welche Funktionalität hat die Emetophobie bei Ihnen?**

Kurzfristig:

positiv: z.B. Aufmerksamkeit, Schonung bei der Arbeit

———————————————————————

negativ: z.B. Eingeschränktes Freizeitverhalten, das Angstgefühl an sich

———————————————————————

Langfristig:

positiv: z.B. aufrechterhaltene Beziehung

———————————————————————

negativ: z.B. Verlust des Arbeitsplatzes, keine Ausbildung

———————————————————————

Als drittes Beispiel wird hier das Thema Emetophobie und Mobbing am Arbeitsplatz / in der Schule genannt. Mobbing ist ein Thema, das heute viel diskutiert wird und doch wissen die wenigsten, dass Mobbingopfer zweifach Opfer sind, da sie zu den unangenehmen Bedingungen bei der Arbeit, wo sie von zum Beispiel von Kollegen gehänselt und ausgeschlossen werden, auch noch oft an psychischen Störungen erkranken (Neuberger, 1995). Insbesondere sind das Depressionen, doch es kann durchaus sein, dass die Emetophobie Folge einer Mobbingsituation ist. Allerdings ist das Mobbing nie die einzige Ursache, wir sprechen bei psychischen Störungen immer von einem ganzen Puzzle an Ursachen und disponierenden Faktoren. Im angenommenen Beispiel ist das Mobbingopfer Emetophobiker. Mobbing wird, wie viele andere psychische Faktoren, in der Arbeitswelt, noch immer zu wenig berücksichtigt. Als Emetophobiker leidet der Betroffene aber zusätzlich oft an Übelkeit – Übelkeit ist ein Grund, nicht zur Arbeit zu gehen. Solange die Ursache der Übelkeit nicht abgeklärt ist, kann der Arzt den Patienten auch krankschreiben. Somit „schützt" die Emetophobie das Mobbingopfer vor der unangenehmen Arbeitssituation, indem sie einen Grund liefert, sich krank zu melden. Schließlich ruft niemand beim Arbeitsplatz an und sagt: „Guten Tag Herr Personalchef, ich komme heute nicht zur Arbeit, weil ich ein Mobbingopfer bin."

Analog zu diesem Beispiel können es auch andere Bedingungen sein, die nicht unbedingt etwas mit Mobbing zu tun haben, die einem aber das Arbeits- oder Schulleben schwer machen. Hier gilt, dass Therapeut und Klient Problemlösestrategien für die besagten Situationen entwickeln und diese umsetzen. Bei Mobbing werden etwa Mediationen von außen eingesetzt und das Mobbingopfer besucht z.B. Kurse zur Erhöhung des Selbstbewusstseins, die das Auftreten und Durchsetzungsvermögen stärken sollen. Im Extremfall ist ein Arbeitsplatzwechsel zu empfehlen.

Solche Trainingskurse sind auch ein typischer Baustein von Verhaltenstherapien, insbesondere in verhaltenstherapeutischen Zentren und Kliniken. Dort bekommen die Klienten einen prall gefüllten Stundenplan, der zum Beispiel Sitzungen für das soziale Kompetenz-Training, Kommunikationsseminare, Selbstbewusstseinstraining, Selbstwertgefühlserfahrung, Bewältigungstraining oder Entspannungssitzungen beinhaltet. Es dreht sich also alles um das Lernen. Lernen bedeutet die Fähigkeit zur Selbstheilung.

An dieser Stelle ein kleiner Exkurs: Die häufigste Kritik an der Verhaltenstherapie ist, dass sie nur *an der Oberfläche kratze* und nur die Symptome behandele, nicht aber an die Wurzeln gehe. Gewiss mag ein Verhaltenstherapeut nicht lang und breit mit dem Klienten darüber reden, wie seine Beziehung zu seinem Vater in der Kindheit war – viel eher würde er die aktuellen Beziehungen betrachten, sehr wohl aber im Kontext der Entwicklung der Beziehungsfähigkeit. Demgemäß bespricht der Verhaltenstherapeut mit dem Klienten auch Ursachen, da z.B. eine Beziehungsunfähigkeit oder sonstige Beziehungsstörungen bedingende Faktoren für eine Störung sein können. Diese Ursachen werden dem Klienten aber nicht bloß dargelegt. In anderen Therapieschulen nimmt man an, die Erkenntnis, dass gewisse Vorfälle oder Schwierigkeiten die aktuelle Situation herbeigeführt haben, sei an sich heilend. In der Verhaltenstherapie nimmt man an, die Veränderung der aktuellen Situation sei heilend und basiert auch auf dem Verständnis der Entstehung dieser Situation. Verhaltenstherapie kratzt also nicht nur an der Oberfläche. Sie behandelt nicht nur die Symptome, sondern versucht genau so wie die meisten anderen Therapieschulen, an die Wurzel des Problems zu gelangen. Diese werden dann eben auch durch Kurse wie die oben genannten behandelt.

Verhaltenstherapeuten arbeiten mit der Stimulus- und der Konsequenzkontrolle (Reinecker, 1999). Erstgenannte bezieht sich auf die Expositionstherapie. Diese kann plötzlich oder allmählich, tatsächlich oder nur in der Vorstellung passieren – die Auswahl muss individuell an den Klienten angepasst werden. Da dieser also mitentscheidet, kann er selbst bestimmen, ob er sich in der Therapie gleich ein Video mit sich übergebenden Menschen ansieht oder ob er zuerst mit dem Therapeuten eine Gedankenreise auf eine Party mit Betrunkenen macht. Am wirksamsten ist die konkrete Erfahrung – das wäre nun, dass der Betroffene sich übergibt, oder – bei Angst vor fremdem Erbrechen – einer entsprechenden Situation beiwohnt. Die Expositionstherapie arbeitet nach dem Prinzip, dass sie bessere Ergebnisse erzielt, je steiler der Abfall von aufgebauter Anspannung zur folgenden Erleichterung ist. Dabei ist die Anspannung die steigende Angst aufgrund verschiedener Befürchtungen des Klienten (z.B. er könnte an dem Erbrochenen ersticken). Der steile Abfall ist die anschließende Erleichterung, dass das befürchtete Katastrophenszenario eben nicht eingetreten ist. Hier zeigt sich gleich ein Problem der Verhaltenstherapie, das spezifisch auf die Emetophobie zutrifft. Oft richtet sich die Befürchtung eben auf die Übelkeit – also dass diese aufkommt und dann in der Folge Erbrechen unumgänglich wird. Die Betroffenen meiden also öffentliche Restaurants wegen dieser Befürchtung. Geht nun der Therapeut im Zuge der Expositionstherapie mit dem Klienten in ein Restaurant, um ihm zu zeigen, dass ihm nicht übel wird, so funktioniert das nicht: Dem Klienten wird nämlich tatsächlich übel und womöglich muss er sich tatsächlich übergeben. Daher ist bei dieser Therapieform wichtig, dass nicht die Angst vor der Übelkeit und die Befürchtung, Erbrechen zu müssen, durch massive Reizkonfrontation behandelt wird, sondern gleich die Angst vor dem Erbrechen (selbst oder fremd). Dies wird in der Expositionstherapie gemacht, indem der Patient bei der Konfrontation mit dem gefürchteten Reiz erfährt, dass er diesen aushalten kann. Allein die Erfahrung, dass man eine Situation übersteht, in der man sich erbricht oder jemand anderen dabei beobachtet, ist – oft nach mehrmaliger Wiederholung – heilsam. Dabei bedeutet Heilung, dass die Angst verringert wird. Ein anschauliches Beispiel hierfür ist die Studie von Philips (Philips, 1985). Er unterzog sieben Patienten (gemischt Angst selbst zu erbrechen und Angst vor fremdem Erbrechen) einer Therapie in 13 Einheiten zu je einer Stunde. Die Patienten wurden in diesen Einheiten dazu angehalten, ein 4minütiges Video, das sich übergebende Personen zeigte, wiederholt anzusehen. Da der Therapeut dabei war, konnte er die Angstreaktionen kontrollieren. Allen Patienten konnte so geholfen werden, wobei einzelne ein paar weitere Sitzungen benötigten, d.h. sie mussten sich das Video öfters ansehen. Die Klienten hatten anfänglich große Angst, sich das Video anzusehen. Als das Video begann, wollten sie am liebsten davonlaufen. Doch als sie es überstanden hatten, waren sie unheimlich erleichtert. Dieser steile Abfall vor dem Video und nachher ist das, was die Wirksamkeit der Expositionstherapie ausmacht – die Erkenntnis „Es ist ja doch nichts Katastrophales passiert..." Insofern sei also auch betont, dass die Exposition nur dann wirkt, wenn den Klienten nicht die Möglichkeit zur Vermeidung geboten wird. Philips untersuchte außerdem den Verlauf der Angst in den verschiedenen Therapiephasen. Er wollte so die Prozesse dokumentieren, die der Eliminierung der Phobie zugrunde liegen. Während der Sitzungen – also während sich die Patienten die Videos anschauten, nahm die Angst ab. Das nennt sich in der Fachsprache *Habituation*, also Reduzierung der Angstreduktion wegen Gewöhnung. Am Ende jeder Sitzung war also die Angst deutlich niedriger als für gewöhnlich. Zwischen den Sitzungen kehrte die Angst aber immer wieder zurück, was mit den depressiven Gefühlen zusammenhängt, die durch die Angstreize ausgelöst werden. Die Therapiesitzungen wurden so lange wiederholt, bis die Angst auch in den Tagen zwischen den Sitzungen nicht mehr wiederkehrte. Die Angstgefühle und die Übelkeit hingen in der Gruppe so behandelter Emetophobiker nicht zusammen.

Der Verhaltenstherapeut Rink berichtete zwei Fallstudien zur Expositionstherapie bei der Emetophobie (Rink, 2006). Da das Miterleben einer Erbrechenssituation in der Wirklichkeit zwar wirksam, aber schwer provozierbar wäre, verwendete Rink wie Philips die wiederholte Darbietung von Viedeosequenzen. Er merkte aber an, dass eine einzige Szene zu monoton wäre und er daher aus 17 verschiedenen Filmen Szenen zu einem 21minütigen Video zusammenkopiert hatte. Zu

Beginn musste sich die Patientin das Video 2 Stunden und 15 Minuten lang ansehen, bis ihre Angst deutlich gesunken war. In den weiteren Expositionssitzungen, die sie alleine zu Hause durchführte, genügten dann schon 30 Minuten. Man sieht an diesem Beispiel, wie schnell diese Konfrontation helfen kann. Die Beschreibung des Ablaufs einer Exposition erscheint für einen Betroffenen sehr hart – doch jeder Therapeut wird auf seinen Klienten zunächst ausführlich eingehen, mit ihm die Form der Exposition bestimmen, ihn darauf vorbereiten und ihm auch beistehen. Die Exposition kann also flutend (viel Exposition auf einmal) oder allmählich durchgeführt werden. Ein Beispiel für die allmähliche Exposition berichten amerikanische Forscher (Moran & O'Brien, 2005). Es wird im Abschnitt zur Therapie bei Kindern mit Emetophobie ausführlicher besprochen.

Die Exposition kann in der Realität erfolgen (z.B. auf einer Party) oder virtuell (z.B. anhand eines Videos) oder nur in Gedanken – also in der Vorstellung. Eine besonders saloppe Form der Verhaltenstherapie stammt aus einer der ersten Studien zur Emetophobie im Jahre 1983 (McFadyen & Wyness, 1983). Unter dem lustigen Titel „Ihnen muss nicht übel sein, wenn Sie ein guter Verhaltenstherapeut sein wollen, aber es kann ihnen dabei helfen!" veröffentlichte der Therapeut eine Fallstudie, in der eine junge Frau mit Angst vor fremdem Erbrechen mit Expositionstherapie behandelt wurde. Die Exposition wurde durchgeführt, indem der Therapeut Reisbrei und Gemüsesuppe in den Mund nahm, ins Zimmer rannte, in dem die Patientin stand (und nicht flüchten konnte) und vor ihr ins Waschbecken oder auf den Boden erbrach – etwa zehn mal hintereinander (je nachdem wie lange Reisbrei und Gemüsesuppe reichten) je Sitzung. Dazu wurde durch saure Milch der Geruch des Erbrochenen simuliert. Obwohl die Patientin wusste, dass es sich um Reisbrei und Gemüsesuppe handelte und dass dem Therapeuten nicht wirklich übel war, fürchtete sie sich zu Beginn sehr, dann immer weniger und konnte schließlich so geheilt werden.

Ein eher klassischer und weniger spektakulärer Ansatz der Verhaltenstherapie ist das Modelllernen. Er kommt zwar bei der Emetophobie nur indirekt zum Tragen, soll aber trotzdem kurz dargestellt werden. Modelllernen ist das Übernehmen von Verhaltensmustern einer anderen Person (Reinecker, 1999). Für die Emetophobie würde dies also bedeuten, dass der Klient beispielsweise den Therapeuten beobachtet, wie dieser mit dem Thema Erbrechen umgeht. Dabei ist ausschlaggebend, welche Aspekte dieses Modells der Klient wahrnimmt. So kann es sein, dass der Klient beobachtet, dass das Erbrechen für den Therapeuten eine natürliche und eher harmlose Angelegenheit ist. Der Klient könnte aber auch beobachten, dass der Therapeut beim Besprechen von Ereignissen rund um das Erbrechen versucht, objektiv zu sein und die vermeintliche *Gefahr* so darzustellen, wie sie wohl wirklich ist. Darüber hinaus ist die Umsetzung wichtig, denn der Klient soll das Beobachtete lernen, d.h. sich merken, und demnächst selbst umsetzen. Dafür bedarf es einer speziellen Motivation. Hier sei noch einmal auf die Gruppentherapie hingewiesen: Die Verhaltenstherapie in Gruppen ist besonders gut geeignet für das Modelllernen, da der Einzelne die Möglichkeit hat, nicht nur vom Therapeuten zu lernen, sondern auch von den Gruppenmitgliedern (Fiedler, 2005). In diesen verhaltenstherapeutischen Gruppen werden oft Rollenspiele durchgeführt, um Verhalten einzuüben.

Nachfolgend wird eines der Instrumente von Verhaltenstherapeuten vorgestellt, das Sie selbst ausprobieren können. Es handelt sich um ein „Angst-Tagebuch", in welchem ein Betroffener täglich berichten kann, wie es um seine Angst steht. Dazu gehört die genaue Beschreibung der Umstände. Sofern die Angst mit Übelkeit einhergeht, empfiehlt es sich, pro Tag zwei Spalten einzuführen, von denen eine die Angst und eine die Übelkeit behandelt. Sollte des Weiteren das Essverhalten eine Rolle bei der Angst spielen, empfiehlt es sich, eine weitere Spalte für ein Esstagebuch einzuführen.

Tabelle 1: Emetophobie-Tagebuch (Beispiel 1)

Tag, Zeit	Situation	Angst	Essverhalten	Übelkeit	Gedanken
02.01 08:00	gleich nach Aufstehen	kam mit der Übelkeit, 40%	noch nichts gegessen	leichte Übelkeit	ich kann heute nicht arbeiten
02.01 12:00	Treffen mit der Mutter in Café	hatte Angst (60%) in das Lokal zu gehen, Angst etwas zu essen und zu erbrechen	Magenknurren, bislang nur 1 Joghurt und 1 Banane gegessen	kam, als meine Mutter zu erzählen anfing	möchte aus dem Lokal laufen
02.01 16:00	gehe wegen Übelkeit früher von der Arbeit nach Hause	große Angst (90%) wegen großer Übelkeit	habe nichts weiter gegessen	seit Mittag steigend	kreisen auf dem Nachhauseweg ständig um die Angst vor dem Erbrechen, dass es nicht hier passiert sondern erst zu Hause
02.01 20:00	habe viel zu viel gegessen	große Angst (90%) zu erbrechen, weil zuviel gegessen	habe 2 Teller Nudeln, 500g Früchtejoghurt und 1 Tafel Schokolade gegessen	bin zum Platzen voll, nicht Übelkeit: Bauchschmerzen	schlechtes Gewissen: warum habe ich so viel gegessen? Vorwürfe, Selbsthass
03.01.	...	...	...	...	...

Als Spalten wären z.B. auch möglich „Auslöser" (anstatt „Situation"), „Folgen" bzw. „Konsequenz", „vermuteter Grund", „Gefühle", „Körperreaktionen" etc. In der Verhaltenstherapie werden außerdem Konsequenzen auf den vier Ebenen kognitiv (Gedanken), emotional (Gefühle), motorisch (Verhalten) und physiologisch (Körper) unterschieden. Dies ist besonders wichtig, wenn man Vermeidungsverhalten analysiert.

Tabelle 2: Tagebuch zur Konsequenzkontrolle (Beispiel 2)

Tag, Zeit	Situation	Verhalten	Gedanken	Gefühle	Körper
03.01 11:00	Chef ist schlecht gelaunt und schimpft	ziehe mich in mein Büro zurück	er ärgert sich über mich, weil ich nichts fertig bringe	fühle mich unfähig, minderwertig	mir wird übel
03.01 12:30	Arbeitskollegen gehen in die Kantine	ich möchte nicht mitkommen und erfinde eine Ausrede	da mir übel ist, könnte ich erbrechen, wenn ich jetzt etwas esse	Angst vor dem Erbrechen	Übelkeit wird noch schlimmer
03.01 17:00	...				

Sie können mit dieser Tagebuchform experimentieren und – wenn das Tagebuch über einen gewissen Zeitraum, z.b. 2 Wochen, regelmäßig geführt wird, etwas dadurch herausfinden. Nehmen wir den in Beispiel 1 dargestellten Tag. Die Emetophobikerin im ersten Beispiel verspürt morgendliche Übelkeit und möchte daher nicht zur Arbeit gehen – ist dann aber doch zur Arbeit gegangen. Letztendlich geht sie aber wegen der Übelkeit/Angst früher nach Hause. Man könnte also mutmaßen, dass irgendein Problem am Arbeitsplatz vorliegt und die Emetophobie die Funktionalität hat, die Betroffene vor diesem Problem zu schützen, indem sie den Arbeitsplatz möglichst meidet. Um diesen Schluss nun tatsächlich ziehen zu können, sollten ähnliche Zusammenhänge aber über einen längeren Zeitraum an den meisten Tagen beobachtet werden. Wissenschaftlich gesehen, sollten es sogar 95% der Tage sein – praktisch betrachtet, genügt eine deutliche Mehrheit. Weiters fällt im Beispiel auf, dass die Betroffene tagsüber so gut wie nichts isst und beim Abendessen dann viel zu viel – das ist ein übliches Phänomen bei Essstörungen (vor allem Bulemie, Binge-Eating und Anorexie, purging-Typ). Wer tagsüber nichts oder nur wenig isst, setzt sich abends dem Risiko aus, einen Essanfall zu erleben. Dem könnte man vorbeugen, indem man am Morgen und am Vormittag ausreichend isst. Die steigende Übelkeit kann in diesem Fall auch mit der Unterzuckerung zusammenhängen: Übelkeit tritt auch bei gesunden Menschen auf, wenn diese nichts oder zu wenig essen und das über einen langen Zeitraum und/oder zusätzlich körperliche Leistung (z.B. Sport) erbringen. Sollte die Beispiel-Emetophobikerin also des Öfteren Übelkeit verspüren, wenn sie zu wenig gegessen hat, so sollte sie versuchen, etwas zu essen, bevor die Übelkeit auftritt, z.B. durch kleine Happen alle 1-2 Stunden (z.B. ein kleines Stück Brot, ein halber bis ganzer Apfel etc.). Vielleicht hat sie aber tatsächlich eine Essstörung, worauf die Gedanken (schlechtes Gewissen…) hinweisen würden. Was mir zuletzt am Beispiel noch auffällt, ist die Situation mit der Mutter. Üblicherweise beängstigt der Lokalbesuch viele Emetophobiker – in diesem Fall scheint aber das Gespräch mit der Mutter auch belastend zu sein. Wiederum gilt es, die Treffen mit der Mutter systematisch zu analysieren: Tritt die Übelkeit bei den meisten Treffen auf oder nur, wenn die Mutter gewisse Dinge erzählt?

Im zweiten Beispiel verhält es sich so, dass das Verhalten des Chefs der eigenen Unfähigkeit zugeschrieben wird, was verständlicherweise zu einem unangenehmen Gefühl führt und letztlich Übelkeit hervorruft.

Die Übelkeit scheint bei diesem Betroffenen also mit dem (subjektiven) Erleben von Minderwertigkeit zusammenzuhängen.

Bei der Analyse von Zusammenhängen wird ein gewisser analytischer Spürsinn benötigt, wenn man sich mittels eines solchen Tagebuchs besser verstehen und womöglich an seinen Symptomen arbeiten möchte. Wenn Sie einen Vertrauten in Ihrer Umgebung haben, der Ihnen bei der Analyse helfen kann und möchte, so begrüßen Sie das: Ein Außenstehender bemerkt vielleicht andere Dinge als Sie selbst. Im Zweifelsfall ist der Expertenrat vorzuziehen – ein Psychologe oder Therapeut freut sich über derartige Information, aber auch ein Arzt findet vielleicht Interesse an ihrem Tagebuch und kann Ihnen damit besser weiterhelfen.

Kurze Orientierungshilfe für den Weg durch das Therapie-Labyrinth: Für die Verhaltenstherapie müssen Sie nicht sonderlich kreativ sein und möglicherweise ist diese Form der Therapie am besten für Sie geeignet, wenn Sie ein besonders wissenschaftlich orientierter, sachlicher Mensch sind. Aber auch wissbegierigen, lernfreudigen Menschen kann die Verhaltenstherapie empfehlen werden, da sie – wenn diese Lernmotivation vorhanden ist – ausgesprochen gute Ergebnisse erzielen kann. Vorsicht ist geboten, wenn Ihnen das Experimentieren albern vorkommt, denn dann lassen Sie sich möglicherweise nicht ausreichend auf die Übungen ein und der gewünschte Effekt bleibt aus.

Insgesamt betrachtet ist die Verhaltenstherapie empfehlenswert, bzw. die Kombination dieser mit der kognitiven Therapie. Nicht nur, weil diese wissenschaftlich am besten fundiert ist, sondern auch, weil sie die Therapie mit der höchsten Effizienz ist. Sie lernen in Kürze sehr viel über sich und können mit diesem erworbenen Wissen viel an sich verändern, was letztlich den Sieg über die Emetophobie bedeuten sollte. Ein weiterer Vorteil der Verhaltenstherapie besteht darin, dass sie auch als Kurztherapie (4-6 Sitzungen) wirksam ist.

8.1.3 Kognitive Therapie

Die kognitive Therapie wird heute sehr selten alleine angewandt: Meistens ist sie Teil der Verhaltenstherapie oder tritt mit dieser gemeinsam auf. Das ist sinnvoll, da die kognitive Therapie an *Kognitionen*, das sind

Gedanken, ansetzt und diese steuern letztendlich das Verhalten (Beck, Emery, & Greenberg, 1985; Meichenbaum, 1977).

Ein zentrales Konzept der kognitiven Therapie ist die Selbstkontrolle. Diese basiert auf einer ausführlichen Analyse der Motivationen und Gedanken bei speziellen Verhaltensprozessen. Dazu muss sich der Klient selbst beobachten, um herauszufinden, über welche Reize er sein Verhalten steuern kann. In einem angenommen Beispiel könnte ein Klient etwa feststellen, dass er nie auf öffentliche Veranstaltungen gehen würde, außer seine beste Freundin würde ihm als Begleitperson Beistand leisten. In diesem Falle träfen dann beide am besten eine feste Verabredung, an der Veranstaltung teilzunehmen. Anschließend sollten so viele Leuten wie möglich über die Teilnahme informiert werden, damit es schwieriger wäre, später vom Vorhaben zurückzutreten. In diesem Falle müßte der Klient nämlich allen benachrichtigten Personen seine Absage mitteilen und dies begründen. Ein wesentlicher Bestandteil dieser Methode ist dann auch die Konsequenz-Kontrolle, die die Brücke zur Verhaltenstherapie darstellt. Als Emetophobiker sollte man sich viele gute Belohnungen ausdenken, wenn man schwierige Situationen übt. So könnte sich der besagte Emetophobiker nach dem bestandenen Besuch einer öffentlichen Veranstaltung ein teures Buch kaufen oder sich ein langes Telefonat mit einem weit entfernt wohnendem Freund leisten, um sich für die außerordentliche Tat zu belohnen. Im Falle eines „Vertragsbruches" wären gebenenfalls auch Strafen denkbar. Wie sinnvoll allerdings Strafen sind, sei dahingestellt – die moderne Pädagogik hält nichts von Strafen und kann dies sehr gut begründen. Eine explizite Selbstbestrafung, die auch in Masochismus ausarten kann, ist abzulehnen. Eine abgemilderte Form von Bestrafung darf aber sehr wohl stattfinden, beispielsweise indem angenehme Dinge ausfallen. So kann zum Beispiel jemand, der gerne fernsieht, zur Strafe einen Abend (oder länger) auf den Flimmerkasten verzichten.

Die Selbstkontrolle ist bei der kognitiven Therapie sehr verhaltensnah – der kognitive Aspekt dabei ist der Vertrag, den der Betroffene mit sich abschließt. Solche Verträge, die Bedingungen für Belohnung und Bestrafung definieren, sind auch in der Rückfallprävention sinnvoll. Kein Betroffener darf in der Illusion leben, er sei für alle Zeit gesund, wenn er geheilt wurde. Die meisten Menschen, die an einer psychischen Störung gelitten haben, erleiden mindestens einen Rückfall. Um dies zu verhindern, sollten Sie Verträge mit sich abschließen, die alle begünstigenden Faktoren für einen Rückfall ausschließen. Auch dabei unterstützt Sie ein kognitiver Therapeut.

A.T. Beck gilt als Begründer der kognitiven Therapie. Er sieht die Denkfehler bei psychischen Störungen als Ansatzpunkt von Psychotherapie (Beck, Emery, & Greenberg, 1985). Dazu gehört z.b. die willkürliche Schlussfolgerung. Dabei würde ein Emetophobiker aufgrund der Information eines Bekannten, es ginge eine Magen-Darm-Grippe um, unmittelbar folgern, er hätte sich schon angesteckt. Die Psychotherapie zielt darauf ab, dem Patienten die Willkür dieser Schlussfolgerung plausibel zu machen – z.b. könnte der Emetophobiker, anstatt voreilig die schlimmste Befürchtung als Tatsache anzusehen, den Bekannten nach dem „wo" und „wer" dieser Information fragen. Möglicherweise ist nämlich nur eines der Freunde des Kindes des Bekannten (also über mehrere Ecken) nicht in der Schule gewesen, und die Information, es gehe eine Magen-Darm-Grippe um, beruht lediglich auf Mutmaßungen. Ein weiterer Denkfehler ist das Katastrophisieren: Eine Emetophobikerin ist mit einer Freundin zum Einkaufen verabredet. Als der besagte Termin näher rückt, wird ihr schrecklich übel. Sie denkt: „Mir ist so übel, mir fehlt sicher etwas. Wahrscheinlich habe ich eine ganz schlimme Krankheit und werde tagelang erbrechen. Sicher muss man mich ins Krankenhaus bringen und mir wird nur mehr schlecht sein…" Dass derartige Annahmen überzeichnet sind, ist ein typisches Charakteristika solcher Katastrophisierungen. Ein weiterer Denkfehler ist die Verallgemeinerung. Darunter fällt z.B. die Annahme, dass Kinder oft erbrechen. Die Konsequenz davon ist, dass sie von Emetophobikern gemieden werden. Die Annahme beruht auf der Tatsache, dass es Kinderkrankheiten gibt. Kinder, die an solchen Krankheiten leiden, erbrechen möglicherweise. Nun verallgemeinern Emetophobiker diese Gefahr der erbrechenden Kinder auf alle Kinder: Alle Kinder stellen eine potentielle Gefahr dar, mit dem Erbrechen konfrontiert zu werden.

Ähnlich wie Beck widmet sich Ellis in seiner Rational Emotive Therapy (Ellis, 1984) den Gedanken – genauer gesagt bestimmten Annahmen. Diese Annahmen entsprechen Becks Denkfehlern, da sie irrational sind. Ellis' Ansatz besteht darin, diese irrationalen Annahmen den Klienten durch eine rationale Diskussion vor Augen zu halten und so Veränderungen zu ermöglichen. Das könnte zum Beispiel die Angst des Emetophobikers sein, dass er, wenn er in einem Restaurant essen würde, mit großer Wahrscheinlichkeit verdorbenes Essen erwischen würde und sich dann übergeben müsste. Objektiv, also rational betrachtet, werden Restaurants (je nach Land und Preisklasse mehr oder weniger) streng kontrolliert, sodass es eigentlich ein Skandal wäre, wenn etwas Derartiges eintreten würde.

Betrachten wir noch einmal das Vermeiden des Kontaktes zu Kindern, da diese sich in den Augen von Emetophobikern öfter übergeben. Säuglinge machen in der Tat oft ein Bäuerchen, aber schon im Alter von wenigen Jahren übergeben sich Kinder nicht häufiger als Erwachsene – nämlich dann, wenn sie krank sind. Vielleicht sind Kinder öfter krank, dafür übergeben sich Erwachsene öfter aufgrund anderer Umstände, z.B. wegen exzessivem Alkoholkonsum.

Solche „rationalen" Betrachtungen sollen Emetophobikern also eine weniger verzerrte Sichtweise ihres Lebens und ihrer Umwelt vermitteln.

Weitere kognitive Ansätze in der Psychotherapie sind diverse Trainings zu Problemlösestrategien, die wiederum stark von Handbüchern abhängen und modellgeleitet sind. Es handelt sich dabei meist um das schablonenhafte Abarbeiten von Phasen des Problemlösens. In den verschiedenen Modellen gibt es meist eine Problemidentifikationsphase, in welcher das Problem genau beschrieben wird, eine Bedingungsanalyse, in welcher die Umstände zum Problem erfasst werden, dann endlich das Finden von Lösungswegen bzw. Alternativen und die Auswahl der besten Alternative. Ein banales und sehr oberflächlich geschildertes Emetophobie-Beispiel wäre hier, dass das Problem in der Angst vor dem Erbrechen und der Übelkeit besteht. Die Bedingungen sind alle Situationen, welche diese Angst schüren oder eine Panikattacke auslösen. Die Alternativen zum Lösen des Problems wären z.B. einen anderen Umgang mit den genannten kritischen Situationen zu üben, die kritischen Situationen auszuprobieren, die Angst auf andere Objekte umzupolen usw. Im therapeutischen Setting würde dieses Training deutlich ausführlicher und vielschichtiger ausfallen.

Andere Trainingsprogramme versprechen Selbstinstruktionsfähigkeiten und Stressimpfung (Meichenbaum, 1977, 2003). Bei der ersten Variante wird der Klient dazu gebracht, sich selbst zu steuern, indem er lernt, zuerst nachzudenken und dann zu handeln, wobei er möglichst noch die am besten geeigneten Gedanken führen sollte. So könnte zum Beispiel ein Emetophobiker, der sich von der Arbeit abmelden möchte, weil er gehört hat, eine Magendarmgrippe ziehe ihre Kreise, überlegen, warum er zu Hause bleiben möchte. Er würde zum Schluss kommen, dass er Angst vor einer Ansteckung hat. Wenn er dann sein Wissen über die geringe Wahrscheinlichkeit des Ernstfalles benutzt und sich die Notwendigkeit klar macht, seinem Vermeidungsverhalten nicht nachzugeben, dann wird er letztendlich doch zur Arbeit gehen.

Das Stressimpfungstraining unterscheidet sich nur wenig von der Expositionstherapie. Der Klient erfährt zunächst die Theorie zum Modell, wird dann in der therapeutischen Situation mit dem stressauslösenden Reiz konfrontiert und soll schließlich im Alltag die Stresssituation aufsuchen und die gelernten Strategien anwenden. Der erwähnte Emetophobiker würde also vom Therapeuten alles Mögliche über die Exposition erfahren, über den Teufelskreis der Vermeidung usw. Dann würde er mit dem Therapeuten gemeinsam verschiedene Konfrontationen ausprobieren: Ein Video ansehen, in welchem Szenen mit sich erbrechenden Personen vorkommen, von Fremden zubereitete Speisen essen usw. Dazu würde er seine Angst mit dem Therapeuten besprechen und diesen Stress durch Strategien wie Entspannung, Selbstinstruktion, rationale Diskussion usw. vermindern. Zum Schluss begibt sich der Klient eigenständig in eine reale Stresssituation, besucht also eine Party oder ander Veranstaltung und erprobt dort seine gelernten Strategien.

Die kognitive Therapie ist eng an die Verhaltenstherapie gekoppelt, beide unterscheiden sich lediglich im Fokus auf die Gedanken- oder Handlungswelt. Deshalb stellt die kognitive Verhaltenstherapie, also eine Kombination aus beiden Therapien, eine ideale Therapie für Emetophobiker dar.

8.1.4 Gesprächstherapie

In der Gesprächstherapie steht die therapeutische Beziehung im Mittelpunkt (Reicherts, 2005). Der Therapeut trägt also ein Beziehungsangebot an den Klienten heran. Ein guter Gesprächstherapeut zeichnet sich aus durch

- Offenheit, d.h. er ist offen für die Sorgen des Klienten und zeigt ehrliche Reaktionen auf dessen Äußerungen.

- Empathie, d.h. Einfühlungsvermögen, der Therapeut kann sich in den Klienten hineinversetzen und nachfühlen, wie es ihm geht.
- Wärme, d.h. der Therapeut bringt dem Klienten positive Gefühle der bedingungslosen Akzeptanz und Herzlichkeit entgegen, sodass sich dieser wohl fühlen kann und nicht das Gefühl hat, er müsse etwas leisten, um gemocht zu werden.
- Echtheit, d.h. die gezeigten Gefühle des Therapeuten sind nicht vorgespielt, sondern echt.
- Wertschätzung, d.h. der Therapeut respektiert den Klienten nicht nur, sondern er schätzt ihn als das, was er ist.

Dadurch, dass der Therapeut so klar definiert ist, unterscheidet sich die Gesprächstherapie von den anderen Therapien. Der Therapeut soll offen sein, sich selbst also dem Klienten öffnen, und aufrichtig zeigen, was ihn bewegt. Das ist unüblich, denn in allen anderen Therapien, insbesondere der Verhaltenstherapie, ist der Therapeut dazu angehalten, auf Distanz zu den Klienten zu gehen und nichts von sich selbst in die Therapie einfließen zu lassen.

Veränderungen werden durch verschiedene Aktionen hervorgerufen. So wird im Gespräch ein Erlebnis vertieft, z.B. ein Erlebnis intensiver Angst vor dem Erbrechen ausführlich besprochen. Dazu gehört dann die Bedeutungsexplikation: Der Klient muss sich genau überlegen, was die Angst bedeutet und möglichst alles, was er fühlt und auch alles, was im ersten Moment schwer beschreibbar ist, in Worte fassen. Auch die Konfrontation, die wir schon aus der Verhaltenstherapie kennen, spielt hier eine Rolle – wenn auch in einer etwas anderen Vorgangsweise. Der Klient wird hier nur im Gespräch mit Inhalten konfrontiert – insbesondere mit bohrenden Fragen, die ihn zu einer klaren Antwort bringen sollen. So eine Antwort sollte dann natürlich dem Klienten helfen.

Die Gesprächstherapie wird auch nicht-direktive, klientenzentrierte oder personzentrierte Gesprächspsychotherapie genannt (Reicherts, 2005). Das weist darauf hin, dass der Klient im Mittelpunkt steht und nicht vom Therapeuten in ein Schema gepresst wird. Wem also die strengen Behandlungsvorschriften der Verhaltenstherapie und deren strikte Ausrichtung am Handbuch zu unpersönlich vorkommen, ist in Gesprächstherapie besser aufgehoben. Es gibt des Weiteren die prozess-direktive oder prozess-experientielle Therapie (Reicherts, 2005), welche darauf abzielt, dem Klienten durch die Erfahrung der Therapeut-Klient-Beziehung neue Bewältigungsstrategien zu vermitteln.

Nach Rogers (Rogers, 1951, 1959), der als Begründer des humanistischen Zugangs in der Psychologie gilt, gibt es konkrete Therapieziele. Diese beinhalten u.a. die Konstruktion eines positiven Selbstkonzepts. Das Selbstkonzept eignet man sich nicht eigenständig an, sondern entwickelt es im Umgang mit anderen Menschen. Aus zwischenmenschlichen Erfahrungen erwachsen, kann das Selbstkonzept deshalb beeinträchtigt sein, wenn die Beziehungen negativ belastet waren. Bei Letztgenanntem gibt es einen Bezug zur Emetophobie, wenn es sich um die Form der Angst vor eigenem Erbrechen in der Öffentlichkeit handelt: Dabei erwarten die Betroffenen eine soziale Bloßstellung, was letztlich eng mit einem geringen Selbstwertgefühl zusammenhängt. Ein selbstbewusster Mensch fürchtet sich weniger vor sozialen Situationen. Das Selbstkonzept bildet nun auch den Rahmen für die Zielscheibe des wichtigsten Therapieziels: die Inkongruenz, d.h. dass bestimmte Komponenten nicht zusammenpassen. Eine Inkongruenz liegt beispielsweise vor, wenn der betroffene Emetophobiker beträchtliche Leistungen erbringt, aber dennoch der Meinung ist, er würde in vielem scheitern und wäre alleine zu nichts im Stande. Das heißt, dass das Selbstkonzept nicht mit der Realität übereinstimmt. Als Folge davon können neue Erlebnisse und Gefühle bei Erfolg nicht angenommen werden, weil sie nicht in das Bild passen, das der Betroffene von sich hat. Als weitere Konsequenz ist die Weiterentwicklung der Person gestört: Sie stagniert. Das Bewusstsein kann also gewisse (positive) Erfahrungen nicht machen: Der Emetophobiker denkt, er könne nichts leisten, weil er einfach wertlos sei. Von dieser Einstellung eingenommen, merkt er es deshalb nicht, wenn er für eine außergewöhnliche Leistung gelobt wird – sein Bewusstsein ist nicht bereit für solche Erfahrungen. Wie repariert man dieses beschädigte Selbstkonzept? Zum einen soll schon die positive Beziehungserfahrung zum Therapeuten ein wichtiger Faktor sein, gewissermaßen der Grundstein, auf den das Haus dann gebaut wird. Insbesondere soll der Betroffene dann eine Selbstexploration durchführen – das heißt, er erforscht sich selbst, was er ist und was nicht, was er sein sollte, was er gern wäre und alle Gedanken über sich selbst, die ihm wichtig sind. Rogers setzt damit an einem ganz wichtigen Punkt an: An der Aktivierung des Klienten. Bildhaft gesprochen, wird dem Klienten das Ruder in die Hand gegeben, mit welchem er in den Ozean seines Ichs steuern soll. Dort soll der Emetophobiker also herausfinden, welche Inkongruenzen zu seiner Emetophobie geführt haben und diese dann nach Möglichkeit beseitigen. Diese Vorgehensweise ist auch aus der Verhaltenstherapie bekannt, die großen Wert darauf legt, dass der Klient eigenmächtig in das Therapiegeschehen eingreift und somit erlebt, dass er selbst der Weg zum Erfolg ist.

Speierer beschreibt in seinem differentiellen-Inkongruenz-Modell (Speierer, 1994) drei Störungstypen. Dabei fällt die Emetophobie unter den Typ der Störungen mit kompensiertem Inkongruenzerleben. Die Emetophobie wäre demnach die Kompensation für die Folgesymptome der Inkongruenz: Sie kompensiert, was zwischen Selbstkonzept und Erfahrungswerten nicht zusammenpasst und dient so zur Bewältigung der Inkongruenz. Die spezifische Phobie, konkret die Emetophobie, ist für das Selbstkonzept erträglich, d.h. die Betroffenen fühlen sich nicht wegen der Emetophobie minderwertig, aber sie verwenden die Emetophobie als Begründung dafür – das Henne-Ei-Problem. Die Emetophobie bildet die Brücke zwischen dem, was der Betroffene von sich denkt (was evt. Annahmen der Unfähigkeit u.a. sind) und dem, was er in der Umwelt erfährt. Nun ist es aber so, dass Gesprächspsychotherapie für diese zweite Störungsgruppe mit kompensiertem Inkongruenzerleben nicht so gut geeignet ist. Vielmehr eignet sie sich für Störungen mit dekompensiertem Inkongruenzerleben – wobei die Betroffenen einsehen, dass eine Diskrepanz zwischen ihrem Selbstwert und den Erfahrungswerten besteht und dieses Erleben, ihre eigenen irrationalen Gedanken und Verhaltensweisen, ändern wollen. Andere phobische Störungen sowie die somatoformen Störungen und viele andere fallen in diese Gruppe – notwendige Voraussetzung für eine Gesprächstherapie wäre es also, dass der Betroffene merkt, dass er etwas an sich ändern muss. Die somatoformen Störungen wären außerdem ein Ansatzpunkt für Emetophobiker, welche intensiv unter Übelkeit leiden. Ob die Übelkeit eine somatoforme Störung ist oder nicht, sei dahingestellt. Doch da die Übelkeit ein körperlicher Aspekt der Störung ist, der sehr wohl seine Wurzeln in der Psyche haben kann, kann sie durchaus Gegenstand von zu behandelnder Inkongruenz sein.

Fassen wir also abschließend zusammen, dass Emetophobiker, die sich nach Geborgenheit in einer guten Beziehung zum Therapeuten sehnen, bei Gesprächstherapeuten gut aufgehoben sind. Abgeraten sei demnach jenen Emetophobikern, die ein hohes Ausmaß an Distanz aufrechterhalten wollen. Außerdem sei nur gesprächigen Emetophobikern zu dieser Therapie geraten, da sie viele Gespräche beinhalten wird. Wer außerdem glaubt, an *Minderwertigkeitsgefühlen* zu leiden, kann ein negatives Selbstkonzept in einer Gesprächstherapie gut bearbeiten. Insbesondere die Übelkeit als somatoforme Erscheinung würde in der Gesprächstherapie fokussiert. Somit ist diese Therapie für Emetophobiker, die besonders häufig unter dieser Übelkeit leiden, zu empfehlen.

8.2 Psychopharmakotherapie

Bei dieser Form der Therapie werden Medikamente eingenommen. Das Gespräch mit dem Arzt fällt viel kürzer aus als mit dem Therapeuten. Er verschreibt ein Medikament, welches sich der Hilfesuchende dann in der Apotheke besorgen kann und dann regelmäßig einnehmen sollte. Nennen wir diese Methode also besser Medikamentation.

An dieser Stelle ist zu betonen, dass Psychiater nicht dasselbe sind wie Psychologen oder Psychotherapeuten: Die Psychiatrie ist ein Teilbereich der Medizin, d.h. Psychiater sind Ärzte, sie haben Medizin studiert – Psychologen haben Psychologie studiert und sind keine Ärzte, dürfen daher keine Medikamente verschreiben. Ärzte können, müssen aber nicht mit Ihnen reden. Psychologen können nicht viel anderes tun, als mit Ihnen zu reden, also „müssen" sie das. Wenn Sie also reden wollen, werden Sie bei den meisten Psychiatern eher enttäuscht sein, da diese, wie die meisten Ärzte, oft eher wenig Zeit haben (außer es handelt sich um einen privaten Arzt, den Sie entsprechend gut bezahlen). Wenn sie partout nicht reden und keine Therapie machen wollen und fest von der Wirksamkeit von Medikamenten überzeugt sind, oder wenn Sie die Wirksamkeit von Psychotherapien oder einer Beratung stark bezweifeln, dann gehen Sie am besten zu einem Psychiater.

Es gibt psychische Störungen, die ohne Medikamente nicht behandelt werden können. Das ist zum Beispiel bei sehr schweren Depressionen oder Schizophrenie der Fall. Ähnliche Argumente gibt es auch für selbstmordgefährdete Patienten, die mit Beruhigungsmitteln davon abgehalten werden sollen, sich etwas anzutun. Bei der Emetophobie ist es aber in den allermeisten Fällen so, dass die Störung mit Psychopharmaka nicht wirklich behandelt werden kann. Angstlösende Medikamente greifen bei der Emetophobie schlecht. Manche Emetophobiker verwenden Reisetabletten oder ähnliche Mittel, welche rezeptfrei erhältlich sind.

Sehr wohl sind Psychopharmaka geboten, wenn die Emetophobie mit speziellen Störungen gemeinsam auftritt, beispielsweise Depressionen und Schizophrenie, auch neurologische Erkrankungen wie Epilepsie und Entzugserscheinungen bei speziellen Formen der Sucht. Je mehr Störungen gemeinsam auftreten, umso weniger ist der Patient einer Therapie zugänglich – denn es ist notwendig, dass er als Ganzes behandelt wird. Die Zugänglichkeit bedeutet hier nicht nur, dass er bereit ist, eine Therapie mitzumachen, sondern auch, dass er die Ausdauer und Konzentrationsfähig aufbringen kann, die für eine Therapiesitzung notwendig ist. Diese kann z.b. durch Schizophrenie beeinträchtigt sein. Andererseits sind Medikamente nicht nur Symptom-Linderer, sondern auch die Ursache vieler unerwünschter Nebenwirkungen - weswegen vom unbedachten Gebrauch von Psychopharmaka abgeraten werden muss. Zu den möglichen Nebenwirkungen zählen auch Müdigkeit und Konzentrationsschwächen. Die Entscheidung, ob ein Medikament positiv oder negativ wirkt, ist nicht einfach. Ärzte stehen stets im Zwiespalt, ob die positiven Effekte eines Präparates die negativen Nebenwirkungen überwiegen können: Sie müssen stets eine Nutzen-Schadens Abwägung anstellen. Ich vertrete die Meinung, *dass ein Medikament dazu dienen sollte, den Betroffenen so weit von seinen Symptomen zu befreien, dass er fähig ist, aktiv an sich zu arbeiten, so dass er durch sein Lernen eine Persönlichkeitsentwicklung und/oder eine Änderung seiner Lebensumstände bewirken kann, was letztendlich zur Heilung führt.* Das heißt also, dass das Medikament nicht heilt, sondern nur hilft, dass sich der Klient auf den Weg der Heilung begeben kann. Medikamente heilen im Falle der meisten psychischen Störungen nicht, sondern dienen der Symptomlinderung. Dementsprechend ist eine medikamentöse Behandlung bei einer reinen Emetophobie strikt abzulehnen, da es bislang keine Medikamente gibt, welche die Symptome der Emetophobie nachweislich lindern: Darüber hinaus ist zu beachten, dass die Symptome der Emetophobie die Betroffenen nicht am Selbstheilungsweg hindern, sondern ihnen Hinweise geben, in welche Richtung sie gehen müssen.

Die Ursache für die Erkrankung liegt im Falle einer psychischen Störung wie der Emetophobie in einer fehlerhaften Persönlichkeitsentwicklung oder in einer nicht gelungenen Anpassung. Diese Defizite müssen aufgeholt werden, damit die Störung verschwindet. Ein Medikament beseitigt nicht diese Defizite, sondern die dadurch ausgelösten Symptome. Diese Symptome manifestieren sich in den Gedanken, im Verhalten und in der Neurobiologie. An letztgenannter setzt die Medikamentation an. Die Symptome kommen aber wieder, wenn das Medikament abgesetzt wird, und möglicherweise verschieben sich die Symptome sogar: D.h. Symptome, die das Medikament unterdrückt, werden durch andere ersetzt. Die Symptome sind also als Hinweis zu verstehen, dass etwas nicht stimmt. Dagegen ein Medikament zu schlucken, vertuscht nur die Tatsache der Änderungsbedürftigkeit. Die Emetophobie ist überdies sehr medikamentenresistent – angstlösende Medikamente können nur wenigen Emetophobikern helfen. Und diese Hilfe ist nicht von Dauer – d.h. diese angstlösende Wirkung hält nur für ein paar Stunden. Außerdem muss damit gerechnet werden, dass zahlreiche medikamenteninduzierte Nebenwirkungen auftreten wie zum Beispiel oben genannte Müdigkeit und Konzentrationsstörungen sowie Gewichtszunahme, Gedächtnisschwäche oder motorische Fehlfunktionen wie unkontrolliertes Sabbern. Diese können sofort oder auch erst sehr viel später einsetzen. Spätdyskinesien, d.h. motorische Fehlreaktionen, treten beispielsweise oft erst Jahre später auf, nachdem man Medikamente eingenommen hat.

Psychopharmaka sind Stoffe, die meist auf das zentrale Nervensystem, also das Gehirn, wirken. Die moderne Gehirnforschung hat zwar in den vergangenen enorme Fortschritte gemacht, dennoch werden in neurowissenschaftlichen Forschung die komplexen Vorgänge und Zusammenhänge im Gehirn bislang nur ansatzweise verstanden. Wenn ein Psychiater ein Medikament verschreibt, so ist das jedes Mal ein Experiment: Er weiß nicht, wie das Mittel auf den speziellen Menschen wirkt, da sowohl Wirkung als auch Dosierung vom Individuum, von der Tagesverfassung, von den monatlichen, jahreszeitlichen und altersbedingten Schwankungen der Neurochemie und vielen noch unbekannten Faktoren abhängen. Zudem sind die meisten Medikamente an Männern erprobt worden und die Forschung an Frauen ist noch wenig ausgereift. In Anbetracht der Tatsache, dass die meisten Emetophobiker Frauen sind, sollten diese Einwände bedacht werden, bevor man zu irgendwelche Tabletten greift.

Falls ein Betroffener jedoch z.B. aufgrund einer Depression nicht fähig sein sollte, sein Leben in die Hände zu nehmen, weil es ihm die Erkrankung tagtäglich schier unmöglich macht, sich zu irgendetwas aufzuraffen, dann sollte in Absprache mit einem Arzt eine medikamentöse Unterstützung erwogen werden.

8.3 Therapien bei Kindern mit Emetophobie

Die erste Studie zur Therapie bei Emetophobie an Kindern wurde in Cleveland durchgeführt (Klonoff, Knell, & Janata, 1984). Die Behandlung war verhaltenstherapeutisch, ausgerichtet an Erziehungsmethoden, die auch bei nicht-psychopathologischen Kindern wirksam sind: Die Eltern wurden hierzu geschult, die Symptome der Kinder, also das Vermeiden, die Beschwerden über mögliches Erbrechen, aggressive Reaktionen in diesem Zusammenhang etc. zu ignorieren. Alle Gesprächsbemühungen des Kindes in diese Richtung sollten mit dem Satz „Es tut mir leid, dass du dich so fühlst, ich hoffe es geht dir bald besser." zu Beginn gleich abgebrochen werden. Sie bekamen außerdem eine Liste mit Regeln, wie das Leben der Kinder nun zu gestalten war. Darin war strikt festgelegt, wie das Frühstück, der Abend usw. ablaufen und wie lange es dauern sollte. Beispielsweise sollte das Kind zwischen den Malzeiten nichts zu essen bekommen und die Nachspeise gab es nur, wenn das Kind aufgegessen hatte. Gespräche über das Essen sollten unterbunden werden. Wenn das Kind wie gewünscht aufgegessen hatte, sollte es gelobt und belohnt werden. Das ist ein typisch verhaltenstherapeutisches Vorgehen: Das *schlechte* Verhalten soll ignoriert, das *gute* Verhalten hingegen durch Belohnung verstärkt werden. Ignorieren ist besser als bestrafen, da Bestrafung letztlich wieder Aufmerksamkeitszuwendung bedeutet, die als Belohnung empfunden werden kann. Außerdem sind extreme Strafen strikt abzulehnen. Die Strafe ist in diesem Fall der Aufmerksamkeitsentzug. Das ist ein Prinzip, das auch in der Kindererziehung am wirksamsten ist. Zusätzlich zu diesen Maßnahmen erhielten die Kinder ein Entspannungstraining, mit welchem ihnen beigebracht wurde, wie sie sich vor und nach dem Essen entspannen konnten, um so der Übelkeit zu entgehen, also um der sich aufbauenden Angst vor dem Erbrechen entgegenzuwirken, die oft im Zusammenhang mit der Nahrungsaufnahme auftritt. Die Ergebnisse dieser Therapie waren eindeutig: Alle fünf so behandelten Kinder waren nachher symptomfrei: Sie hatten keine Angst vor dem Erbrechen und zeigten kein Vermeideverhalten mehr. Die Autoren der Studie erklären sich den Erfolg dadurch, dass durch den Entzug der Aufmerksamkeit im Hinblick auf die Symptome die Verstärkerkette weggefallen und durch die Entspannungstechniken das Gefühl der Kontrollierbarkeit über das eigene Verhalten wiederhergestellt worden war. Diese stark erziehungsbasierte Form der Verhaltenstherapie ist vor allem für jüngere Kinder geeignet, da nicht der Therapeut das Kind behandelt, was andernfalls für viele unangenehm sein könnte, weil das Vertrauen zu Fremden nicht ohne weiteres aufgebaut werden kann. Die Eltern werden vom Therapeuten geschult und setzen die Therapie um.

Eine etwas andere Therapie wurde im Falle eines 11jährigen Mädchens angewandt. Der Therapeut (Moran & O'Brien, 2005) berichtete, dass das Kind vorher schon 18 Monate in psychodynamischer Behandlung gewesen war, und zwar in Form von Spieltherapie, bei der vor allem die Beziehungen in der Familie im Mittelpunkt standen. Diese Behandlung hatte aber nicht den gewünschten Effekt. Der Therapeut hatte das Mädchen laut Indikation einer Art der Expositionstherapie unterzogen, was dem Bericht zufolge aber sowohl das Mädchen als auch die Mutter eher ablehnten. Eine systematische Desensitisation sollte durchgeführt werden, bei der es sich um eine Methode der kognitiven Verhaltenstherapie handelt. Dies ist eigentlich eine milde Form der Expositionstherapie: Dabei werden mit steigerndem Beängstigungsgrad Angstreize dargeboten, wobei der Patient Entspannungstechniken anwenden muss, die er in der Therapie gelernt hatte. Da dieses 11jährige Mädchen aber offensichtlich schon ausreichend entspannt war, wurde eine Alternative gewählt: Bei jeder Steigerung der Konfrontation mit Angstreizen wurde das Mädchen dazu aufgefordert sich Dinge vorzustellen, die es auf kompetente Weise und gerne ausführt, z.B. Yogaübungen, Schwimmen oder ein Instrument spielen. Die möglichst exakte, bildhafte Vorstellung einer angenehmen Tätigkeit, die sicher beherrscht wird, soll das Gefühl der Sicherheit und Kompetenz fördern. Wird dieses Gefühl nun mit einem beängstigenden Reiz gleichzeitig erlebt, so soll auch dieser Reiz immer mehr mit dem Gefühl behaftet werden, dass die betreffende Situation kompetent zu meistern wäre. Die Therapie erfolgte dann anhand von Filmausschnitten, die zunächst nur akustisch dargeboten wurden, später auch angesehen werden mussten. Die Angst wurde tatsächlich immer kleiner, bis das Mädchen symptomfrei war. Unumgänglich erschien auch in diesem Fall der Einbezug der Mutter in die Therapie, zumal es sich zeigte, dass die Mutter die Angstanfälle noch verstärkte. Ähnlich wie in der anderen Studie (Klonoff, Knell, & Janata, 1984) wurde der Mutter beigebracht, die Symptome zu ignorieren. Ignorieren bedeutet hier wieder, dass die Mutter dem Kind zwar das Gefühl geben sollte, da zu sein (z.b. durch Augenkontakt oder eine kurz angebundene Antwort, die das Gespräch beendet), aber nicht auf die Beschwerden und Symptome eingehen durfte.

Bei Kindern und Jugendlichen ist also der Einbezug der Eltern in die Therapie gleich wichtig und manchmal sogar wichtiger als die Therapie der Betroffenen selbst. Es gibt auch Studien, in denen die Kinder und Jugendlichen erfolgreich mit kognitiver Verhaltenstherapie behandelt worden sind (Manassis & Kalman, 1990; Okada et al., 2007), stets aber unter Einbeziehung der Eltern, die zumindest über die Störung aufgeklärt und in ihrem Umgang mit den Kindern geschult worden sind.

8.4 Selbstheilungsversuche und -wege

Unter den Selbstheilungsversuchen gibt es auch verschiedene Ansätze, die man sogar in die verschiedene Schulen unterteilen könnte.

Zum Vermeideverhalten gaben 23 % der Teilnehmer unserer Internetstudie an, dass sich das Vermeideverhalten verringerte. Darunter fanden sich 12,75%, die dies auf eine Therapie oder Selbstkonfrontation zurückführen. Diese Selbstkonfrontation bezeichnet in diesem Zusammenhang Schilderungen, wo die Betroffenen sagen, sie würden die Angst „ausprobieren". Dafür begeben sie sich bewusst in beängstigende Situationen, um zu lernen, mit der Angst umzugehen. Wie im Abschnitt zur Verhaltenstherapie dargelegt, entspicht diese Herangehensweise der Expositionstherapie, die aktuell die wirksamste Therapieform darstellt. Gerade diese Form ist aber besonders anstrengend und erfordert von den Betroffenen sehr viel Mut und Willenskraft. Aber auch der Abbau von Vermeideverhalten, ohne hierbei absichtlich „gefährliche" Situationen aufzusuchen, ist eine Methode der Verhaltenstherapie. Indem die Betroffenen sich zwingen, Dinge zu tun, die normalerweise zum Leben gehören (wie z.B. ein Restaurantbesuch), die sie aber eigentlich lieber vermeiden würden, durchbrechen sie die negative Verstärkerkette des Vermeidens.

Ein Beispiel: Nehmen wir an, ein Emetophobiker ist wie alle anderen Eltern zu einer Faschingsveranstaltung im Kindergarten seiner Tochter eingeladen. Obwohl seine Tochter dort eine kleine Rolle in einem Theaterstück spielt und er sie nicht enttäuschen möchte, will er trotzdem nicht hingehen. Zu groß ist seine Angst vor dem Erbrechen und er möchte den Kindergarten meiden, da er annimmt, die Kinder dort würden sich öfter übergeben. Er fürchtet sich vor diesem Erlebnis. Wenn er den Besuch nun absagt, wird er darüber erleichtert sein, dass er sich nicht in die beängstigende Situation begeben muss. Diese Erleichterung ist gleichzeitig eine Belohnung für sein Vermeideverhalten. Nach verhaltenstherapeutischen Modellen wäre es aber wichtig, dass es keine Belohnung für Vermeideverhalten gibt. Der wohl einzige Ausweg ist es, diesen Besuch im Kindergarten anzugehen. Dabei kommt eine zweite Komponente der Verhaltenstherapie zu tragen: Die Gewöhnung und das Erleben von gefährlichen Situationen ohne negative Konsequenzen. Der Betroffene geht also schweißgebadet in das Kindertheater und zittert den ganzen Nachmittag. Aber die erwarteten Horrorszenarien sich übergebender Kinder bleiben aus. Dieses Erleben des Ausbleibens einer erwarteten, negativen Konsequenz ist sehr wichtig, da nur so gelernt werden kann, dass als gefährlich bewertete Situationen möglicherweise doch nicht so gefährlich sind. Der Unterschied zur Expositionstherapie ist der, dass bei der Exposition eine massive Konfrontation mit dem Reiz erfolgt. Die Expositionstherapie wird erfolgreicher sein, wenn sie von einem fachkundigen Therapeuten durchgeführt wird. Der Abbau des Vermeideverhaltens liegt aber tatsächlich in der Hand des Betroffenen. Sie wird oft auch vom Therapeuten als Aufgabe an den Klienten weitergegeben (Rink, 2006). Dies ist ganz im Sinne eines mündigen Patienten, der also Verantwortung für sich übernimmt und weiß, dass er selbst sein Wohlbefinden verändern kann. Besonders emotional intelligente Betroffene haben oft ein hohes Maß an Introspektionsfähigkeit, welches sie nutzen sollten! Das bedeutet, dass Sie in sich selbst hineinhören können und kritisch fragen, was sie tun, denken und sind. Dieses Potential sollte nicht zuletzt deswegen ausgeschöpft werden, weil es durchaus erfolgreich sein kann. Wenn jemand in der Lage ist, über den Dingen zu stehen und seine Defizite zu sehen, so kann er auch daran arbeiten. Dazu muss ein Betroffener selbstkritisch sein – fähig sein, nicht nur eigene Fehler einzugestehen, sondern auch eigene Stärken zu sehen. Dadurch kann er auch die Therapie dann als Wunsch an einen Therapeuten herantragen und ihm sagen, wie und was er gerne hätte. Als Beispiel zitiere ich die Autorin des biographischen Teiles, Michaela Complojer, die zur Therapie eigene Vorstellungen hat. Michaela Complojer sieht das so:

„Meiner Meinung nach sollte man zu mehreren Mitteln greifen und langsam und strukturiert vorgehen, um etwas gegen die Emetophobie tun zu können.
Der erste Schritt findet sich in der Ursachenforschung wieder: man sollte eine Psychotherapie beginnen, um zusammen mit dem Therapeuten herauszufinden, welche persönliche Ursache für die Angst in Frage kommen könnte, um die Angst sozusagen an ihrer Wurzel anzupacken. Danach sollte ausführlich über die Emetophobie gesprochen werden, um das bereits krankhaft entwickelte Verhaltens-, und Erlebensmuster des Betroffenen zu verstehen und gegebenenfalls brechen zu können. Vergangenheit und Gegenwart sollten fast vollständig durchleuchtet werden, um in das innerste der Angst blicken und diese fast vollkommen verstehen zu können.
Neben der Therapie sollte sich der Betroffene noch kreativ mit seiner Angst auseinandersetzen. Das können unter anderem sein: kreatives Schreiben, Zeichnen, Photographieren, Tanzen, Musizieren, Nähen oder Töpfern. Denn mit Hilfe der Kunst lernt sich der Betroffene immer besser kennen und hat die Möglichkeit, sein Innerstes mit Hilfe des Schreibens oder Zeichnens beispielsweise auszudrücken und sichtbar werden zu lassen. Ein Mechanismus der meiner Meinung nach nicht nur zur Bewältigung und Stabilisierung einer Angststörung, sondern auch bei anderen psychischen Problemen eingesetzt werden kann.
Wenn diese Form der Zusammenarbeit mit Erfolg beschritten wurde, sollte man mit dem zweiten Schritt, der Konfrontation, beginnen, welche je nach Ausprägungsgrad der Angsterkrankung entweder ambulant oder stationär durchgeführt werden kann.
Sobald sich erste Erfolge zeigen und der Patient wieder in sein normales Leben zurück kehrt, sollte dieser jedoch tagtäglich weiter hart an sich arbeiten, da meiner Meinung nach die Angst wieder plötzlich entflammen und zurückkehren kann. Ständiges „ansich-arbeiten" ist deshalb meiner Meinung nach ein Muss.

Auch sollte noch erwähnt werden, dass jeder Betroffene andere Vorstellungen bei einer solchen Konfrontation hat und nicht jeder dieselben Ziele erreichen kann. Für den einen ist es wichtig, ohne Angst essen zu können, während ein anderer Betroffener es schon als Erfolg ansieht, angstfrei über das Erbrechen sprechen zu können. Was für den einen Erfolg bedeutet, stellt für den anderen vielleicht eine Niederlage dar.
Man sollte also nicht von sich auf andere schließen. Das persönliche Empfinden und die individuellen Wünsche und Bedürfnisse stehen im Vordergrund."

Hier wird deutlich, wie viel Michaela Complojer schon über das Thema Emetophobie und Therapie im Allgemeinen weiß. Sie hat eine klare Vorstellung davon, wie es funktionieren könnte. Die meisten Komponenten der Therapie, die Michaela Complojer hier nennt, wurden in den vorangegangenen Kapiteln dargestellt. Der Ablauf einer Therapie liegt, wie Complojer schreibt, in der Hand des Einzelnen. Es ist auf jeden Fall zu empfehlen, eine *Rundum-Therapie* zu wählen. Der Mensch besteht aus einer Facette unzähliger Komponenten, die bei einer Therapie zu berücksichtigen sind. Eine einzelne Therapie kann diese Aufgabe schwerlich vollständig erfüllen. Wer also die Möglichkeit hat, die psychologische Beratung und/oder Therapie durch kreative Therapien wie z.B. das Schreiben zu ergänzen, sollte diese auch nützen! Das Schreiben insbesondere wird in manchen Therapien (z.B. der kognitiven Therapie) sogar als Instrument angewandt. Diese Technik erlaubt es, Gedanken in schriftlicher Form leichter zugänglich und abrufbar zu machen. Genaueres zum Schreiben als Therapieergänzung wird im folgenden Kapitel dargestellt.

Ein Mitglied des Emetophobieforums www.emetophobie.de brachte sich infolge der Ausschreibung zu der Umfrage aktiv ein. Mit der freundlichen Genehmigung, diese Gedanken anonym zu zitieren, werden hier die Überlegungen dieses Mitglieds vorgestellt:

„ ...Sicherlich klingt manches sehr einfach, doch im Nachhinein frage ich mich selbst, woher ich den Mut, die Kraft, die Zuversicht, das Vertrauen, die Ehrlichkeit und den Optimismus schöpfte, mich komplett auseinander zu nehmen und mehrfach in unterschiedlicher Weise wieder zusammen zu bauen, nachdem ich im Februar 2006 absolut zufällig auf den Begriff Emetophobie gestoßen bin und (wie fast alle) bis dahin geglaubt hatte, das hätte außer mir keiner.

Zu der Zeit hatte ich immerhin viele Jahre sehr zufrieden und relativ symptomarm gelebt; rückblickend kann ich gar nicht beschreiben, was mich veranlasst hat, dieses warme Nest zu verlassen und das größte Abenteuer meines Lebens anzutreten, denn ich beließ es bei weitem nicht dabei, mich auf die Emetophobie zu beschränken, sondern nahm ALLES auseinander, erstmal setzte ich natürlich an Stellen an, die mich belasteten und kam über eine merkwürdige Überlegung auf die Idee, die vielen Dinge, mit denen ich überhaupt keine Probleme hatte, aufzutrennen, wobei ich merkte, dass HIER der Hase im Pfeffer lag.
In diesen Bereichen konnte ich letztlich meine Defizite finden, z. B. die vielen kleinen (kindlich süßen) verdrängten Ängste und Schwächen, die ich nicht ausgelebt hatte und die sich unter einer besonders ausgeprägten Fähigkeit, das Leben zu meistern, versteckten. Hätte ich mich nur auf die offensichtlichen Probleme konzentriert, hätte ich die wirklichen Auslöser und Ursachen NIEMALS finden, geschweige denn durch nachgeholtes Ausleben verarbeiten können. Und weil das so unglaublich viel Freude macht, bin ich ganz froh, noch nicht am Ende meines Wegs angelangt zu sein; so kann ich täglich neue kleine Erfolgserlebnisse auskosten und ein bisschen mehr in mir entdecken....."

Dieses Forummitglied vertritt die Meinung, dass zur Heilung ein großes Maß an Bereitschaft zur Änderung notwendig ist. Dazu gehöre auch, alles anzuzweifeln, was bisher als gut gegolten hat. Möglicherweise ist genau das, was man gut findet, das Problem. Am schwierigsten zu heilen sind tatsächlich die psychischen Störungen, bei denen die Krankheitseinsicht fehlt. Sieht der Betroffene erst ein, was geändert werden muss, so kann er das Problem angehen. Das ist deshalb so schwierig, weil diese Dinge, die geändert werden müssen, seit Jahren zur Gewohnheit geworden sind und eng mit der Persönlichkeit verwoben sind. Gerade das sind aber die Fälle, wo die Betroffenen irgendwann die Therapie abbrechen, weil sie von ihrem Therapeuten zu hören bekommen, dass sie etwas machen sollen, was ihnen einfach völlig unnütz oder unsinnig erscheint oder eben einfach viel zu unbequem ist. Die Psychoanalyse würde solche Abbruchsrisiken als *Widerstände* bezeichnen, die behoben werden müssen, bevor überhaupt eine Therapie stattfinden kann. Therapie bzw. Änderung bedeutet, sich auf völlig andere Perspektiven einzulassen. Therapeuten befinden sich häufig in einer Situation, in der sie genau wissen, was zu tun wäre, der Patient dies aber nicht will oder nicht kann. So gibt es Fälle, in denen das soziale Umfeld und der ganze Alltag stark an die Störung angepasst worden sind. Das führt zu positiven Effekten für die Betroffenen, die dadurch noch viel weniger bereit sind, an den Umständen etwas zu ändern (Rink, 2006). Dazu das zuvor zitierte Forummitglied:

> *„... Mich nervt schon, dass ich im GT-Forum sehr, sehr wenig Bewegung wahrnehme, nur kann ich da jederzeit ausschalten. Wie um alles in der Welt erträgt man jahrelang Leute, die sich nur im Kreis drehen und nicht mal den Versuch starten, etwas umzusetzen? Und wie frustrierend muss es sein, über Umwege zu hören, man sei ein schlechter Therapeut, weil eben diese Leute nicht mopsfidel aus der Therapie gehen?... "*

Die hier kritisierte Haltung ist tatsächlich sehr häuffig anzutreffen. Die gängige Meinung, die psychisch Kranke haben, wenn sie sich in Therapie begeben, ähnelt der eines körperlich Kranken, der einfach eine Tablette bequem schlucken und dann wieder Ruhe haben möchte. So in etwa:

> *„... Ein fähiger Psychologe müsste doch in der Lage sein, im Handumdrehen seine Patienten zu heilen – als alleinig Aktiver versteht sich ... "*

Die beschriebene Haltung, die dazu führt, dass man sich im Kreis dreht, wurde z.T. schon im Kapitel zur Pharmakotherapie behandelt: Dort ging es darum, dass man sich nicht von einem Medikament erwarten könne, dass es einen heilen würde. Hier geht es darum, dass der Betroffene nicht erwarten sollte, dass ihn der Therapeut einfach gesund macht. Das Gesundwerden ist eine anstrengende Angelegenheit, die nur durch aktive Mitarbeit und aufwändige Änderung, ja manchmal sogar totales Umkrempeln aller Gegebenheiten möglich wird. Das kann sein, dass der Freundeskreis gewechselt wird, das Hobby ausgetauscht, eine neue Arbeit gesucht wird, der Partner verlassen werden muss etc. Einige dieser Themen wurden in den vorhergehenden Kapiteln schon angeschnitten. Die Heilung ist anstrengend, weil sie Änderungen vom Betroffenen abverlangt, die dieser nur schwer akzeptiert oder oftmals sogar ablehnt. Wenn der Betroffene sich eingesteht, dass diese Barrieren aber die Heilung verhindern, so ist er schon ein Stück weiter auf dem richtigen Weg. Das zitierte Forummitglied hat zur Wahl der Therapie noch folgendes zu sagen:

„*...DIE ‚Heilmethode', die bei jedem wirkt, kann es auch meiner Meinung nach nicht geben. Ich denke, die Emo kann nur genauso gehen, wie sie gekommen ist, und zwar durch eine Kombination verschiedener Ansätze. Wenn ich irgendwo eine Auflistung von 100 Ansätzen sehen würde, fielen schon beim ersten Lesen sicherlich 90 weg, weil sie einfach nicht zu mir und meiner Persönlichkeit passen, ich also sofort spüre, das ist nicht mein Ding, und vermutlich geht das ziemlich jedem so. Andererseits kann ein einziger Satz und womöglich noch in ganz anderem Zusammenhang einen „therapeutischen Schub" auslösen, so wie kürzlich ein Zitat in einer Diskussion über das System in der Ex-DDR: ‚Solange man sich nicht bewegt, spürt man die Ketten nicht, an denen man liegt.' Was ich damit sagen will ... ich halte persönlich nicht allzu viel von wissenschaftlichen Theorien und ‚Standard'-Therapien, aus diesem Grund ging ich letztes Jahr auch nicht zu einem ‚Standard-Therapeuten' und lese auch keine ‚Psycho-Literatur', weil ich der Ansicht bin, damit würde ich mich mir selbst nicht nähern, sondern mich durch unbewusste Suggestion von mir entfernen und setze stattdessen im Wesentlichen auf den Austausch mit anderen Betroffenen und eigene Ideen, eigene Experimente, um eine eigene Therapie, die nur auf mich maßgeschneidert ist, zu entwickeln.*"

8.5 Die Poesietherapie als Beispiel für die Gruppe der kreativen Therapien: Schreiben als Hilfe bei psychischen Krankheiten

Michaela Complojer hat ihrem Leiden in Form von Texten, Gedichten etc. Ausdruck gegeben, sie hat sich etwas von der Seele geschrieben. Es handelt sich herbei um einen Ansatz, den man in den Texten von vielen Dichtern und Schriftstellern wiederfinden kann. Nehmen wir als Beispiel die Leiden des jungen Werthers von J.W. Goethe. Die Geschichte beruht auf einer wahren Begebenheit und wurde von dem großen Dichter literarisch verarbeitet. Schreiben besitzt eine positive Wirkung. Das haben auch viele Menschen erkannt, die in diversen Berufsgruppen mit psychisch Kranken arbeiten.

8.5.1 Definitionen von Poesietherapie

Es gibt in der Literatur, aber auch im Internet viele Definitionen zum heilenden Schreiben. In Wikipedia heißt es:

> *„Die Poesie- und Bibliotherapie basiert auf der Überzeugung der Heilkraft der Sprache. „Poesietherapie" bezeichnet dabei eine Therapieform in welcher die Klienten selbst unter Anleitung/Anregung eines ausgebildeteten Poesietherapeuten Texte verfassen und darüber mit dem Therapeuten, der Therapiegruppe und sich selbst ins Gespräch kommen."*

Zu dieser Definition ist anzumerken, dass alle Psychotherapien mit verbalen Mitteln arbeiten, man denke dabei an die Gesprächspsychotherapie. Außerdem reduziert diese Definition die Poesietherapie auf ein Instrument, das dazu dienen soll, ins Gespräch zu kommen. Das würden viele, die schreiben, um ihre Lebensumstände zu verarbeiten, nicht so sehen.

Eine andere Definition beschreibt Poesietherapie als „Methode, mit der durch Sprache Prozesse seelischer Integration und persönlichen Wachstums in Gang gesetzt und unterstützt werden können. Dabei vermittelt das Schreiben eigener Texte Einsichten in Lebenszusammenhänge und stellt Hilfen zur Bewältigung persönlicher Probleme und zur Verarbeitung von Lebenskrisen bereit."

Auch bei dieser Definition ist anzumerken, dass die angeführten Zwecke und Ziele Bestandteil aller Psychotherapien sind.

Man könnte nun auch fragen, worin sich Poesietherapie von einer Schreibwerkstatt unterscheidet. Der erste augenscheinliche Unterschied ist, dass die Anleitung in einer Schreibwerkstatt nicht durch einen ausgebildeten (Poesie-)Therapeuten erfolgt. Der Hauptunterschied liegt darin, dass in einer gewöhnlichen Schreibwerkstatt das Gedicht bzw. der Text im Mittelpunkt steht, während in der Poesietherapie die Person von zentralem Interesse ist (Lerner, 1997).

Die besagte Ausbildung zum Poesietherapeuten erfolgt z.b. über Weiterbildungsseminare mittels so genannter Kompakt-Curricula, in denen Ärzte, Psychotherapeuten, Bibliothekare, Schriftsteller und Angehörige pflegerischer und sozialer Berufe sich Kenntnisse über die Methoden und Techniken der Integrativen Poesie- und Bibliotherapie aneignen können. Diese Ausbildungen zum Therapeut sind teuer (z.b. 6 Semester zu je 1100€) und/oder kurz (z.b. 4 Seminare von je 4 Tagen, d.h. 16 Tage Ausbildung!) und enden mit einem Zertifikat. Bei diesem handelt es sich lediglich um eine Teilnahmebestätigung, beinhaltet also noch keine Berufsbefähigung und schon gar kein Diplom. Diese Seminare können zwar Instrumente vermitteln, nicht aber Qualitäten wie Einfühlungsvermögen, sprachliches Talent und Kreativität und schon gar nicht ein grundlegendes Fachwissen. Die Ausbildung sieht vor, dass die Auszubildenden unter Anleitung des Seminarleiters die Rolle eines Patienten übernehmen. Darauf aufbauend absolvieren die Auszubildenden ergänzende Lehrveranstaltungen zu den Themen Psychologie und Psychotherapie sowie zu den Aspekten der Selbst- und Fremdwahrnehmung.

Diese Weiterbildung, die insgesamt 16 Tage umfasst, kann jedoch nicht die Qualifikation erreichen, die beispielsweise ein Therapeut nach ein langjährigen Ausbildung erlangt. Lerner, als ehemaliger Präsident der amerikanischen nationalen Assoziation für Poesietherapie, warnt davor, einfach zu glauben, dass Poesie und Heilung so eng zusammenhängen, dass ein Poet auch einfach ein professioneller Therapeut sein kann (Lerner, 1997). Ohne (universitäre) psychologische Ausbildung des Therapeuten ist von einer derartigen Therapieform abzuraten. Allerdings kann auch nicht jeder Therapeut ohne Einschränkung Poesietherapie betreiben, „da nicht jeder Mensch von Natur aus zum Schreiben begabt sein mag" (Zitat von G. Blattl, Korrespondentin für Wien, Gesellschaft der Lyrikfreunde; 2007). Trotzdem hat die Poesietherapie zunächst in informeller Anwendung bestanden. Therapeuten verschiedener Schulen und Ausrichtungen haben in ihren Therapien das Schreiben von Texten verschiedener Genre verwendet, ohne dies Poesietherapie zu nennen und ohne dies in ihrem Programm anzuführen. Demgemäß wussten sie auch nicht, dass auch andere Therapeuten diese Methode anwendeten (Lerner, 1997).

Alexander Wilhelm, Geschäftsleiter der Deutschen Fachgesellschaft für Poesie- und Bibliotherapie (DGPB) in Dortmund, weist auf die steigende Nachfrage nach Weiterbildungsseminaren zwecks beruflicher In-

stitutionalisierung der Therapieformen hin. „Es sind zwar keine von der Gesetzlichen Krankenversicherung anerkannten Therapiemethoden, aber unsere Schulungen sind dennoch immer voll."
Wer also das Schreiben mit einer kreativen Therapie verbinden möchte, sollte darauf achten, welche Ausbildung sein *Poesietherapeut* tatsächlich besitzt, insbesondere ob er eine Ausbildung zum Psychologen, Psychotherapeuten oder gleichwertiges und evt. zusätzlich ein Seminar für Poesietherapie absolviert hat. Bei „Therapeuten" ohne fundierte psychologische/psychotherapeutische Ausbildung sollte sich jeder Klient fragen, ob es sich hierbei tatsächlich um einen Heilversuch handelt, oder ob nicht vielmehr versucht wird, mit einer neuen Masche auf Kosten gutgläubiger Klienten Geld zu verdienen.

8.5.2 Gesundheitspolitik

Schreiben als Mittel zu vertiefter Selbsterkenntnis oder sogar Eigentherapie wurde schon in der Antike angewendet. Schon bei den Griechen wurde die Heil- und Dichtkunst in einer Gottheit, Apollo, verehrt. In Amerika wurden psychisch Kranke bereits im 19. Jahrhundert mit Literatur behandelt. Anfang der 80er Jahre wurde die Poesie- und Bibliotherapie im deutschsprachigen Raum durch Lehrtherapeuten des Fritz Perls-Institut etabliert. Kann aus der Tradition auch auf die Wirksamkeit geschlossen werden?

In Österreich gibt es eine Liste von Therapieformen, die von den Krankenkassen bezahlt werden. Darunter findet sich z.B. die Verhaltenstherapie, die auch in allen anderen Ländern einen hohen Stellenwert hat und aktuell in Kombination mit der kognitiven Therapie als die wohl wirkungsvollste Therapieform gilt. Weiters wird von den Kassen z.B. die Psychoanalyse bezahlt, deren Wirksamkeit aber immer wieder in Frage gestellt wird. Kreative Therapien wie die Poesietherapie, Musiktherapie, Tanztherapie und viele andere stehen nicht auf dieser Liste. D.h. wer eine solche Therapie machen möchte, muss dies aus eigener Tasche bezahlen. Diese Auswahl von Therapien soll Patienten vor sinnlosen Heilversuchen schützen. Das heißt, dass alle Therapien, die auf dieser Liste stehen, nachweislich eine mehr oder weniger starke Wirkung haben. Dies ist nicht ganz im Sinne der evidenzbasierten Medizin. Dabei werden nur Medikamente und Methoden (also auch Psychotherapien) zur Behandlung empfohlen, die in wissenschaftlich hochqualitativen Untersuchungen als wirkungsvoll befunden worden sind. Solche wissenschaftliche Anforderungen betreffen die Anzahl der Studienteilnehmer, das Kontrollieren von Zufalls- und Placeboeffekten, das Ausmaß der Wirkung usw. Dementsprechend dürfte z.b. die Psychoanalyse nicht unbedingt empfohlen werden. Sie steht aber trotzdem auf der Liste. Das mag daran liegen, dass die Befundlage zu dieser speziellen Therapie nicht eindeutig ist, aber auch daran, dass die Mentalität der evidenzbasierten Medizin noch nicht die Popularität hat, die sie eigentlich verdienen würde. Jene Therapien, die nicht von der Krankenkasse bezahlt werden, wirken nicht, oder entgegengesetzt oder man kann dies noch nicht beurteilen, da noch nicht genügend Forschungsliteratur zur Wirksamkeit vorliegt. Im Fall der Poesietherapie ist Forschung dadurch erschwert, dass Statistiken schwer zu erstellen, die Objektivität schwer zu gewährleisten und Fälle und Fallstudien kaum vergleichbar sind. Es gibt keine genauen Richtlinien zur Poesietherapie, die den Ablauf einer Behandlung festlegen. Der größte Kritikpunkt an der Poesietherapie aber ist, dass sie keine Schule im eigentlichen Sinne darstellt. Jede therapeutische Schule beinhaltet Annahmen und Modelle über die psychischen Störungen und dementsprechend Behandlungsindikationen. Das gibt es bei der Poesietherapie nicht. Solange diese Therapieform also nicht zu einer richtigen therapeutischen Schule ausformuliert wird, kann sie nicht als Therapie, sondern lediglich als Methode oder Instrument gesehen werden. Dementsprechend wird die Krankenkasse auch keine Poesietherapie bezahlen, sondern beispielsweise höchstens einen Gesprächstherapeuten, der auch mit Poesietherapie arbeitet. Wenn man also eine Poesietherapie möchte, ist es sinnvoll, sich zu erkundigen, welcher diplomierte Therapeut oder Psychologe diese zusätzlich anbietet. Diese Vorgehensweise ist außerdem empfehlenswert, weil man dann in die sicheren Hände eines geprüften Therapeuten oder Psychologen kommt und nicht bei einem „Wunderheiler" landet, der nach einem Poesietherapiekurs viel Geld dafür verlangt, dass er die Gedichte seiner Klienten zu deuten versucht.

8.5.3 Wirksamkeit

In der Vergangenheit wurde gezeigt, dass die Wirkung der Poesietherapie in der Erhaltung des Wohlbefindens, der Prävention von Dekompensierung und Unterstützung des Heilprozesses liegt (Hedberg, 1997). Das klingt vielversprechend, aber so allgemein, dass es auf jede (ideale) Heilmethode zutreffen könnte. Die Poesietherapie wurde als Komponente anderer Therapien gesehen (Mazza, 1999), indem sie sowohl kognitive (gedankliche), affektive (gefühlsmäßige) als auch behaviorale (verhaltens- und handlungsbezogene) Domänen betrifft. Weitere Domänen sind die personale und interpersonale Entwicklung. Dabei soll die Persönlichkeitsentfaltung und der Umgang mit anderen gefördert werden (Hedberg, 1997). Die Wirkungsweise läuft also über die folgenden Mechanismen:

- *Katharsis*: Diese „Reinigung" – wie im biblischen Sinn – soll durch das Wiedererleben von Gefühlen erzielt werden, was Erleichterung, Wissen und Persönlichkeitswachstum mit sich bringt.
- *Modellierung*: Erlebnisse, Gefühlsinhalte, Beziehungen und andere nicht greifbare Dinge erhalten eine Repräsentation indem sie in Form von Worten und Sätzen als Metaphern u.z. möglichst konkret als Modell dargestellt werden. Dieses Modell zeigt also, wie etwas funktioniert, ist oder wie es sein könnte.
- *Reframing*: Das aktuelle Thema wird in einen neuen Rahmen gesetzt und der Betrachtende erhält dadurch einen anderen Blickwinkel. D.h. der Kontext wird verändert und der Verständnishorizont erweitert.
- *Anreicherung und Potenzierung der Gefühlsinhalte*: Gefühle werden intensiver erlebt indem sie verbalisiert werden. Dazu werden verschiedene Worte gefunden, also nicht einfach gut oder schlecht, sodass die Gefühle sie differenzierter wahrgenommen werden und nicht nur selbst besser beurteilt sondern auch anderen besser mitgeteilt werden können. So kann z.B. Stress besser verarbeitet werden, da seine Bewertung viel konkreter ist. Als angenehmer Nebeneffekt fördert dies das soziale Funktionieren durch Verbesserung der Kommunikationsfähigkeit.
- *Vermitteln von Hoffnung*: Dieser Faktor spielt in allen Therapieformen eine Rolle und ist somit nicht spezifisch für die Poesietherapie. Hoffnung selbst ist heilend – in der Poesietherapie wird Hoffnung vermittelt indem optimistische Themen aufgegriffen werden, realistische Ziele gesteckt und erzielte Erfolge schriftlich hervorgehoben werden.

Ich erlaube mir, diese Liste (Hedberg, 1997) angelehnt an neuere Literatur für Verhaltenstherapie in Gruppen (Fiedler, 2005) zu ergänzen, da Poesietherapie besonders für das Gruppensetting gut geeignet erscheint:

- *Das Erleben von Selbstwirksamkeit*: Beim Schreiben erfahren die Klienten, dass sie in der Lage sind, etwas zu erschaffen und zu meistern. Das erhöht das Selbstkonzept im Sinne der Verbesserung des Selbstwertgefühles.
- *Perspektivenwechsel:* In der Gruppe schreiben die Klienten ihre Texte und besprechen sie dann miteinander. Sehr oft kann ein Klient dem anderen durch Schilderung seiner Interpretation oder seiner Sicht des Problems helfen, eine vielleicht eingeschränkte Perspektive zu wechseln. Aber auch alleine schafft das Interpretieren eigener Gedichte die Gelegenheit, mehr Möglichkeiten wahrzunehmen.
- *Leid teilen und mit-teilen*: In der Gruppe erfahren Klienten zum einen, dass andere ähnliches Leid ertragen müssen und fühlen sich nicht mehr alleine – Gesellschaft ist ein menschliches Grundbedürfnis! Zum anderen ist die Botschaft in einem Gedicht auch für andere relevant, da sie durch die durch Interpretation geschaffene Empathie besser mit dem Betreffenden umgehen können.

8.5.4 Poesietherapie – Eine Form der kognitiven Therapie?

Die Poesietherapie als solche mag zwar keine eigentliche Schule sein, doch amerikanische Forscher (Collins, Furman, & Langer, 2006) wiesen darauf hin, dass eine starke Übereinstimmung zwischen den Zielen und der Vorgangsweise der Poesietherapie und der kognitiven Therapie besteht. Von den Therapieformen, die offiziell als wirksam anerkannt werden, ist die kognitive Therapie eine der modernsten und wirkungsvollsten. Sie wird u.a. häufig mit der Verhaltenstherapie kombiniert, da sie auf eine Umstrukturierung im Denken, das heißt konstruierte Gedanken, abzielt und diese neuen Gedanken nicht nur alte, dysfunktionale Gedanken verdrängen sollen, sondern auch das Verhalten steuern. Solche Veränderungen im Denken sind zum Beispiel eine Ausdehnung des Möglichkeitshorizontes, indem eine vorliegende Einschränkung auf wenige Handlungsalternativen auf ein breiteres Spektrum erweitert wird. Die kognitive Therapie, bzw. Unterformen davon, greift also in der Art und Weise ein, wie ein Individuum seine Lebenssituation wahrnimmt.

Das Beck Institut (Beck Institute, 2000) untersuchte die kognitive Therapie in mehr als 325 klinischen Studien und konnte zeigen, dass sie bei Depression, Angst- und Panikstörungen, Substanzmissbrauch und Persönlichkeitsstörungen wirkungsvoll ist – also auch bei spezifischen Angststörungen wie der Emetophobie. Der Vorteil an der kognitiven Therapie ist, dass sie durch Sprache angewandt wird, d.h. Gedanken werden verbalisiert und somit hörbar für alle Anwesenden gemacht. Eigentlich ist das nun dasselbe wie in der Poesietherapie, nur dass in dieser über die Formulierung dieser Gedanken noch intensiver nachgedacht werden muss, da sie schriftlich festgehalten werden. In der Literatur drehen sich viele gute Texte um außergewöhnliche psychische Zustände: Starke Emotionen oder gar psychische Störungen. Dazu meinte schon Freud, dass Poeten die ersten waren, welche die Mysterien der Psyche erkundeten (Freud, 1963). Gedichte und literarische Texte sind oft Schilderungen von Gefühlen, sehr intensiven und sprachlich nur durch Metaphern o.ä. nachvollziehbaren Regungen der Seelenwelt. Die konkreten Parallelen zur kognitiven Therapie (Collins, Furman, & Langer, 2006) bestehen in

- der Bewusstmachung von Gedanken; durch die Annahme, „als ob" etwas so wäre wie es ist, kann auch über Tabus geschrieben werden.
- der Identifizierung dysfunktionaler Kognitionen (das sind hinderliche, störende Gedankengänge); Diese können in der Metapher aus distanzierter Sicht betrachtet und als irrational erkannt werden.
- Erkennen von alternativen Handlungsmöglichkeiten; Die Klienten sehen unmittelbar ein, dass die irrationalen Annahmen nicht die einzigen Optionen sind, sondern dass sie ihre Lebensweise selbst wählen können.

8.5.5 Poesietherapie und existenzielle Therapie

Der Existenzialist sieht das Leben als Phänomen, das sich in jedem Moment verändert, d.h. formt und entfaltet (Furman, 2003). Die Existenztheorie ist dabei eine Anleitung ein sinnhaftes und erfüllendes Leben zu finden, basierend auf den Prinzipien menschlicher Existenz (Mullan, 1992; und Krill, 1978, zit. nach (Furman, 2003). Der Grundstein ist also die alte Frage nach dem Sinn des Lebens. Dieser besteht zwar bestimmt nicht für jeden Klienten darin, einen Text zu verfassen, doch kann dieses Schreiben sehr wohl Sinn geben: Menschen sind fähig, in noch so widrige Dinge einen Sinn hineinzuinterpretieren. Demgemäß schreiben Autoren nicht selten über traurige Inhalte ihres Lebens. Die Poesietherapie wäre demnach ein Instrument, in den Leiden des Lebens einen Sinn zu finden (Furman, 2003). Das Schreiben ist ein Weg, auf dem einem Leid ein Sinn zugeschrieben werden kann. So gesehen ist der Sinn an sich schon heilend, da alles, was Sinn macht, eher akzeptiert wird und so leichter zu ertragen ist.

8.5.6 Poesietherapie bei Kindern

Eine Sondergruppe unter den Klienten bilden Kinder. Auch Kinder sind in der Lage, Gedichte schreiben. Psychotherapeutische Arbeit mit Kindern wird durch *Vorarbeit* anhand von Poesietherapie erleichtert (Abell, 1998). Mit der notwendigen Einfühlung und kindgerechten Ausstattung sind vor allem missbrauchte, verhaltensauffällige, auch aggressive oder anders in ihrer Entwicklung gestörte Kinder und suizidgefährdete Jugendliche dazu fähig, Texte zu produzieren. Diese Schriftstücke erfüllen im Wesentlichen zwei Aufgaben (Abell, 1998): Zum einen erleichtern sie den Zugang zum Kind, da die Schaffung einer therapeutischen Beziehung bei Kindern wie bei Erwachsenen für den Erfolg ausschlaggebend ist. Zum anderen können diese Texte als Medium verwendet werden, die wesentlichen Inhalte der Therapie, Fortschritte und Erkenntnisse an die Eltern weiterzugeben. Die Interpretation dieser Texte hilft der Familie, die Problematik des Kindes besser zu verstehen und damit adäquat umzugehen. Nicht zuletzt liegen viele Probleme mit psychisch beeinträchtigten Kindern in ihrer Herkunftsfamilie und potenzieren sich dort.

9. Kontakte

Neben meiner eigenen E-Mail Adresse yvonne.hoeller@sbg.ac.at möchte ich den Lesern ein paar möglicherweise interessante Kontakte vorstellen, wo Sie ihr Wissen über Emetophobie und andere hier behandelte Themen vertiefen können. Wer noch Rückfragen, Kritik, Anregungen oder ähnliches parat hat, ist auch herzlich eingeladen, mich via E-Mail zu kontaktieren.

- Emetophobieforum online (deutsch): www.emetophobie.de
- Emetophobieforum in den Niederlanden (niederländisch): www.emetofobie.nl
- Die Premier UK Emetophobie-Informations-Bank (nicht nur Emetophobie, inkl. Forum, Informationen usw., englisch): www.gut-reaction.freeserve.co.uk
- Deutsche Fachgesellschaft für Poesie- und Bibliotherapie. Wernerstraße 8, 44388 Dortmund, Telefon: (evt. deutsche Vorwahl) 0231/6904004

10 Literatur

Abell, S. C. (1998). The use of poetry in play therapy: a logical integration. *The Arts in Psychotherapy, 25*, 45-49.

APA. (2000). Diagnostic and Statistical Manual Vol. 4.

Beck, A. T., Emery, G., & Greenberg, R. L. (1985). *Anxiety disorders and phobias - a cognitive perspective*. New York: Basic Books.

Beck, A. T., & Steer, R. A. (1990). *Beck Anxiety Inventory Manual*. San Antonio: TX: Psychological Corporation.

Beck Institute. (2000). The Beck Institute for cognitive therapy and research. [on-line]: http://www.beckinstitute.org/about.htm.

Bodenmann, G. (2005). Partnerschaftsstörungen: Klassifikation und Diagnostik. In M. Perrez & U. Baumann (Eds.), *Lehrbuch Klinische Psychologie - Psychotherapie* (3 ed.). Bern: Verlag Hand Huber, Hogrefe AG.

Boschen, M. J. (2007). Reconceptualizing emetophobia: a cognitive-behavioural formulation and research agenda. *Journal of Anxiety Disorders, 21*(3), 407-419.

Bouman, T. K., & vanHout, W. J. P. J. (in preparation). A questionnaire for emetophobia.

Bus, M. De behandeling van een adolescente met braakangst. *Trefwoorden*, 1.

Collins, K. S., Furman, R., & Langer, C. L. (2006). Poetry therapy as a tool of cognitively based practice. *The Arts in Psychotherapy, 33*, 180-187.

Dattilio, F. M. (2003). Emetic exposure and desensitization procedures in the reduction of nausea and fear of emesis. *Clinical Case Studies, 2*, 199-210.

Davidson, A. (2002). *An Implication of Control in the Phobia of Vomiting*. University of Dundee, Dundee.

Davidson, A. L., Boyle, C., & Lauchlan, F. (2008). Scared to Lose Control? General and Health Locus of Control in Females With a Phobia of Vomiting. *Journal of Clinical Psychology, 64*(1), 30-39.

Ehlers, A., Margraf, J., & Chambless, D. L. (1993). *Fragebogen zu körperbezogenen Ängsten, Kognitionen und Vermeidung, AKV*. Weinheim: Beltz Test.

Ellis, A. (1984). The essence of RET. *Journal of Rational Emotive Therapy, 2*, 19-25.

Ewert, J. P. (1998). *Neurobiologie des Verhaltens.* Bern: Hans Huber.

Fiedler, P. (2005). *Verhaltenstherapie in Gruppen.* Weinheim/Basel: Beltz.

Freud, S. (1963). In P. Rieff (Ed.), *General psychological theory: papers on metapsychology.* New York: Collier Books.

Furman, R. (2003). Poetry therapy and existential practice. *The Arts in Psychotherapy, 30*, 195-200.

Grawe, K., Donati, R., & Bernauer, F. (2001). *Psychotherapie im Wandel. Von der Konfession zur Profession.* Göttingen: Hogrefe.

Hedberg, T. M. (1997). The re-enchantment of poetry as therapy. *The Arts in Psychotherapy, 24*, 91-100.

Klonoff, E. A., Knell, S. M., & Janata, J. W. (1984). Fear of Nausea and Vomiting: The Interaction Among Psychosocial Stressors, Development Transitions and Adventitious Reinforcement. *Journal of Clinical Child Psychology, 13*(3), 263-267.

Lelliott, P., McNamee, G., & Marks, I. (1991). Features of agora-, social, and related phobias and validation of the diagnoses. *Journal of Anxiety Disorders, 5*, 313-322.

Lerner, A. (1997). A look at poetry therapy. *The Arts in Psychotherapy, 24*, 81-89.

Lipsitz, J. D., Fyer, A. J., Paterniti, A., & Klein, D. F. (2001). Emetophobia: Preliminary Results of an Internet Survey. *Depression and Anxiety, 14*, 149-152.

Manassis, K., & Kalman, E. (1990). Anorexia resulting from fear of vomiting in four adolescent girls. *Can J Psychiatry, 35*(6), 548-550.

Margraf, J. (Ed.). (2000). *Lehrbuch der Verhaltenstherapie* (2. Auflage ed. Vol. 2. Bd.). Berlin: Springer.

Mazza, N. (1999). *Poetry therapy: Interface of the arts and psychology.* Boca Raton: CRC Press.

McFadyen, M., & Wyness, J. (1983). You don't have to be sick to be a behaviour therapist but it can help! Treatment of a vomit phobia. *Behavioural Psychotherapy, 11*, 173-176.

Meichenbaum, D. H. (1977). *Cognitive-behaviour modification.* New York: Plenum Press.

Meichenbaum, D. H. (2003). *Intervention bei Stress. Anwendung und Wirkung des Stressimpfungstrainings.* Bern: Huber.

Moran, D. J., & O'Brien, R. M. (2005). Competence imagery: a case study treating emetophobia. *Psychol Rep, 96*, 635-636.

Neuberger, O. (1995). *Mobbing. Übel mitspielen in Organisationen.* München: Rainer Hampp.

Neukorn, M., Grimmer, B., & Merk, A. (2005). Ansatzpunkt Therapeut-Patient-Beziehung: Psychoanalytisch orientierte Psychotherapie. In M. Perrez & U. Baumann (Eds.), *Lehrbuch Klinische Psychologie - Psychotherapie.* Bern: Verlag Hans Huber, Hogrefe AG.

Nigbur, K., Bohne, A., & Gerlach, A. L. (2007). Emetophobie - pathologische Angst vor Erbrechen: Eine Internetstudie. In Nigburetal2007 (Ed.), *jpg.* Münster: Psychologisches Institut I, Westfälische Wilhelms-Universität.

Okada, A., Tsukamoto, C., Hosogi, M., Yamanaka, E., Watanabe, K., Ootyou, K., et al. (2007). A study of psycho-pathology and treatment of children with phagophobia. *Acta Med Okayama, 61*(5), 261-269.

Philips, H. C. (1985). Return of fear in the treatment of a fear of vomiting. *Behaviour Research and Therapy, 23*(1), 45-52.

Pollard, C. A., Tait, R. C., Meldrum, D., Dubinsky, I. H., & Gall, J. S. (1996). Agoraphobia without panic: case illustrations of an overlooked syndrome. *J Nerv Ment Dis, 184*(1), 61-62.

Reicherts, M. (2005). Ansatzpunkt Therapeut-Patient-Beziehung: Gesprächstherapeutsich orientierte Psychotherapie. In M. Perrez & U. Baumann (Eds.), *Lehrbuch Klinische Psychologie – Psychotherapie.* Bern: Verlag Hans Huber, Hogrefe AG.

Reinecker, H. (1999). *Lehrbuch der Verhaltenstherapie.* Thübingen: DGVT.

Rink, K. (2006). Kognitive Verhaltenstherapie bei phobischer Angst vor dem Erbrechen. *Psychotherapeut, 51*, 223-228.

Ritow, J. K. (1979). Brief Treatment of a Vomiting Phobia. *The American Journal of Clinical Hypnosis, 21*(4), 293-xxx.

Rogers, C. (1951). *Client-centered Therapy: Its Current Practice, Implications and Theory.* London: Constable.

Rogers, C. (1959). A Theory of Therapy, Personality and Interpersonal Relationships as Developed in the Client-centered Framework. In S. Koch (Ed.), *Psychology: A Study of a Science. Vol.3: Formulations of the Person and the Social Context.* New York:: McGraw Hill.

Schneider, S., & Margraf, J. (2006). *Diagnostisches Interview bei psychischen Störungen (DIPS für DSM-IV-TR)* (3. überarbeitete Auflage ed.). Berlin: Springer.
Speierer, G. W. (1994). *Das differentielle Inkongruenzmodell (DIM). Handbuch der Gesprächspsychotherapie als Inkongruenzbehandlung.* Heidelberg: Asanger.
van Overveld, W. J. M., De Jong, P. J., Peters, M. L., Cavanagh, K., & Davey, G. C. L. (2006). Disgust propensitiy and disgust sensitivity: separate constructs that are differentially related to specific fears. *Personality and Individual Differences, 41*, 1241-1252.
van Overveld, W. J. M., de Jong, P. J., Peters, M. L., van Hout, W. J. P. J., & Bouman, T. K. (2008). An internet-based study on the relation between disgust sensitivity and emetophobia. *Journal of Anxiety Disorders, 22*(3), 524-531.
van Hout, W. J. P. J., Lansink, P. O., & Bouman, T. K. (2005). De fenomenologie en comorbiditeit van emetofobie (angst voor overgeven). *Gedragstherapie, 38*, 49-64.
van Overveld, M., de Jong, P. J., Peters, M. L., van Hout, W. J. P. J., & Bouman, T. K. (2008). An internet-based study on the relation between disgust sensitivity and emetophobia. *Journal of Anxiety Disorders, 22*(3), 524-531.
Veale, D., & Lambrou, C. (2006). The Psychopathology of Vomit Phobia. *Behavioural and Cognitive Psychotherapy, 34*(2), 139-150.
WHO, W. (1991/1993). *Internationale Klassifikation psychischer Störungen. ICD-10 Kapitel V (F). Klinisch-diagnostische Leitlinien.* (1./2. Aufl. ed.). Bern: Huber.
WHO, W. (2000). Internationale Statistische Klassifikation der Krankheiten und verwandter Gesundheitsprobleme 10. Revision Version 2.0.
Wittchen, H. U., Zaudig, M., & Fydrich, T. (1997). *Strukturiertes Klinisches Interview für DSM-IV* (1 ed.). Göttingen: Testzentrale Hogrefe.
Wolpe, J., & Lang, P. J. (1964). A fear survey schedule for use in behaviour therapy. *Behaviour Research and Therapy, 2*, 27-30.

Fallbeispiel einer multimorbiden Emetophobie: Meine Geschichte

Michaela Complojer

Ein Kind – Heute ich

Ich war ein sehr ängstliches und unsicheres Kind. Ich vermute den Grund in einigen Situationen, die ich als Kleinkind erlebt hatte. So sehe ich z.B. die Scheidung meiner Eltern, die ich mit ca. neun Monaten zwar nicht wirklich verstand, als Ursache für mein mangelndes Vertrauen, was mich im Laufe der Zeit deutlich und sehr intensiv in meinem Beziehungsverhalten beeinflusste: Ich entwickelte nie ein tiefes Vertrauen, sondern trug immer die Angst in mir, von Menschen verlassen zu werden, die ich gern hatte. Kinder brauchen fixe Bezugspersonen, um dieses so wichtige Vertrauen entwickeln zu können. Dazu gehört eine sichere und tragfähige Beziehung zu den Eltern. Sie müssen das Gefühl bekommen, wichtig zu sein und immer einen „Fels in der Brandung" bei sich zu haben. Ich kannte dieses Gefühl nicht, sondern fürchtete mich schon als Mädchen vor jeder neuen Herausforderung. Ich reagierte vorsichtig, manchmal auch etwas ängstlich und misstrauisch, wenn sich mir eine Hürde in den Weg stellte, von der ich glaubte, sie nicht überwinden zu können. Ich fühlte mich überfordert und von meiner Mutter und meinem Vater, der sich leider nie wirklich um mich kümmern konnte, allein gelassen.

Meine Persönlichkeitsentwicklung stagnierte. Ich konnte einige wichtige Schritte, die zum „Großwerden" dazugehören, nicht gehen. Im Alter von ca. drei Jahren versuchen Kinder eine erste Form von Autonomie zu erlangen. Sie entfernen sich etwas von ihren Eltern, um an Selbstständigkeit und Eigenverantwortung zu gewinnen. Ich allerdings ging diesen Weg nur mit sehr viel Angst und Misstrauen. Ich wollte immer entweder bei meiner Mutter oder meiner Oma bleiben. Jeder Versuch, mich etwas von ihnen zu distanzieren, entfachte in mir ein loderndes Feuer aus Furcht und Bestürzung. Anhand der damit verbundenen Verhaltensauffälligkeiten zeigte sich bereits ziemlich früh, dass mit mir etwas nicht in Ordnung sein musste. Ich weinte sehr oft, war bedrückt und geriet bei kleinsten Herausforderungen schon in Panik. Doch es war mir in diesem Alter noch nicht möglich, über meine Sorgen zu sprechen. Es ist keineswegs ungewöhnlich, das Kinder über ihre innerseelischen Konflikte nicht sprechen können und deswegen andere Symptome auftreten. So drückte sich bei mir all das, was mich bewegte und ich erlebte, über meinen Körper aus: Mir war als Kind sehr oft schlecht. Diese Übelkeit zeigte sich meistens dann, wenn es mir nicht gut ging oder ich mit etwas konfrontiert wurde, das mich überforderte.

In meiner Kindheit vermisste ich meinen Vater sehr. Ihn hatte ich bereits durch die Scheidung und wegen seinem doch recht unzuverlässigen Verhalten mir gegenüber verloren. Nach dieser Erfahrung wurden meine Sorgen, irgendwann auch noch meine Mutter zu verlieren, mit jedem Tag größer und vernichtender. Dieses Misstrauen und die damit verbundene Unsicherheit schaukelten sich mit dem Gefühl auf, meine Mutter würde sich nicht angemessen um mich kümmern. Ich fühlte mich vernachlässigt und nicht wirklich geborgen. Andererseits hatte ich ständig den Drang, bedingungslose Nähe zu meinen Bezugspersonen herzustellen und sah deshalb tagtäglich die Bedrohung, von Menschen verlassen zu werden, die mir viel bedeuteten. Meine Mutter musste in dieser Zeit sehr viel arbeiten, um uns beide über die Runden bringen zu können. Ich denke, sie wurde durch mich auch teilweise auf unangenehme Art an meinen Vater erinnert und flüchtete sich deshalb in Arbeit und außerberufliche Verpflichtungen, die ihr nicht die Zeit ließen, sich mit der Scheidung und meinem auffälligen Verhalten auseinanderzusetzen. So verbrachte ich den Großteil meiner Kindheit bei meinen

Großeltern, die versuchten, mir die fehlenden Eltern etwas zu ersetzen.

Ich möchte meinem Vater und meiner Mutter mit Sicherheit keinen Vorwurf machen oder ihnen ihre Fehler, die sie gemacht haben, jeden Tag vorhalten. Ganz im Gegenteil. Ich habe sogar Verständnis für ihr damaliges Verhalten. Beide hatten mit bestimmten Konflikten, die sie belasteten, zu kämpfen und um es sprichwörtlich ganz klar zu benennen hatte jeder „sein Päckchen zu tragen". Beide wählten den für sie günstigsten Weg, wahrscheinlich mit dem Vorsatz, nur das Beste für mich zu wollen. Die Realität ist aber, dass ich das als Kind noch nicht richtig einordnen konnte. Heute, als erwachsene Frau, verstehe ich ihr Verhalten und kann auch einigermaßen adäquat damit umgehen. Als Kind jedoch sah und spürte ich, dass meine Eltern nicht für mich da waren. Als Folge glaubte ich irgendwann, nicht wertvoll genug für sie zu sein. Ich hatte das Gefühl, meinen Eltern egal zu sein bzw. in ihrem Leben nicht an erster Stelle zu stehen. Mein Vertrauen in diese Welt wurde durch ihr Verhalten maßgeblich gestört. Es gab immer wieder Phasen, in denen ich meinen Vater sehr gebraucht hätte. Meistens brach es dann auffallend stürmisch aus mir heraus. Zuerst fragte ich nur nach ihm, bis ich mich dann weinend in den Armen meiner Mutter oder Oma wieder fand und einfach nicht verstehen konnte, wieso er mich nicht sehen wollte. Auch wenn der Kontakt zu ihm nur sehr locker und unregelmäßig war, liebte ich ihn grenzenlos. Ich sah ihn immer, und sehe ihn auch noch heute, als meinen Vater an und trug nicht einmal den Gedanken in mir, sauer oder wütend auf ihn zu sein. Ich versuchte, ihn zu verstehen, hinter die Fassade zu blicken, anstatt blindlings in den Wald zu rennen und ihn zu verurteilen.

Diese Angst, jemand könne mich plötzlich verlassen, beschäftigte mich als Kind sehr. Ich sah meinen Vater, der sich aus den verschiedensten Gründen nicht um mich kümmern konnte. Ich erlebte meine Mutter, die mir das Gefühl gab, nicht an erster Stelle zu stehen. Mich erkannte ich als kleines Mädchen, das vorsichtig die Hand nach oben streckt, um endlich festgehalten zu werden. Doch ich konnte nicht darüber sprechen, sondern wurde krank, um das sichtbar werden zu lassen, was mir fehlte.

Gedankenarbeit...

Ich kann mich noch gut an die Zeit erinnern, als ich von dir berührt worden bin. Du hast mir meine kindliche Unschuld genommen und mich in eine Welt gelockt, die kein Vertrauen kennt. Ich war bei dir, fast jeden Tag und liebte dich. Vertraute deiner auf mich äußerst lieblich wirkenden Persönlichkeit. Ohne zu ahnen, dass hinter dieser Fassade ein Mann steckt, der das Gute vom Schlechten nicht mehr unterscheiden kann.

Du hast mein Vertrauen zu dir schamlos ausgenutzt. Kamst zu mir, um mich mit deinen nassen, verschwitzten Händen zu berühren. Streicheltest mich sanft da, wo du es eigentlich nicht hättest tun dürfen.

Ich spürte und sah das Funkeln in deinen Augen, dass jenes Verlangen zum Ausdruck brachte, dass du jeden Tag in dir getragen hast. Ich sah deine Erregung, deine sexuelle Lust, die mir jedes Mal das Herz brach und mich bittere Tränen weinen lies.

Ich zerbrach an dir und deinem Verhalten.

Zuerst hast du mich wie eine Spinne in dein Netz gelockt, ganz vorsichtig und mit viel Hingebung hast du mein Vertrauen gewonnen, um mich dann mit sanfter Gewalt in deine Falle zu schlagen.

Du hast mich umarmt, während ich nur stumm da saß und mich in eine Welt träumte, in welcher ich ganz frei und unbeschwert auf einer schönen Blumenwiese herumtanzte und mit den Vögeln spielte.

Du nahmst auf meine kindlichen Bedürfnisse keine Rücksicht, streicheltest mich weiterhin, um dein Verlangen nach mir befriedigen zu können. Du kamst von hinten auf mich zu, umarmtest mich und streicheltest deinen bereitest erregten Penis an meinen Rücken. Ich schloss die Augen, um innerlich aufschreien zu können. Auch wenn dein Stöhnen lauter war als alles andere, habe ich versucht, nicht an das zu denken, was du gerade mit mir machst. Doch auch wenn mein leises Wei-

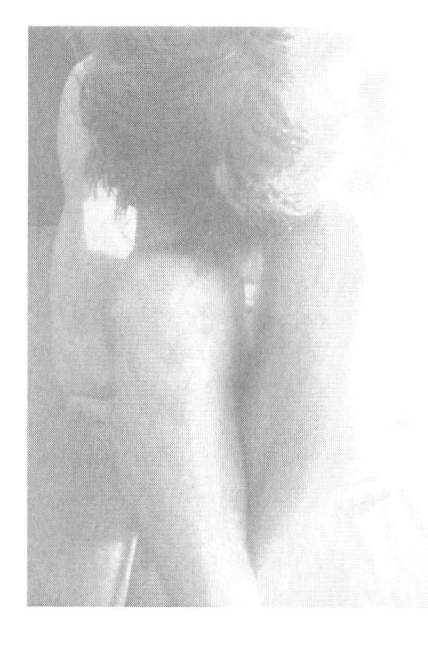

nen manchmal zu hören war, nahmst du keine Rücksicht auf mein noch so kindhaft pochendes Herz.

Zitternd stand ich manchmal vor dir und wollte die Wahrheit nicht begreifen, sondern gab an der ganzen Situation mir die Schuld, anstatt sie in dir zu suchen. Denn ich liebte dich auf meine ganz besondere Art und Weise, dachte, dass du eigentlich nur das Beste für mich haben willst.

Ich sah dich wie einen Vater an, der sein Kind liebt. Doch merkte ich erst viel zu spät, dass diese Liebe, die du mir geschenkt hast, falsch war. Dass sie eine Lüge war, die du nur benutzt hast, um an mein Wesen heranzukommen. Ein Wesen, das noch so unschuldig und naiv war. Und genau das hast du für deine Zwecke ausgenutzt.

Du hast mit all deinen zur Verfügung stehenden Kräften versucht, mich zu betrügen – und hattest auch noch Erfolg dabei.

Ich schmeckte deinen bitteren Atem, spürte dein immer schneller pochendes Herz und empfand gar nichts dabei – außer Hass und Wut.

Ich wollte weg... und hatte irgendwann den Mut, etwas zu sagen. Doch nicht du wurdest von mir weggenommen, sondern ich von dir. Ich hatte ab diesem Zeitpunkt das Gefühl, ein böses Mädchen zu sein, das einen Menschen verraten hat, den es eigentlich liebt.

In kalten Nächten weinte ich leise in mein Kopfkissen hinein. Ich machte mir Vorwürfe, solange, bis ich mich und meinen Körper irgendwann hasste. Ich wollte alles, was mich an dich erinnerte, tief in mir begraben. Doch der Schmerz saß zu tief. Die Erinnerungen kamen immer wieder, sodass ich dich nie wirklich vergessen konnte. Du lebst noch heute in mir – mein Leben wird durch dein Handeln bestimmt. Ich hab versucht dagegen anzukämpfen. Doch mittlerweile habe ich gemerkt, dass du immer ein Teil von mir bleiben wirst. Ein Teil, der noch heute in mir lebt und mir ein normales Leben unmöglich macht.

Mama, bleib bei mir!

Ich kann mich an eine Phase in meiner Kindheit erinnern, in der ich Schwierigkeiten hatte, alleine einzuschlafen. So musste meine Mutter manchmal recht lange neben mir auf dem Bett sitzen und meine Hand halten. Durch diesen innigen Körperkontakt stellte ich eine Verbindung zu meiner Mutter her und entwickelte dank dieses Festhaltens für eine kurze Zeit etwas Vertrauen. Ich hielt sie fest und hatte somit das Gefühl, sie nicht zu verlieren. Ich erlebte somit manchmal flüchtige Phasen von Sicherheit und Stabilität, fühlte mich aufgehoben, geborgen und beschützt. Ich weiß noch, wie ich eines abends bei meinen Großeltern übernachten sollte. Ich zählte bereits panisch die Minuten und Sekunden und hatte ständig den Moment vor Augen, in dem sich meine Mutter von mir verabschieden würde. Ständig spielte ich den Abschied in meinen Gedanken durch, wie ich sie umarme und schließlich gehen lassen müsste. Ich lag im Bett und tat alles, um meine Mutter noch länger bei mir zu behalten. Zuerst verwickelte ich sie in ein Gespräch. Dann hatte ich plötzlich den Wunsch, eine Geschichte von ihr erzählt zu bekommen, um ihr dann wieder, Sekunden später, zigtausend Fragen zu einem bestimmten Thema zu stellen. Ich wollte sie nicht gehen lassen. Als ich jedoch schlafen sollte, fragte ich sie, ob ich nicht noch etwas ihre Hand halten könne. Meine kleinen Finger umklammerten mit all meinen mir zur Verfügung stehenden Kräften die Hand meiner Mutter. Ich schloss meine Augen und versuchte zu schlafen. Ich sehe dieses Bild noch so deutlich vor mir: wie ich im Bett liege, panisch die Hand meiner Mutter halte und meine müden, schweren Augen immer wieder mit viel Anstrengung öffne, nur um mich vergewissern zu können, dass sie noch da ist.

Diese panische Angst, meine Mutter könne mich irgendwann verlassen, zeigte sich auch in anderen Situationen. So fuhr ich eines Sommers mit meiner Oma auf den Ritten (ein Hochplateau in Südtirol, nahe Bozen), um Urlaub zu machen. Ich verbrachte dort eine sehr schöne und spannende Woche. Eines Nachts kam jedoch ein heftiges Gewitter. Ich schrak aus dem Schlaf hoch und suchte panisch meine Mutter. Doch sie war nicht da. Zuerst weinte ich nur, doch wenige Minuten später brüllte ich wie am Spieß und hatte nur noch einen Gedanken: Hoffentlich passiert meiner Mami nichts. Ich bettelte meine Oma ganz verzweifelt, sie solle doch meine Mutter anrufen. Ich wollte unbedingt mit ihr reden und mich vergewissern, dass es ihr gut ginge und alles in Ordnung sei. Ich verstand damals noch nicht, dass das Unwetter lediglich oberhalb von Ritten und nicht in Brixen wütete. Ich hörte nur das Krachen, sah den Blitz und hatte Angst um meine Mutter. Ich schrie in den Armen meiner Großmutter panisch nach ihr und hatte das Gefühl, sie könne mir durch das Gewitter genommen werden. Ich sah ihre Vernichtung bereits als Bild entstehen. Meine Oma schaffte es an diesem Abend jedoch, mich wieder zu beruhigen. Von dem vielen Weinen und Schreien war ich irgendwann sehr müde und kraftlos geworden und schlief fast schon ohnmächtig vor Angst ein.

Meine Mutter brachte mich für gewöhnlich jeden Morgen zu meiner Oma, da sie bereits um sieben Uhr im Krankenhaus ihre Arbeit antreten musste. Ich frühstückte bei meiner Oma und ging anschließend selbstständig in die Schule. In den ersten drei Jahren stellte sich das jedoch als Schwierigkeit dar, da mir allmorgendlich schlecht war und ich mich aufgrund dessen weigerte, in die Schule zu gehen. Meine Oma musste mich deshalb jedes Mal mit sanfter Gewalt dazu bringen, das Haus zu verlassen. Als Kind ertrug ich diese morgendliche Übelkeit kaum und wollte ständig zu Hause bei meiner Oma bleiben, anstatt in die Schule zu gehen. Ich weiß leider bis heute nicht, ob mich die Schule überforderte, oder ob ich den Trennungsschmerz nicht verkraftete, den ich jeden Morgen erleben musste, als ich mich zuerst von meiner Mutter und dann von meiner Oma verabschieden musste. Ich vermute, dass es eine Mischung aus beidem war. Einerseits war mir die Schule zu viel. Ich wurde bereits mit fünf Jahren eingeschult und konnte mit den Anforderungen, die durch die Schule an mich herangetragen wurden nur sehr schlecht umgehen. Ich war schnell erschöpft und ständig unsicher.

Und mir war übel. Zum anderen tat es mir weh, mich von meinen Bezugspersonen trennen zu müssen. Dieser Abschied erweckte vermutlich die Gefühle, die ich durch die Scheidung meiner Eltern erlebt hatte und erinnerte mich an den fehlenden Vater. Da ich ihn seit der Scheidung nur noch sehr selten gesehen hatte, befürchtete ich wohl, irgendwann auch meine Mutter und meine Oma zu verlieren und nie mehr wieder zu sehen. Jeden Morgen fühlte ich den Abschied so, als ob sie wirklich vernichtet und mir genommen würden. Ich vermute, dass sich meine psychische Unausgeglichenheit über diese beständig auftretende Übelkeit ausdrückte. Gerade deswegen kristallisierte sich eine Angst unter den anderen Ängsten ganz besonders heraus: Ich entwickelte panische Angst vor dem Erbrechen.

MENSCHLICHES GRAUSEN

Panik, eine sintflutartige Welle menschlichen Fühlens,
ein gewaltiger Feuersturm, ausgelöst durch individuelle Kräfte.
Angst, ein ständig leuchtender Schatten im Hintergrund deines Ichs,
ein kleiner Tropfen, auf den eine Welle folgt.
Panik: im Nichts schwimmend,
ohne Halt und Boden,
es kommt zur Auflösung jeglicher Grenzen,
kein Hören,
kein Sehen,
kein Verstehen –
sondern am eigenen Gefühl erstickend.
Angst, am Leben gehalten durch mich,
gefüttert durch mich,
betäubt und erstickt mich.

Üble Angst

Sobald ich in irgendeiner Form mit diesem für mich sehr schwierigen Thema konfrontiert wurde, reagierte ich überempfindlich, gereizt, sogar panisch. Ich hatte nur noch einen Gedanken: Ich wollte möglichst weit weg von dem, was mir Angst machte. Diese ständigen Phasen von

Übelkeit und meine irrationale Furcht vor dem Erbrechen waren Ausdruck meiner tiefsten Traurigkeit und Verzweiflung. Ich wollte meinen Mitmenschen zeigen, dass es mir nicht gut geht, mich die Situation, so wie sie jetzt ist, überfordert und mich bestimmte Gegebenheiten, beispielsweise die Scheidung meiner Eltern sowie deren vernachlässigendes Verhalten mir gegenüber, sehr belastet. Ich verkraftete das ständige Fehlen meiner Mutter nicht, da ich jedes Mal glaubte, auch von ihr, genauso wie von meinem Vater, verlassen zu werden. Immer dann, wenn ich über einen längeren Zeitraum von ihr getrennt war, kam diese quälende Übelkeit zum Vorschein.

Ich übernachtete als Kind oft bei meiner damals besten Freundin E., die gleich neben mir wohnte. Es kam sehr oft vor, dass mir, mitten in der Nacht, plötzlich schlecht wurde. Ich wachte auf und konnte diese Übelkeit kaum ertragen, weil ich dazu noch panische Angst davor hatte, erbrechen zu müssen. Mein einziger Gedanke zu diesem Zeitpunkt war: ich will zu meiner Mami. Ich hatte bereits damals das Gefühl, ich könne ein mögliches Erbrechen nur dann überstehen, wenn meine Mutter bei mir ist. Die Mutter von E. musste dann, auch wenn es manchmal bereits drei Uhr nachts war, meine Mutter anrufen, um ihr mitzuteilen, dass sie mich doch bitte abholen solle. Sobald ich meine Mutter sah und sie wieder in meine Arme schließen konnte, war die Übelkeit oft wie weggeblasen. So als ob sie bloß ein schlimmer Alptraum gewesen wäre. Meines Erachtens war das eines der Zeichen dafür, dass diese regelmäßige Übelkeit psychosomatisch bedingt war.

Ich konnte wegen der Übelkeit morgens nichts zu mir nehmen, also weder etwas essen noch etwas trinken. Meine Mutter und meine Großmutter überredeten mich aber eines Tages, eine Tasse Tee zu trinken. Zuerst wollte ich nicht, da die Übelkeit recht heftig war und ich befürchtete, wegen dem Tee erbrechen zu müssen. Meine Mutter und meine Großmutter versicherten mir jedoch, dass ich nicht erbrechen müsste, sondern dass der Tee, ganz im Gegenteil, meinen Magen sogar beruhigen würde. Ich glaubte ihnen, vertraute den Worten, die sie mir zuflüsterten. Und fühlte mich sicher. Doch auf dem Weg in die Schule ging es mir immer schlechter. Die erste Schulstunde verging und die Übelkeit wurde immer heftiger, der Brechreiz immer extremer. Bis ich schließlich wirklich erbrechen musste. Mein gesamter Mageninhalt übergoss sich zuerst auf die Schulbank, dann ins Waschbecken, das sich im Klassenraum befand. Meine Schulfreundin M. rannte sofort auf mich zu und versuchte mir zu helfen, während andere Schulkollegen fast schon hysterisch aus dem Klassenzimmer rannten und ihrem Ekel Luft machten.

Es kann natürlich vorkommen, dass sich Eltern bzw. nahe stehende Bezugspersonen irren. Sie dachten wohl, dass sich die Übelkeit im Kopf abspielte und schätzten dadurch die Wahrscheinlichkeit, dass ich tatsächlich erbrechen küsste, als gering ein. Ich mache niemandem einen Vorwurf, doch als Kind verstand ich diesen Irrtum nicht. Ich sah das gebrochene Vertrauen. Einem normal entwickelten Kind würde ein solches Fehlurteil wohl nichts ausmachen. Da ich aber ein sehr ängstliches und unsicheres Kind war, ich Situationen erleben musste, die mich sehr belastet haben, und ich sowieso schon Panik vor dem Erbrechen hatte, erlebte ich diesen Irrtum als großen Vertrauensmissbrauch, welchen ich nur schwer verarbeiten konnte.

Ein ähnlicher Vorfall wiederholte sich ein paar Jahre später. Ich hatte wohl etwas Falsches gegessen und davon dann erbrechen müssen. Am Tag darauf ging es mir jedoch schon wieder etwas besser. Als ich bei Oma am Mittagstisch saß - neben mir meine Mutter - hatte ich richtigen Hunger. Ich wollte etwas Salat essen und fragte deshalb meine Mutter ob das in Ordnung gehen würde. Sie meinte, dass ich mir keine Sorgen machen müsste. Ich fragte sie daraufhin nocheinmal, ob ich diesen Salat essen könnte und davon ja nicht erbrechen müsste. Sie nahm mir meine Sorgen, indem sie wiederholte, ich könnte den Salat ruhig essen. Ich tat das dann auch und wurde wieder enttäuscht, denn nur Minuten später musste ich trotz der Versicherung meiner Mutter erbrechen. Ich verstand diesen Widerspruch nicht: Meine Mutter war ein großes Vorbild für mich. Ich sah zu ihr auf und ahmte sie nach. Sie war fast schon fehlerlos für mich. Doch durch den Irrtum veränderte sich das Bild, das ich von meiner Mutter hatte. Ich merkte, dass auch sie sich gelegentlich irren und täuschen konnte. Mein Wunsch, von meinen Bezugspersonen getragen und geführt zu werden, durch sie Sicherheit zu erfahren und von ihnen beschützt zu werden, wurde ab diesem Tag endgültig zurückgedrängt. Ich hatte gelernt, dass auch Erwachsene sich irren können und keine Macht über gewisse Ereignisse haben. Ich habe zum ersten Mal gespürt, dass es so etwas wie Sicherheit und Stabilität gar nicht gibt, sondern dass dies lediglich eine Illusion von uns Menschen ist, um bestimmte Ängste einfach in uns ersticken zu können.

Fremd

Die Angst zeigte sich aber nicht nur dann, wenn mir selbst schlecht war, sondern ich entwickelte auch Panikgefühle, wenn ich mit anderen Menschen konfrontiert wurde, denen übel war und die schlimmstenfalls auch erbrechen mussten. Ich kann mich noch gut an eine Situation erinnern, in welcher mir zum ersten Mal klar gemacht wurde, wie groß meine Angst vor dem Erbrechen eigentlich ist.

Als ich ungefähr zehn Jahre alt war, durfte ich eines schönen Tages bei meiner Freundin M. übernachten. Ich weiß noch, wie sehr ich mich auf die gemeinsame Zeit mit M. gefreut habe, da ich mich mit ihr immer gut verstanden und ich sie als Freundin sehr gemocht habe. Ich konnte in der Nacht davor vor lauter Freude und Aufregung kaum schlafen. Als es dann endlich so weit war und der Schultag zu Ende ging, machte ich mich zusammen mit M. auf den Weg zu ihr nach Hause. Ihre Mutter öffnete die Tür. Ich merkte sofort, dass es ihr gesundheitlich nicht gut ging, da sie sprichwörtlich käseweiß im Gesicht war, müde Augen und einen leeren Blick hatte und uns sehr leise und sichtlich geschwächt begrüßte. Ich interpretierte jene Symptome sofort als erste Anzeichen einer Magendarmgrippe und zuckte zusammen. Nur mit Mühe und Not konnte ich daraufhin noch etwas essen, ständig musste ich die Mutter von M. sowie jede ihrer Reaktionen beobachten. Etwas später verließen M. und ich die Küche, um gemeinsam Hausaufgaben zu machen. Dort erfuhr ich dann auch von ihr, dass sich ihre Mutter wohl mit einem Magendarmvirus infiziert hätte. Alle Symptome würden dafür sprechen. Ich wurde immer ängstlicher und panischer und konnte kaum noch ruhig auf dem Stuhl sitzen. Ständig musste ich an M.s Mutter denken, jedes Geräusch, das ich aus dem Badezimmer hörte, ließ mich für kurze Zeit zusammenzucken. Ich schrie innerlich auf und versuchte mich gedanklich an einen wunderschönen und angstfreien Ort zu flüchten. Erstens hatte ich panische Angst, M.s Mutter beim Erbrechen hören zu müssen, zweitens fürchtete ich mich, vielleicht selbst mit diesem Virus angesteckt zu haben. Ich wollte weg. Ich wollte nicht mehr an diesem Ort bleiben müssen, erfand also eine Ausrede, um schnell nach Hause gehen zu können. Ich übernachtete an diesem Abend nicht bei M., sondern durfte zu Hause schlafen, was mich sehr beruhigte. Ich hatte zwar unglaubliche Angst mich mit diesem Magendarmvirus angesteckt zu haben, aber allein die Tatsache, wieder zu Hause zu sein, weit weg von diesem Virus, weit weg von dieser erbrechenden Frau, ließ mich glücklich einschlafen.

Ich finde, dass diese Situationen zeigen, dass ich kein normal entwickeltes Kind war. Ich konnte zwar eine abwechslungsreiche und auch glückliche Kindheit genießen, doch zeigte sich auf Grund meiner ständigen Übelkeit und panischen Angst vor dem Erbrechen, dass dieses recht lebhafte und begeistert wirkende Kind eine zerbrochene Seele hat, die nur darauf wartet, endlich entdeckt zu werden.

LOSGELÖST

Ich stehe neben dir,
klein und hilflos,
und spüre,
dass ich dich bald verlieren werde.
Ich möchte dich festhalten,
doch werde ich immer schwächer,
sodass ich dich irgendwann loslassen muss.
Mit geballter Faust versuche ich,
dich bei mir zu behalten.
Doch mit jedem Tag,
der verstreicht,
gehst du einen Schritt weiter,
während ich stehen bleibe.
Ich möchte mit dir ziehen,
hinaus,
in die weite, ferne Welt.
Ich möchte zu dir gehören,
ein Teil von dir sein,
den du auf alle Ewigkeit behalten wirst.
So rufe ich in den Wald hinaus,
schlage panisch um mich,
flehe dich an,
halte dich fest,
denn so groß ist meine Angst dich irgendwann zu verlieren.
Ich schaue dich an,
streichle dir sanft über dein schönes Fleisch,
berühre deine warme Haut,
küsse deine gutmütigen Lippen,
umarme dich,
mit dem Gedanken,
dich nie wieder loszulassen.
Meine kranke Seele schreit danach,
mit dir unsere Zukunft zu beschreiten.
Doch der Verstand zerstört meinen Traum.
Denn du gehst weiter,
während ich stehen bleibe.

Eine Angst wird erwachsen

In meiner Kindheit hatte mich meine Angst vor dem Erbrechen und die damit verbundene Übelkeit noch nicht so im Griff. Zur Phobie und somit zur Krankheit wurde diese Angst mit ihren Symptomen meiner Einschätzung nach schließlich im Alter von 15 Jahren.

Ich entwickelte in dieser Lebensphase ein klares Vermeidungsverhalten, was den Umgang mit Übelkeit und Erbrechen angeht. Ich aß beispielsweise immer weniger, da ich glaubte, die Wahrscheinlichkeit erbrechen zu müssen, dadurch verringern zu können. Mein Grundsatz war: „Je weniger im Magen ist, desto geringer ist die Wahrscheinlichkeit, ihn zu überfordern und dadurch ein mögliches Erbrechen zu provozieren." Ich hatte immer große Angst, meinen Magen durch „Überfressen" zu überfordern und mich dann mit der Möglichkeit auseinandersetzen zu müssen, zu erbrechen. Auch kontrollierte und überprüfte ich vor dem Kochen ständig die Haltbarkeit der Lebensmittel, da ich befürchtete, ein Lebensmittel zu mir zu nehmen, das bereits verdorben sein könnte. Ich hatte demzufolge oft Schwierigkeiten in Restaurants oder bei Freunden zu essen, da ich dort die Haltbarkeit der Lebensmittel sowie deren hygienische Zubereitung nicht kontrollieren konnte.

Ich verzichtete irgendwann sogar ganz auf bestimmte Lebensmittel, da ich befürchtete, verdorbene oder mit Salmonellen vergiftete Eier zu mir zu nehmen und verzichtete in schlimmen Phasen meiner Phobie sogar ganz auf das Essen. Irgendwann übertrug sich diese Angst vor dem Erbrechen auch auf Speisen, die in besonders viel Butter oder Öl herausgebraten wurden. Ich hatte auch hier Angst meinen Magen zu überfordern, also etwas zu essen, das mir sprichwörtlich „auf dem Magen liegen könnte." Es gab auch Phasen, in denen ich beispielsweise Suppen nur mit größter Überwindung essen konnte, da mich deren Aussehen an Erbrochenes erinnert hat. Oder ich verzichtete auf Lebensmittel, beispielsweise auf Käse, deren Geruch oder Geschmack mich an Erbrochenes erinnert haben.

Leider brachte mich dieses Vermeidungsverhalten und die damit verbundene Unterernährung laut BMI-Rechner gewichtsmäßig irgendwann in den Magersuchtsbereich. Doch obwohl ich mir meines Untergewichtes voll bewusst war, konnte ich mein Vermeidungsverhalten nicht aufgeben, da es mir Sicherheit und das Gefühl gab, meine Phobie so etwas besser kontrollieren zu können.

Neben der Angst, selbst erbrechen zu müssen, beschäftigte mich auch der Gedanke, durch andere Menschen mit dem Erbrechen konfrontiert zu werden. Ich zerbrach mir ständig den Kopf darüber, wie es dem oder derjenigen wohl im Moment gerade gehen könnte. Sobald ich auf einen Menschen traf, egal ob Bekannter oder Freund, und dieser beispielsweise wegen einer blass wirkenden Hautfarbe einen kränklich wirkenden Eindruck auf mich machte, wurde ich panisch und wollte aus der Situation sofort flüchten. Das führte mitunter dazu, dass ich mich immer weiter isolierte und sogar gute Freunde verlor.

Meine Phobie hinderte mich letztlich daran, ein auch nur halbwegs normales Leben zu führen. In akuten Phasen war es mir unmöglich, alleine in die Stadt zu gehen, da mich der quälende Gedanke, plötzlich mitten auf der Straße erbrechen zu müssen, panisch werden ließ. Festivals oder Discobesuche mied ich irgendwann sowieso, da ich ständig Angst hatte, auf betrunkene Menschen zu stoßen, die eventuell vor meinen Augen erbrechen könnten. Teilweise war es mir sogar unmöglich, öffentliche Verkehrsmittel zu benutzen, da ich auch dort Angst hatte, entweder selber übel zu werden oder auf ein Kind oder einen Erwachsenen zu stoßen, der vor meinen Augen erbrechen könnte. Wobei ich hier allerdings gestehen muss, dass meine ebenfalls stark ausgeprägten sozialen Ängste wohl unter anderem auch eine wichtige Rolle gespielt und sich vielleicht mit der Angst vor dem Erbrechen potenziert haben.

Es gab auch Zeiten, wo ich den Kontakt mit Kindern oder schwangeren Frauen mied, da diese in meinen Augen mit dem Erbrechen doch recht unberechenbar sind und ich fürchtete, sie könnten mich mit einer derartigen Situation konfrontieren. Schon bestimmte Geräusche wie Husten oder Räuspern lösten Angstgefühle in mir aus. In Zeiten, in denen die Magendarmgrippe grassierte, traute ich mich kaum noch aus dem Haus, da ich glaubte, mich damit anstecken zu können. Wenn Freunde oder Familienmitglieder krank waren und erbrechen mussten, versuchte ich den Kontakt so lange zu meiden, bis ich mich ihnen wieder gefahrlos nähern konnte.

Panik

Doch die mit der Phobie einhergehenden Panikattacken waren wohl das Schlimmste überhaupt. Es gab oft Momente, in denen mir von einer Sekunde auf die nächste kotzübel wurde. Mein Magen krampfte sich verräterisch zusammen, mir wurde kalt und heiß zugleich, ich schwitzte, zitterte und hatte das Gefühl, den Boden unter meinen Füßen zu verlieren. Sofern ich zu Hause war, rannte ich ins Bad, beugte mich über die Toilette und verbrachte oft stundenlang auf dem Klo, weil ich ständig das Gefühl hatte, erbrechen zu müssen. Diese Panikattacken kamen immer dann, wenn ich mit dem Erbrechen konfrontiert wurde, egal ob meinerseits oder im Umgang mit anderen (persönliches Umfeld, Medien etc.). Manchmal hatte ich die Panik einigermaßen unter Kontrolle, sodass ich mich oft schnell wieder beruhigen konnte. Doch es kam des Öfteren auch vor, dass meine Angst so heftige Ausmaße annahm, dass ich hyperventillierte und in die Notaufnahme gebracht werden musste. Es gab immer wieder unterschiedliche Gründe, weshalb ich panisch wurde. Manchmal gerade deswegen, weil ich mit dem Erbrechen konfrontiert wurde. Ich sah mir beispielsweise einen Film an, beobachtete nichts ahnend die Szenerie und sah plötzlich eine Person, die sich übergeben musste. Meistens war es dann so, dass sich alles in mir zusammenzog, ich erstarrte und sich ein unendlich intensives Bedürfnis in mir ausbreitete, einfach nur hysterisch loszuweinen. Andere Gründe für meine Panikattacken waren ständig wiederkehrenden Situationen, die in mir ein Gefühl der Überforderung auslösten, beispielsweise weil ich mit dem Schulstoff nicht mehr zurechtkam oder sich ein Konflikt innerhalb der Familie anbahnte, dem ich nur schwer entrinnen konnte.

Das Schlimmste an einer Panikattacke ist meines Erachtens der Kontrollverlust, den man erlebt, sowie das „Keine-Luft-mehr-Kriegen". Bei mir ging das meistens relativ schnell. Ich spürte ein bedrückendes und für mich äußerst gefährlich wirkendes Engegefühl auf der Brust, mein Herz begann zu rasen, sodass ich weder regelmäßig noch tief einatmen konnte. Alles in mir krampfte sich durch das viele Einatmen schmerzhaft zusammen. Ich konnte meine Füße kaum noch bewegen, meine Hände wurden zu Fäusten, die bewegungslos und vollkommen erstarrt nach oben zeigten. Ich konnte mich meinen Mitmenschen nicht mehr mitteilen, da mein Mund vollkommen taub war und ich ihn deswegen nicht mehr bewegen konnte. Auch hatte ich ständig das Gefühl in Ohnmacht zu fallen, da meine Augen während einer Attacke immer schmaler wurden und alles um mich herum verräterisch zu „flimmern" begann. Das Bild wurde undeutlich und funkelte mir immer wieder bestechlich entgegen. Ich hatte ab und zu wirklich das Gefühl, dem Tode nahe zu sein; bekam weder Luft, noch konnte ich mich bewegen, noch konnte ich etwas sehen oder gar sprechen. Ich war durch mich selbst gefangen und fühlte einen brennenden und stechenden Schmerz, der mir das Gefühl gab, den Kontakt zur Außenwelt vollkommen zu verlieren. Ich versuchte immer, mich irgendwie aus der Situation zu boxen, versuchte, mich zu beruhigen und den Fokus nicht mehr auf die Panik an und für sich, sondern auf etwas ganz anderes zu lenken. Meistens jedoch erfolglos. Denn wenn die Panik einmal da war, konnte ich nur darauf hoffen, dass sie nicht schlimmer wird. Ich fürchtete mich vor allem vor der Situation, in welcher mir eine kleine Tüte auf den Mund gepresst wurde. Ich hatte sowieso bereits das Gefühl, bei lebendigem Leibe zu ersticken, sodass diese Tüte meine Panik noch zusätzlich anschürte. Ich wehrte mich deshalb immer gegen diese Maßnahme der Erstversorger und versuchte vielmehr, den Menschen um mich herum verständlich zu machen, dass ich nur etwas Zeit brauchen, mich dann aber wieder beruhigen würde. Man müsse nur Geduld mit mir haben und abwarten.

Tödliches Hirngespinst

Ich weiß, dass du mich eines Tages holen wirst, doch will ich mich mit dieser Tatsache nicht auseinandersetzen müssen. Ich habe panische Angst vor Dir und kann des Nachts kaum schlafen, da mich deren Dun-

kelheit an Dein Kommen erinnert. Ich will Dich nicht sehen müssen, sondern möchte viel lieber über Dich hinweg schauen und mich in Illusionen von einem ewigen Leben hingeben.

Wenn ich an Dich denke, bilden sich kalte Schweißperlen auf meiner bleichen Haut. Und ich habe irgendwann das Gefühl, dass sich diese Wirklichkeit gefährlich zu verzerren beginnt, während ein kleiner Fluss von Tränen den Rücken meiner Wangen verlässt.

Ich trage den tiefen Wunsch in mir, dass mein Leben ewig währen wird. Die Vorstellung, dass meine Existenz unwiederbringlich ausgerottet werden kann, lässt mich ängstlich und hysterisch in mein Verderben rennen. Ich glaube zu wissen, dass mit meinem Tod alles vorbei ist, doch will ich mich mit dieser Möglichkeit nicht abfinden müssen.

Ich bin wie gelähmt, wenn ich an den Tag denke, an dem Du mich holen wirst. Ich denke an das Sterben und fühle eine innere Verzweiflung in mir, die keinen Boden kennt. Ich sehe meine Vernichtung und werde zu einem kleinen Kind, das verzweifelt nach einem Gott sucht, der es beschützt und auffängt.

In alles und jedem sehe ich Dich. Du lauerst hinter jeder noch so kleinen Mauer und wartest nur darauf, mich endlich in Dein Reich zu holen.

Ich sehe bereits den schrecklichen Unfall auf mich zukommen, sehe, wie ich eingemauert in einem kleinen Auto am Grunde eines reißenden Baches nach Hilfe schreie, wissend, dem Schicksal nun vollkommen ausgeliefert zu sein.

Ich kenne die Vergänglichkeit unserer Gegenwart, will diese jedoch weder billigen noch akzeptieren. Ich wünsche mir in die Ewigkeit einzugehen, um das, was mal ein Leben war, nicht vergessen zu müssen.

Die Vorstellung mit dem Tod ins Nichts überzugehen, lässt mich panisch und weinend in einer Ecke sitzen, lässt mich wild um mich schlagen, verursacht tiefe klaffende Wunden in meiner Haut. Diese Furcht zeigt sich zuerst nur ab und zu, frisst sich jedoch immer weiter in mein verletztes Herz, bis sie irgendwann wie eine Bombe zerplatzt und nichts als eine Flut an Emotionen zurücklässt, welche mich von einer Psychose in die Nächste tragen.

Ich möchte an den einen Gott glauben, den ich schon als Kind kennen lernte. Ich befehle, dass dieser für mich da ist und mir jene Angst nimmt, die ich tagtäglich mit mir herumtrage. Ich verlange danach, in dem Moment, wo es passiert, beschützt zu werden, von Dir, mein Gott, um mir das langsame Sterben und den damit verbundenen unaufhaltsamen Tod etwas zu erleichtern. Mein Herz schreit nach dem Gott meiner kindlichen Vorstellung, doch mein Verstand lässt diesen Wunsch brennend verstummen.

Wir wissen um der Vergänglichkeit unseres Körpers, akzeptieren jedoch nicht, dass auch unsere Seele, wenn es diese überhaupt gibt, diesem Sterben unterworfen ist. Wir glauben, um unserem Leben jene Ewigkeit zu schenken, die wir in dieser Wirklichkeit vermissen und nicht sehen. Denn der Tod macht uns zu jeder Stunde unseres kurzen Lebens deutlich, wie schnell unser Dasein vernichtet werden kann.

Ich möchte mich nicht mit dieser Tatsache abfinden müssen, dass mit meinem Tod meine gesamte Palette an Empfindungen, Erfahrungen und Erinnerungen ausgelöscht werden kann. Ich wehre mich gegen meine Vernichtung und würde denke ich alles dafür tun, um meine kindlichen Vorstellungen von einem Paradies wiederaufleben zu lassen.

Ich sehne mich danach, wieder Kind-sein zu dürfen, da man als solches den Tod noch nicht wirklich versteht und dessen Ausmaß nicht kennt, sondern sich jeden Tag in mystischen und magischen Vorstellungen verliert. Man lässt sich von den Erwachsenen führen, glaubt, dass jene die Kontrolle über das Leben nicht verloren haben, sondern es sogar maßgeblich bestimmen.

Doch mit dem Älter werden zerbricht dein kindliches Herz und man wird zum ersten Mal mit dem Tod als ewige Vernichtung und mit der Unfreiheit des menschlichen Geistes konfrontiert.

Ich versuche mich noch heute gegen diese Vorstellung zu wehren – erfolglos, da nicht meine emotionale Seite, sondern der Verstand über mein Denken siegt, der den Glauben der Menschen als Flucht vor der Vergänglichkeit allen Lebens ansieht.

Aus dieser ständigen Gefühlsachterbahn möchte ich endlich entfliehen, möchte dem Leben so dessen Konsequenz, nämlich unseren Tod, selbstsicher, also ohne Angst, entgegentreten. Denn ich spüre, wie die Panik meinen Geist zerfrisst und mir manchmal das Gefühl gibt, als würden sich jegliche körperlichen Grenzen in mir auflösen.

Ich wehre mich das Sterben-müssen zu akzeptieren, träume des nachts sogar schon von meinem Untergang, der irgendwann mit Sicherheit kommen wird. Und empfinde ihn dermaßen intensiv, dass ich manchmal fast schon glaube, ihn wirklich erlebt zu haben.

Ich möchte in meinen Träumen nicht mehr die Unendlichkeit, Macht und Größe des Universums vor mir sehen, während ich nur klein und panisch daneben stehe und versuche, meiner bevorstehenden Vernichtung zu entkommen.

Ich habe mittlerweile akzeptiert, dass ich nichts gegen diese panische Angst vor dem Tod unternehmen kann, da ich weiß, dass diese weder unbegründet noch irrational ist.

Ich glaube die Wahrheit erkannt zu haben, doch weigere ich mich immer noch diese zu dulden. Doch habe ich erkannt, dass umso mehr ich mich gegen sie stelle, umso mehr ich mich wehre oder versuche, sie von mir zu stoßen – umso größer und mächtiger meine Angst werden und mich irgendwann vielleicht ganz verschlingen wird.

Ich muss versuchen, das Leben an und für sich genießen zu lernen, mit all seinen Erinnerungen und Reizen, auch wenn das als Konsequenz bedeuten wird, das ich sterben werde. Ich muss mir selbst beibringen, den Tod zu akzeptieren, sowie dessen Ausgang, dass mit ihm mein Bewusstsein ins Nichts übergehen wird.

Endlich Loslassen

Ein sehr unangenehmes Symptom der Emetophobie – so die Fachbezeichnung für die Angst vor dem Erbrechen – waren diese ständig wiederkehrenden Wellen von Übelkeit. Mir war fast tagtäglich schlecht. Vor und nach dem Essen, am Nachmittag, in der Schule, bei Freunden, Abends... Ich durchlebte am Tag immer wieder Phasen, in denen mir plötzlich extrem übel wurde und ich das Gefühl hatte, gleich erbrechen zu müssen. Manchmal war ich dazu in der Lage, diese Übelkeit alleine auszuhalten. Doch in dem Moment, wo es richtig schlimm wurde, ich also das Gefühl hatte, gleich erbrechen zu müssen, suchte ich, wie schon auch in meiner Kindheit, verzweifelt nach einem Menschen, der mir beistand. Die Vorstellung alleine erbrechen zu müssen, löste beinah psychotische Zustände in mir aus. Alles erschien unwirklich und ich hatte das Gefühl, den Kontakt zum realen Leben zu verlieren, die Welt um mich herum als etwas wahrzunehmen, das mich fern ab von jeglicher Wirklichkeit umgibt.

Fallbeispiel einer multimorbiden Emetophobie

Diese Angst nahm einen ganz großen Teil in meinem Leben ein. Jede Situation wurde von ihr bestimmt – es gab eigentlich keinen Bereich mehr in meinem Leben, der von ihr befreit war. Ich trug deshalb irgendwann den Wunsch in mir, in das Innere meiner Angst blicken zu können und sie endlich besser verstehen zu lernen. Dazu habe ich mir einige Gedanken gemacht:

Ich denke, dass ich große Angst habe, die Kontrolle zu verlieren. In dem Moment, in dem ich oder eine andere Person kotzen muss, habe ich die Situation nicht mehr unter Kontrolle: Ich bin entweder den Reaktionen meines Körpers oder, wenn ich aus der Nähe der anderen Person nicht flüchten kann, dem Ereignis als Zuschauer hilflos ausgeliefert. In der Situation, in welcher ich erbrechen muss, erlebe ich einen Moment extremsten Kontrollverlustes und muss meinem Körper zu 100% die Macht überlassen.

Vielleicht spielt auch das Thema *Loslassen* eine wichtige Rolle bei mir. Wenn ich das Erbrechen um alles in der Welt vermeiden, ja eigentlich lieber sterben möchte, weigere ich mich eigentlich, etwas, das *mir* gehört, wieder hergeben zu müssen. Ich versuche mit allen mir zur Verfügung stehenden Kräften das Essen, als Metapher für z.B. eine Situation, die ich als Kind einmal erlebt habe oder eine mir nahe stehende Bezugsperson, die ich nicht wieder verlieren möchte, nicht loszulassen, sondern ganz tief in mir zu behalten. Die kindliche Angst vor dem Verlassenwerden durch die Eltern übertrug meine Psyche möglicherweise auf das Essen. Dieses zu behalten hätte also oberste Priorität für mich und dessen Verlust würde den Zusammenbruch einer ganzen Welt bedeuten. Auf diesen Gedanken kam ich, als ich einmal wirklich erbrechen musste, und dabei für mich persönlich herausgefunden habe, dass

163

ich nicht vor dem Würgen an und für sich Panik habe, sondern vor dem, was aus mir herauskommt. Natürlich war das Würgen für mich nicht gerade angenehm und ich hatte auch Angst davor, aber wirklich in Panik versetzt wurde ich erst, als ich richtig erbrechen musste: Als mich das, was ich gerade zuvor gegessen hatte, wieder verließ. Dies legt die Vermutung nahe, das Erbrochene stehe für etwas, was ich nicht wieder hergeben, sondern ganz tief in mir behalten möchte.

Mein fixer Gedanke, lieber sterben zu wollen als erbrechen zu müssen, weist aber darauf hin, dass ich mich dem, was hinter dem Erbrechen steht eigentlich nicht stellen möchte.

Diese Einsichten habe ich gewonnen, indem ich mich selbst ganz genau beobachtet habe nachdem ich erbrochen habe. Mir ging es an diesem besagten Tag eigentlich ganz gut. Ich war mit meinem Freund zusammen, war zu Mittag bei meiner Oma zum Essen eingeladen und verbrachte einen recht amüsanten und abwechslungsreichen Nachmittag zu Hause. Mein Freund und ich liehen uns zwei Filme aus, die wir uns am Abend ansehen wollten. Ich spürte am späten Nachmittag allerdings ganz unvermittelt, dass sich mein körperliches Befinden verschlechterte. Mein Magen fühlte sich etwas flau an, ich hatte überhaupt keinen Hunger und war etwas „wackelig" auf den Beinen. Da ich aber vermutete, dieses Unwohlsein wäre nur psychisch bedingt (so wie eigentlich fast an jedem Tag) versuchte ich am Abend dennoch eine Kleinigkeit zu essen. Ich legte mich anschließend auf das Sofa, wo mir bald darauf furchtbar übel wurde. Ich bekam Angst. Meine Gedanken kreisten eine Befürchtung ein: Dieses Mal ist mir nicht einfach meine Psyche, sondern meinem Körper geht es wirklich schlecht. Ich ging ins Bett und versuchte zu schlafen. Doch immer wieder riss mich ein unsagbarer Brechreiz aus dem Bett. Die Nacht wurde ein Horrortrip: Ich ging in meinem Zimmer auf und ab und roch an meinen Minzetropfen, um mich irgendwie zu beruhigen. Doch es half nichts. Weder das auf-, und abgehen, noch das Reden mit meinem Freund, noch die Tropfen. Ich war am Ende, denn ich wusste, dass es heute so weit sein musste. Doch immer noch wehrte ich diesen Gedanken vehement ab. Um Mitternacht ging es mir immer noch nicht besser. Ich war schon ziemlich geschafft vom vielen hin-, und hergehen. Meine Beine und meine Hände zitterten vor Schwäche, Schwindelanfälle verstärkten das Gefühl, mich kaum noch auf den Beinen halten zu können. Irgendwann war ich so müde, dass ich mir einen Eimer holen, mich aufs Bett setzen und die

Hand meines Freundes halten musste.. Um drei Uhr saß ich immer noch auf meinem Bett. Doch mittlerweile konnte ich vor Schwäche weder reden, noch zittern, noch weinen. Ich saß einfach nur ganz teilnahmslos da und blickte ins Leere. Irgendwann nahm ich wieder die Hand meines Freundes und sagte: „Schatz, ich halte diese Übelkeit nicht mehr aus. Ich habe zwar Angst, erbrechen zu müssen, doch wenn es heute wirklich so weit sein sollte, dann will ich es jetzt tun, damit ich es endlich überstanden habe." Und in dem Moment, wo ich mich innerlich gelöst und gelockert hatte, passierte es auch schon. Wenige Sekunden später beugte ich mich über den Eimer und würgte. Ich hielt kurz inne, schloss die Augen und übergab mich. Es fühlte sich zwar äußerst grausam und brutal an, noch schlimmer, als ich es mir je vorgestellt hätte. Trotzdem war ich im Nachhinein erleichtert, es endlich hinter mich gebracht zu haben.

Im Nachhinein betrachtet war dieses Erlebnis also durchaus aufschlussreich für das Verständnis meiner Symptome, die ich in Bezug auf das Erbrechen zeige, aber in dieser Nacht war es ein einziger Alptraum, der nicht enden zu scheinen wollte.

Die Angst - Viele Ängste

Ich vermute inzwischen, dass ich auch andere Ängste, die mir vorher nicht wirklich bewusst waren, auf die Angst vor dem Erbrechen übertragen habe, weshalb die Angst in bestimmten Situationen verstärkt auftrat (beispielsweise in der Schule während einer Prüfungssituation...). So verknüpfte ich beispielsweise meine sozialen Ängste mit dem Symptom der Übelkeit, was als Konsequenz panische Angst vor dem Erbrechen verursachte.

Nehmen wir als Beispiel dazu meine sozialen Ängste. Diese führten in der Schule zu großen Schwierigkeiten. Ich hatte vor den mündlichen Prüfungen wirklich große Angst. Eines Tages kam ich in Deutsch dran. Ich versuchte mich möglichst genau darauf vorzubereiten, auch weil ich das Fach Deutsch neben der Psychologie sehr liebte. Mein Freund half mir indem er mich zu Hause über den Stoff prüfte. Ich versuchte mir jedes kleinste Detail zu merken. Ich wollte eine gute Note bekommen und mir beweisen, dass ich fähig bin etwas zu leisten. Doch am Morgen des Prüfungstages war mir ziemlich schlecht. Ich konnte nichts essen und nichts trinken. Konsequenz dieser Übelkeit war, dass ich Angst hatte, plötzlich mitten im Unterricht, so wie es damals in der Volksschule geschehen war, erbrechen zu müssen. Also schwänzte ich an diesem Tag die Schule. Es waren aber nicht die Übelkeit und die davon hervorgerufene Panik vor dem Erbrechen die Ursache. Sie waren erst die Folge der sozialen Ängsten.

ANGST

Angst, nur ein Gefühl, nur ein Gedanke, nur eine Reaktion,
und doch mein ganzes Leben.
Angst, ein Gefühl das ähnlich wie ein Funke trockenes Laub berührt,
um einen mächtigen Seelenbrand zu entfachen.
Angst, ein Gedanke, der binnen weniger Sekunden eine Kettenreaktion
an Gefühlen auslösen kann, die kein Ende nehmen.
Angst, eine Reaktion, die den Körper in Fesseln legt, Ketten um die
Seele hängt
und ihn tot und leer gefressen am Boden liegen lässt.
Angst, mein Freund und Feind zugleich,
etwas Fremdes, doch zu mir gehörendes.

Vertrau deinem Leben

Lange Zeit wusste ich nicht, wieso es gerade das Erbrechen ist, vor dem ich mich fürchtete. Doch mittlerweile glaube ich, es herausgefunden zu haben: Wie aus meinen bisherigen Schilderungen zu entnehmen ist, hatte ich als Kind Angst davor, plötzlich verlassen zu werden. Ich ertrug den Gedanken nicht, von Menschen getrennt zu sein, die mir etwas bedeuteten. Jedes Mal, wenn sich meine Mutter von mir verabschiedete, hatte ich das Gefühl sie mit dem Abschied endgültig zu verlieren. Auch wenn sie nur zur Arbeit musste bekam ich Bauchschmerzen vor Angst. Meine Mutter musste zwei Mal wöchentlich abends zur Musikprobe. Sie schaffte sich also ein Kindermädchen an, da sie mich als Zehnjährige nicht alleine lassen wollte. Eines abends wachte ich plötzlich auf und rief nach meinem Kindermädchen. Doch es meldete sich

niemand. Das Schlafzimmer war dunkel, was mir unheimlich war. Ich stand nach vergebenem Warten auf und ging unsicher und ängstlich in die Küche. Ich rief wieder nach meinem Kindermädchen, doch es antwortete nur die Stille. Ich ging ins Badezimmer und suchte, dabei immer verzweifelter werdend, nach E., bis ich plötzlich erkennen musste, dass ich ganz alleine in der Wohnung war. Dieser Schock zog bald eine starke Übelkeit nach sich: Ich hatte das Gefühl, erbrechen zu müssen und schrie verzweifelt nach meiner Mutter. Doch sie war nicht da. Kurz entschlossen und ohne nachzudenken rannte ich aus der Wohnung ins Stiegenhaus und schrie nach ihr. Ich hatte das Gefühl, erbrechen zu müssen, und glaubte, das alles nur überstehen zu können, wenn meine Mutter bei mir wäre. Im Stiegenhaus unseres Wohnhauses lief ich auf und ab, doch niemand schien mich zu hören. Also rannte ich irgendwann, so wie ich war, im Nachthemd und barfuß, auf die Straße. Da es bereits halb zehn Uhr abends und noch dazu Winter war, rannte ich geradewegs in die Dunkelheit, was mich noch mehr ängstigte. Mir wurde immer schlechter, ich weinte, schrie und lief auf der Straße vor unserem Haus auf und ab. Irgendwann hielt eine Passantin an, der gerade mit dem Fahrrad vorbeikam. Er kümmerte sich glücklicherweise um mich. Gleich gegenüber befand sich eine kleine Bar. Diese Frau nahm meine Hand, redete ruhig und sanft auf mich ein und kaufte mir einen Fruchtsaft. Ich wurde allmählich ruhiger und auch die Übelkeit ließ nach. Als wir die Bar schließlich gemeinsam verließen, um meine Mutter zu suchen, kam diese mit ihren Freunden bereits auf uns zu. Bei ihrem Anblick überkamen mich Wellen von Freude und Erleichterung. Als ich mich in den Armen meiner Mutter wieder fand war die Übelkeit vollends verschwunden. Ich drückte sie ganz fest an mich und war erleichtert und unendlich froh endlich wieder bei ihr sein zu dürfen.

Das Loslassen des Mageninhalts beim Erbrechen symbolisiert meiner Ansicht nach diese Angst bzw. diesen Zustand, den ich als Kind immer als äußerst vernichtend erlebt hatte. „Ich will nicht kotzen" bedeutet „Ich will dich (Mami) nicht verlieren." „Ich habe Angst, erbrechen zu müssen" bedeutet „Ich habe Angst, dich (Mami) zu verlieren." „Ich kann nicht ohne Dich erbrechen Mami" bedeutet „Mami, ich kann ohne Dich nicht sein". Ich denke, dass das die Wurzel meiner Angst ist.

Der Kontrollverlust beim Erbrechen ist in meinen Augen mein Urmisstrauen dem Leben an gegenüber. Ich kann an Sicherheit nicht glauben. Ständig habe ich Angst, es könne mir oder den Menschen, die ich gerne habe, etwas passieren. Andauernd muss ich mich mit dem Gedanken auseinandersetzen, durch ein unerwartetes Unglück aus diesem Leben gerissen zu werden. Sicherheit gibt es für mich nicht. Ich bin jeden Tag darauf gefasst, von einem plötzlich auftretenden Unglück überrumpelt zu werden. Tagtäglich lebe ich in Angst und Panik. Kontrollverlust bedeutet, dem Leben oder dem Schicksal, wenn es denn eines gibt, vollkommen ausgeliefert zu sein. Kontrollverlust bedeutet für mich dazu gezwungen zu werden, auf etwas zu vertrauen. Mir fehlt dieses Vertrauen. Ich kann mich an nichts klammen, mich nicht auf etwas stützen oder an etwas festhalten. Das Erbrechen bzw. der dabei empfundene Kontrollverlust erinnern mich an meine unsichere Verankerung in der Welt. Es ist, als wäre ich ein Kind: so klein, schwach und dem Leben ausgeliefert. Es offenbart sich mir eine Welt, in der es niemanden gibt, der mich vor den Mechanismen des Lebens wird schützen können, da ich als Mensch der Macht der Natur unterworfen bin.

Auch ist mir inzwischen klar geworden, wieso ich auch Panikgefühle entwickle, wenn andere Menschen, egal ob Freunde oder Fremde, erbrechen müssen. Als Kind waren alle erwachsenen Menschen für mich perfekte Wesen. Auch wenn mir das Fehlen meiner Eltern wenig Sicherheit und Stabilität gab, trug ich dennoch den Gedanken in mir, dass Erwachsene perfekt wären und alles unter Kontrolle haben würden, also dem Lauf des Lebens nicht ausgeliefert seien, sondern sogar über diesem stünden. Doch in dem Moment wenn ein Mensch erbricht, steht er nicht mehr über den Dingen. Selbst ein Erwachsener kann sich nicht gegen das Erbrechen wehren – es kommt über ihn. Ich hatte also Angst vor erbrechenden Menschen weil ich sah, dass selbst Erwachsene, die in meinen Augen stark und sicher auftreten mussten, in einer solchen Situation zu einem kleinen Kind werden. Ich wurde damit konfrontiert, dass das Leben über uns Menschen steht und wir uns diesem fügen müssen. Ob wir wollen oder nicht. Dies zeigt mir, dass mein Wunsch beschützt, geführt und getragen zu werden, ein utopischer bleiben wird. Das heißt, dass ich mit diesem Gefühl der Unsicherheit dem Leben gegenüber leben muss.

Übelkeit, lass mich nicht im Stich

Damit hatte ich für mich geklärt, wieso es gerade das Erbrechen ist, vor dem ich mich so fürchte. Doch warum musste ich mich fast tagtäglich mit einer Übelkeit herumquälen, die mir manchmal die Luft zum Atmen nahm und mir den Verstand raubte? Als Ursache meiner ständigen Übelkeit kommen mehrere Gründe in Frage.

Offensichtlich scheint die allzeit präsente Angst vor dem Erbrechen eine Rolle zu spielen. Überspitzt formuliert bilde ich mir diese Übelkeit manchmal ein, gerade weil ich solche Furcht davor habe. Jedes Magenknurren, jedes Zwicken oder jede kleine Magenbewegung verursacht Angst und in der Folge Übelkeit. Wegen der Phobie leide ich an einer Übelkeit, die in der Psyche entsteht. Es ist die Angst vor der Angst, die sich im Körper verselbständigt.

Außerdem glaube ich, meine emotionale Instabilität über meinen Körper zu regulieren. Weil ich allein nicht fähig bin, mein emotionales Chaos zu kontrollieren entwickle ich Übelkeit. Das mache ich, seit ich ein Kind bin. Mein Magen ist mein Stimmungsbarometer.

Es mag inzwischen unübersehbar sein, dass ich versucht habe, über mein körperliches Missbefinden Menschen an mich zu binden. Sobald ich einsam war oder Angst hatte, verlassen zu werden, wurde mir schlecht. Ich schrie um Aufmerksamkeit: „Mir geht es nicht gut, bitte kümmere dich um mich". Schon in meiner Kindheit habe ich erfahren, dass man Aufmerksamkeit und Zuwendung bekommt, wenn man krank wird. Dieses Verhaltensmuster habe ich im Laufe der Zeit automatisiert. Daran haben sich wahrscheinlich Denkmuster geknüpft. So meine ich wohl, ich könnte Menschen nicht über positive, also gesunde, sondern nur über kranke Attribute an mich binden. Wenn ich krank bin, wird mir Aufmerksamkeit geschenkt. Doch wenn ich nichts Krankes mehr in mir trage, bin ich ein wertloser Mensch geworden, der alleine ums Überleben kämpfen muss.

Der letzte Aspekt, der wohl eine nicht unwichtige Rolle spielt, ist meine Magersucht. Die Übelkeit kam mir teilweise ganz gelegen, da ich so einen äußerst plausiblen Grund hatte, um nicht essen zu müssen. So wurde mir vielleicht immer dann schlecht, wenn ich eigentlich Hunger hatte. Doch um diese Hungergefühle nicht wahrnehmen und erleben zu müssen, habe ich mir Übelkeit eingeredet.

Es stellt sich noch die Frage, was zuerst kam: die Angst vor dem Erbrechen oder die Übelkeit. Nachdem ich mich lange Zeit mit meiner eigenen Vergangenheit beschäftigt habe, bin ich zu dem Schluss gekommen, die Angst vor dem Erbrechen muss eine Folge der seit frühester Kindheit empfundenen Übelkeit sein, die schließlich dazu geführt hat, dass sich nach und nach meine Angstzustände an ihr manifestieren konnten.

Hilfe ich Verhungere!

Es kam dann der Zeitpunkt, an dem die Emetophobie mein ganzes Leben im Griff hatte. Jene Dinge, die ich früher mit Gelassenheit tun konnte, gelangen mir jetzt plötzlich nicht mehr. Mir war ständig schlecht und ich verlor viel an Gewicht. Da ich meine sozialen Kontakte vernachlässigte, geriet ich immer mehr in Isolation. Zu dem Zeitpunkt spielte ich irgendwann mit dem Gedanken, eine Psychotherapie zu beginnen, da ich mit meinem Leben, oder das was mal ein Leben war, nicht mehr zurechtkam. Zuvor ließ ich diverse medizinische Tests im Krankenhaus über mich ergehen. Eigentlich dachte ich, dass hinter meiner Übelkeit eine rein körperliche Krankheit stecken könnte. Ich malte mir bereits die schlimmsten Diagnosen aus, die meine Übelkeit eventuell erklären könnten und schloss sogar einen Tumor nicht aus. Der Arzt, der mich damals behandelte, fand jedoch nichts und versicherte mir, dass meine Übelkeit wohl eine psychische Ursache hätte und er sogar vermuten würde, dass hinter meiner Emetophobie eine bereits ausgewachsene Magersucht stecken könnte. Auch er riet mir einen Psychologen aufzusuchen. So kam ich zu Frau Dr. P., bei der ich ca. ein Jahr lang in Behandlung war. Auch sie diagnostizierte Magersucht bei mir, was mich anfangs wirklich sehr wütend machte, denn ich versuchte ihr immer wieder deutlich und ausführlich zu erklären, warum ich so wenig essen konnte. Sie erkannte jedoch nicht an, dass keine Magersucht, sondern eine ernstzunehmende Angsterkrankung dahinterstecken würde. In den ersten sechs Monaten wehrte ich mich mit Händen und Füßen gegen die Diagnose Magersucht. Ich kotzte mich, ganz überspitzt ausgedrückt, in irgendwelchen Internet-Foren über meine Therapeutin aus. Ich konnte und wollte es einfach nicht wahrhaben, wirklich an Magersucht zu leiden. Es schien mir total absurd zu sein, denn ich fand mich zu dem Zeitpunkt weder zu dick noch kontrollierte ich die Kalorien der Lebensmittel. Ganz im Gegenteil: Ich wollte zunehmen und wünschte mir, endlich wieder normal, also ohne Angst, essen zu können. Doch irgendwann, nach diesen ersten sechs Monaten, begann ich mich zu verändern. Ich gestand mir endlich selbst ein, dass ich mein Gewicht, so wie es war, in Ordnung fand und dass ich ziemlich wütend auf mich selbst gewesen wäre, wenn ich dieses Gewicht nicht hätte halten können. Ich fand meinen Körper, so wie er war, schön. Und der Gedanke daran, ein paar Kilos mehr auf den Rippen zu haben, gefiel mir überhaupt nicht. Ich erkannte irgendwann an, dass es wirklich eine Magersucht war. Manchmal aber habe ich sogar heute noch damit zu kämpfen, dieser Tatsache wirklich ins Auge zu sehen. Ich erlebe immer wieder Momente, in denen ich mir diesbezüglich ziemlich unsicher bin und meine Magersucht in Frage stelle. Trotzdem denke ich heute, durch die Angst vor dem Erbrechen vor meinem Gewissen einen äußerst guten Grund gehabt zu haben, um der Nahrungsaufnahme widerstehen zu müssen. Das war für mich damals ein äußerst wichtiger Punkt, der mich, meiner Meinung nach, von magersüchtigen Mädchen unterschied.

Im Laufe der therapeutischen Behandlung bei Frau Dr. P kam die Magersucht so richtig zum Vorschein und erblühte zu neuem Leben. Ich begann irgendwann, mich jeden Tag auf die Waage zu stellen und Buch über meine Gewichtsschwankungen zu führen. Der Wunsch, abzunehmen, wurde mit jedem Tag stärker. Ich war in bestimmten Phasen sogar froh darüber, dass mir ständig übel war, da mich die Übelkeit davon abhielt, etwas zu essen.

Hunger

48 kg
Verzweifelt beobachte ich dich, ja dich, mein kranker Körper. Sehe und erblicke meinen verzweifelten Versuch, dich unsichtbar machen zu wollen. Dich, mein kranker Körper. Der nichts und doch wieder alles für mich bedeutet. Jene Stellen, die eigentlich nicht da sein sollten, erblicke ich mit tiefster, grausamster Scham. Krankhaft und mit harten Gesten versuche ich jedes Fett von mir zu schlagen. Erschrocken schließe ich meine Augen, um mich in eine Scheinrealität zu träumen, die keinen Boden und keine Grenzen kennt.

47 kg
Ich stehe auf dir, zum aller ersten Mal. Langsam wandert mein Blick zu dir nach unten, geliebte Waage. Stundenlang schaue ich dir zu, sehe zwei Ziffern, die mein Gesicht mit Tränen schmücken und meine Seele zum Schreien bringen. Immer wieder huschen boshafte und grausame Gedanken an meinen Augen vorbei. Mit aller Kraft versuche ich ihr Klagen zu überhören, doch immer tiefer dringt ihr Flüstern in mich hinein. „Du dickes fettes und unfähiges kleines Ding".

46 kg
Ein erstes sanftes Lächeln huscht über meine roten Lippen. Zwei Kilogramm haben meinen Körper bereits verlassen. Ich klatsche vorsichtig, aber mit viel Selbstsicherheit in die Hände. Und ich frage mich dabei immer wieder, ob ich vielleicht noch mehr schaffen kann. Ich fühle eine innere Sicherheit in mir aufkommen, die mit jedem verlorenen Kilogramm größer wird. Ja, ich will dich haben, liebe Magersucht, denn du gibst mir meine einst verlorene Sicherheit wieder zurück. Du bist alles was ich jetzt noch habe.

45 kg

Freudentränen schmücken meine traurigen Augen und geben ihnen das Leuchten zurück, das sie verloren haben. Ich betrachte dich im Spiegel und sehe deine bleiche Haut, wie sie mit eisiger Schönheit Rippen und Hüften umhüllt. Ich fühle dich, indem ich mich jeden Tag mit brennenden Bauchschmerzen durchs Leben trage und die Lust am Essen vehement zu töten versuche. Angespannt ziehen sich meine Hände zusammen, um noch mehr von dem zu verlieren, was ich mit ganzer Kraft zu bekämpfen versuche.

47 kg

Aggressiv schaue ich zu dir, geliebte Waage. Und mit viel Gewalt schlage ich auf dich ein, um nicht das sehen zu müssen, was du mir zeigst. Ich habe nachgegeben, bin schwach geworden und habe dem Hunger nicht standhalten können. Ich stand gebeugt und den Tränen nahe in der Küche, die dürre Hand auf meinen bleichen, knochigen Bauch gepresst. Diese Schmerzen brachten mich fast um. Hunger, nichts als unendlicher Hunger. Verzweiflung. Unaufhaltsame Verzweiflung, ich sah das Brot, ich sah den Kuchen. Alles drehte sich plötzlich, ich schrie laut auf, fiel mit einem harten, dumpfen Schlag zu Boden und verlor für einen Moment die Beherrschung. Ich langte zu. Wie noch nie in meinem Leben. Und wie sehr ich es genoss, Essen zwischen meinen Zähnen zu spüren, süßes Essen, das meinen faulen Atem betäubt. Kein Orgasmus dieser Welt wäre in diesem Moment besser gewesen. Kraftlos und zitternd saß ich auf dem Boden und stopfte alles in mich hinein was ich finden konnte. Doch schon nach wenigen Minuten kam das schlechte Gewissen. Und mit ihm meine innere Stimme, die quälend und gereizt auf mein Handeln reagierte. Alles was ich letzte Woche in mir abtöten konnte, ist jetzt wieder da. Die Stimme sagt: ich schäme mich für dich.

43 kg

Ich glaube meinen Augen kaum zu trauen. Fasziniert wandert mein Blick von einer Ziffer zur Nächsten. Lächelnd und euphorisch schreie ich über mich hinaus, gewinne meine alte Sicherheit und Kontrolle wieder zurück. Endlich hast du mich und meinen Körper wieder verlassen. Und ich hoffe, dass wir dich für immer verloren haben, denn ich bin stärker als jeder Hunger in mir.

40 kg
Meinen Magen kenne ich schon lange nicht mehr - habe ihn durch mein Fasten getötet. Ich fühle nichts mehr in ihm. Keinen Schmerz, keinen Hunger, nur Stille. Ich kenne meinen Körper nicht mehr, habe den Bezug zu ihm verloren. Ausgehungert, leer und schwach stehe ich wie ein krankes Tier neben ihm, und kenne seine Grenzen nicht mehr. Wie lange kann ich so noch weiter machen? Wie lange werden mich meine dünnen Beine aufrecht halten? Doch zu stark bist du bereits geworden, liebe Magersucht. Du wurdest zu meinem besten Freund. Ohne dich fühle ich mich hilflos und leer. Ich brauche dich, um überleben zu können. Durch dich fühle ich mich stark, durch dich gewinne ich an Kontrolle und Selbstsicherheit. Ich kann und will dich nicht mehr aufgeben. Ich muss weiter machen, so lange, bis ich meinen inneren Hunger nach dir verloren habe.

37 kg
Ich liege auf dir, mein liebes Bett und kann mich kaum noch bewegen. Zitternd schaue ich zum Fenster hinaus, sehe eine stille Welt vor mir, kleine Sonnenstrahlen, die mit meinen Wangen spielen, mich dann aber einsam und alleine im Zimmer zurücklassen. Ich blicke auf mein Leben und sehe nur mein ständiges Versagen vor mir, anstatt die schönen Momente in Erinnerung zu behalten. Ich weiß, dass ich sterben werde, doch stellt mein Tod für mich immer noch eine Illusion dar, die für mich noch so weit weg zu sein scheint. Zu stark ist das Verlangen in mir, meinen Körper und meinen Geist zu beherrschen und zu quälen. Geschwächt liege ich im Krankenhaus, während Schläuche meinen Körper durchbohren, um das am Leben erhalten zu können, was ich eigentlich töten wollte.

32 kg
Jetzt bin ich tot.

Die typische Körperschemastörung breitete sich immer mehr aus: Wenn ich vor dem Spiegel stand, fühlte ich mich anfangs zu dünn, doch etwas später sah ich nur noch einen Körper vor mir, der dick und mit purem Fett übersät war, das sich in allen möglichen Formen und Variationen zeigte. Ich sah auf meinen Bauch, der plötzlich ungeheuerlich aufgequollen erschien und mir deutlich vor Augen hielt, dass ich komplett die Kontrolle über mein Essverhalten – die Kontrolle über *mich* verloren hatte.

Wenn ich ein paar Gramm weniger wog, überkamen mich Freude und Glückseligkeit, die man mit Worten nicht beschreiben kann. Doch wenn die Waage mir etwas zeigte, was ich nicht sehen wollte, schämte ich mich, wurde wütend und aggressiv. Dazu kam, dass ich mich deswegen kaum noch in die Stadt traute. Dieses Verhalten beobachte ich zum Teil heute noch an mir. Ich wollte mich in solchen Phasen am liebsten unter meiner Bettdecke verstecken und niemanden mehr an mich heranlassen. Wenn ich wegen irgendwelcher Verpflichtungen aber dennoch mein Heim verlassen musste, hatte ich das Gefühl, jeder starre mich an: Alle Menschen um mich herum begutachteten meinen überproportional dicken Bauch und sähen in mir nichts weiter als einen hässlichen Menschen, der sich weder kontrollieren noch beherrschen konnte. Als ich zum ersten Mal gesagt bekam, ich wäre magersüchtig, widersprach ich heftig, was durchaus typisch für diese Störung ist. Ich brauchte ziemlich lange, um mir wirklich einzugestehen, an Anorexie zu leiden. Doch mit dem Eingestehen dieser Erkrankung trat mein krankhaftes Verhalten komischerweise noch mehr in den Vordergrund. Die Angst vor dem Erbrechen blieb zwar weiterhin bestehen, doch typische Symptome bzw. Verhaltensmuster einer Anorexie kamen jetzt deutlicher zum Vorschein. Ich vermute, dass sich die beiden psychischen Erkrankungen – Magersucht und Emetophobie – gegenseitig beeinflusst haben. Warum ich noch zusätzlich an Magersucht erkrankte, kann ich nicht mit Sicherheit sagen. Ich vermute deshalb, weil ich bereits in der Pubertät unter starken

Minderwertigkeitsgefühlen und einem schwachen Selbstbewusstsein litt. Dieses ständige Hungern gab mir ein Gefühl von Sicherheit, Macht und Kontrolle. Ich hatte manchmal das Gefühl, aufgrund meiner Probleme jegliche Kontrolle in meinem Leben verloren zu haben. Doch mein magersüchtiges Verhaltensmuster gab mir diese verloren geglaubte Kontrolle wieder zurück, da ich kontrollieren konnte, was ich aß. In meinen Augen war ich ein dummer, schlechter Mensch. Doch dadurch, dass ich dünner war als die breite Masse, bekam ich das Gefühl, trotzdem etwas Besonderes zu sein. Der eiserne Wille, dünner sein zu wollen als der Rest, sowie die daraus resultierende Konsequenz, diesen Wunsch zumindest teilweise in die Tat umgesetzt zu haben, gab mir das Gefühl, Erfolg zu haben in dem was ich tue. Ich fühlte mich nicht mehr so wertlos und unfähig, weil ich etwas geschafft hatte, das nicht jeder für sich beanspruchen kann. Somit definierte ich mich nicht nur über meine Krankheit, sondern auch über das Dünnsein. Die Magersucht war eine Freundin, die mir über meine selbst auferlegte Wertlosigkeit half. Ich wollte „dünn" sein, um Aufmerksamkeit zu bekommen. Ich hatte ständig das Gefühl von meinen Mitmenschen nicht gesehen zu werden. Ich fühlte mich als schwarzes Schaf, das irgendwo abseits stand und von allen vergessen wurde. Also hungerte ich, um meinem Umfeld zu zeigen, dass ich Liebe brauche. Ich wollte dadurch emotionale Nähe mit meinen Bezugspersonen herstellen zu können.

Gegen mich

Nach einem Jahr brach ich die Therapie bei Frau Dr. P. leider ab. Ich sah keinen Sinn mehr darin, diese Behandlung fortzusetzen. Das lag vor allem daran, dass ich in meinem Leben keine Veränderung mehr wahrnahm und äußerst unzufrieden mit mir selbst war. Ich wollte meine Probleme selbst und ohne fremde Hilfe in den Griff zu bekommen. Ich wollte stark und mutig sein und mich dem entgegenstellen, was mir Angst bereitete. Doch schon nach wenigen Monaten musste ich einsehen, dass ich zu schwach für diesen Kampf war, denn meine Probleme intensivierten sich mit jedem Tag, auch wenn ich das anfangs nicht wahrhaben wollte. Ich litt unter starken Stimmungsschwankungen, die ich oft selbst nicht verstand. Morgens ging es mir blendend, am Nachmittag allerdings war ich depressiv und zu Tode betrübt. Ich kam mit den wachsenden Spannungsgefühlen immer weniger zurecht. Ich begann mich selbst zu verletzen. Mit 14 hatte ich bereits zum Messer gegriffen und mir Wunden an Armen und Beinen zugefügt. Damals war es aber lediglich ein Spaß von mir, der nicht wirklich ernst gemeint war.

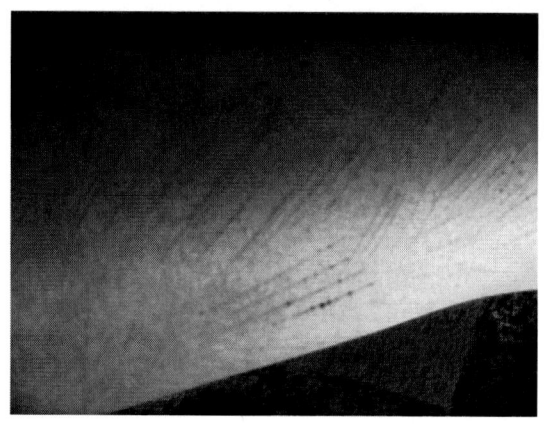

Doch als ich 18 war, wurde dieses Verhalten zur Sucht. Ich spürte den tiefen Drang in mir, über die Selbstverletzung den Schmerz, den ich in mir trug, sichtbar werden zu lassen. Manchmal schnitt ich mir Wunden in mein zartes Fleisch, um endlich loslassen zu können, um endlich weinen zu können oder ich verletzte mich, um meine Spannungen abbauen zu können, die mich innerlich zerrissen. Es gab in dieser Zeit viele Tage, an denen ich mich sehr einsam und allein gelassen fühlte. Meistens saß ich dann heulend in meiner Wohnung, weil ich das Gefühl hatte, niemanden zu haben und weil ich das tiefe Bedürfnis hatte, jetzt die Nähe eines Menschen zu erfahren, der mir nahe stand. Doch ich hatte in solchen Momenten nicht den Mut, eine Freundin um Hilfe zu fragen. Ich schnitt, um einen guten Grund zu haben, mich bei einer Freundin melden und um deren Hilfe betteln zu können. Diese kümmerten sich meistens auch recht liebevoll um mich und nahmen mir so etwas dieses quälende Gefühl der Einsamkeit. Auch hier findet ich das Verhaltensmuster wieder, das ich schon als Kind entwickelt hatte. Ich litt, damit sich andere um mich kümmerten. Als kleines Mädchen wurde ich krank, um die Nähe eines Menschen erfahren zu können. Ich verletzte meinen Körper, wurde „krank", um emotionale Nähe und menschliches „Getragen-werden" zu erfahren. Manchmal verletzte ich mich auch selbst, um meinen Körper oder mein Handeln oder einfach nur *mich* für das was ich war zu bestrafen. Ich sah mich im Spiegel an und sah ein äußerst hässlich und unsympathisch wirkendes Mädchen, dessen Leben von ständigem Versagen gekennzeichnet ist. Wenn ich über mein Leben nachdachte fielen mir nur jene Dinge ein, die ich nicht geschafft hatte.

Ich hatte oft das Gefühl, nicht in diese Welt hineinzupassen. Auf Grund meiner Krankheit musste ich auf so viele Dinge verzichten. Ich kam mir manchmal wie ein seltsamer, undurchdringlicher Parasit oder Virus vor, dem man lieber aus dem Weg geht, als sich mit ihm auseinanderzusetzen. Mein größter Wunsch war es, Teil von Etwas zu sein. Doch ich dachte, dass mich die Gesellschaft, so wie ich bin, so krank und vollkommen verrückt, so grotesk und absolut seltsam, nicht haben will. Diesen Schmerz, nicht dazuzugehören, konnte ich in manchen Momenten kaum ertragen. Ich ritzte stundenlang, schnitt mir langsam in meine blasse Haut. Immer tiefer schnitt ich, um den schwarzen Saft zu sehen, der aus mir fließt und meinem Körper etwas von diesem Gift entzieht, dass ihn langsam sterben lässt. Ich hatte irgendwann Gefallen am Ritzen gefunden. Genau so, wie ich schon als Kind meinen Körper als Sprachrohr eingesetzt hatte, ritzte ich mir nun Wunden in den Körper, um mein Innerstes sichtbar werden zu lassen. Zugegebenermaßen hatte das Ganze auch viel damit zu tun, dass ich um Aufmerksamkeit lechzte. Ich wollte mich von der Masse ablösen und durch das Ritzen etwas Besonderes sein. Manchmal starrte ich zu Hause meinen mit Wunden geschmückten Arm an und dachte mir: „Hey, das war's schon?". Ich entwickelte einen richtigen Ehrgeiz, meinen Arm möglichst schlimm zu verunstalten. Manchmal schämte ich mich sogar, wenn ich mich nur oberflächlich verletzt hatte. Ich musste immer tiefer und weiter gehen, wollte immer mehr haben und konnte von den Wunden irgendwann nicht mehr genug bekommen.

Rückblick...

Ich sehe Dich an, mein lieber Arm, und frage mich während dessen fast jeden Tag, was Du wohl von mir halten musst. Du bist ein wichtiger Teil von mir und dennoch schneide ich Dir mit einer beständig quälenden Gelassenheit immer wieder tiefe Wunden in Deine zarte und bleiche Haut. Ich füge Dir immer wieder Schmerzen zu, mein lieber Arm, ohne Rücksicht auf Verluste. Und ich frage mich schon die ganze Zeit, wie es wohl für dich sein muss, einem kranken Menschen ausgeliefert zu sein. Wie du den Moment erleben musst, in welchem ich brutal und unkontrolliert auf dich einschneide, deine Haut zerstöre und Blut fließen lasse. Du bist gefangen, mein lieber Arm, bist mir unwiederbringlich aus-

geliefert. Von einem Menschen, von dem du einst glaubtest, geliebt zu werden. Du musst etwas von dir hergeben, was du gar nicht hergeben möchtest – Blut. Vielleicht Leben? Und ich denke dabei immer und immer wieder an dich, wie schlecht es dir dabei wohl gehen muss, lieber Arm, wie sehr du durch mich leiden musst, wenn ich dich wieder dazu benutze, meine inneren Schmerzen durch dich sichtbar werden zu lassen. Ich beobachte dich, mein kleiner Schatz, jeden Tag zu jeder Stund' und schäme mich dich schon wieder mit klaffenden Wunden geschmückt zu haben. Ich betrachte dich und frage mich wie es dir wohl ergehen müsste, wenn du Teil eines anderen Menschen wärst. Und noch während ich mit dieser Frage beschäftigt bin, stellt sich mir bereits die nächste in den Weg: was würde ich machen, wenn ich keine Arme besäße, ja noch nicht einmal Beine haben, sondern nur aus einem Klumpen Fleisch bestehen würde, unfähig mich fortzubewegen, mich zu schneiden.

Was glaubst Du wie ich mich dann verhalten würde, mein lieber Arm? Ich merke und spüre, wie ich mich mit dir in solchen Momenten vereine, mein lieber Arm. Ich brauche dich, mehr als du dir vielleicht vorstellen kannst. Ich könnte ohne dich nicht mehr leben, du bist zu meinem ganz besonderen Sprachrohr für mich geworden, welches ich fast täglich für meine kranken Zwecke missbrauche. Ich sehne mich danach, rote Tränen zu weinen, wünsche es mir, dich leiden zu sehen, mein lieber Arm. Ich möchte dich nicht zerstören, will dich lediglich für einen Moment mit einer scharfen Klinge durchbohren, um das sichtbar zu machen, was ich jeden Tag vehement zu verstecken versuche.

Dich, lieber Arm, ja, dich brauche ich. Ich brauche dich, um hier auf dieser Welt überleben zu können, brauche dich, um mich menschlich zu fühlen, brauche dich, um mein krankes Ich zu bestrafen, brauche dich, um meine Krankheit sichtbar werden zu lassen, und brauche dich, um jegliches Gefühl in mir mit Gewalt zu töten.

Und eines Tages wirst du mir hoffentlich verzeihen können...

Ich durchlebte manchmal sogar Phasen, in denen ich eifersüchtig auf andere Menschen war, die sich selbst verletzten. Ich sah deren Wunden, die meist tiefer waren als die meinen, sah deren Arme und Beine, die meist schlimmer aussahen als meine und wurde neidisch, da ich genauso sein wollte, wie sie. Ich muss dazu sagen, dass ich das Ritzen nie als etwas schlimmes oder krankhaftes angesehen habe. Ganz im Gegenteil. Dieses Verhaltensmuster war/ist ein Teil meiner Persönlichkeit, den ich nicht verlieren möchte. Ich finde es auf eine gewisse Art und Weise bereichernd, sich über den Schmerz ausdrücken zu können. Ich liebe es, meinen Körper mit Wunden zu schmücken, um das tiefste innere Leben meiner Seele sichtbar werden zu lassen. Für mich, und für die anderen. Das Ritzen ist wohl zum wichtigsten Sprachrohr meines Bewusstseins geworden, das ich weder aufgeben noch heilen möchte. Ich brauche Wunden auf meinem Körper, um mich lebendig zu fühlen, um durch den Schmerz wieder atmen zu können.

In meinen Augen ist es merkwürdig, wie die Gesellschaft damit umgeht. Das Rauchen wird von Seiten der Gesellschaft schließlich auch toleriert. Es gibt Menschen, die den ganzen Tag nur qualmend verbringen, dem Körper Schaden zufügen und eventuell, im schlimmsten Fall, an den Folgen des Rauchens sterben können. Diese Form der Selbstzerstörung wird toleriert. Klaffende, blutrote Wunden auf der Haut allerdings wirken schockierend auf die Menschen. Für mich spielt es eigentlich keine Rolle, ob das Ritzen nun wirklich etwas Krankhaftes darstellt, oder nicht. Für mich zählt nur das Gefühl dabei. Und wenn diese dabei empfundene Emotion gut ist, bin ich zufrieden. Dann mache ich mir auch gar keine Gedanken mehr darüber, ob dieses immer wieder gelebte Verhaltensmuster nun richtig oder falsch war. Ich versuche, in das Gefühl hineinzuatmen, um von ihm noch viele Stunden danach zehren zu können. Das Ritzen ist mittlerweile zu einem kleinen Ritual für mich geworden. Meistens sitze ich alleine in meiner Wohnung und höre Musik die mich inspiriert. Ich versuche den seelischen Schmerz zu fühlen, der durch die Musik wachgerufen wird und schneide mich fast schon als Akt der Zärtlichkeit.

Lieber alleine

Hinzu kam dann noch, dass meine sozialen Ängste immer größer wurden. Ich sonderte mich nicht nur wegen der Emetophobie immer mehr von meinen Freunden ab, sondern auch weil die Angst, mich vor ihnen lächerlich zu machen, immer intensiver wurde. Ich schämte mich für meinen Körper und meine gesprochenen Worte. Ich hatte das Gefühl dumm und hässlich zu sein und hatte deshalb immer größere Schwierigkeiten mich in der Öffentlichkeit zu zeigen. Das führte so weit, dass ich nicht einmal mehr den Mut aufbrachte, öffentliche Verkehrsmittel zu benutzen. Zu groß war die Furcht in mir, mich dabei dumm anzustellen oder mich auf irgendeine Art und Weise lächerlich zu machen. Auch das Einkaufen fiel mir immer schwerer, da ich nur darauf wartete, total blöd und ungeschickt zu sein und deshalb ungewollt ins Zentrum der Aufmerksamkeit zu rücken. Diese soziale Phobie hielt mich natürlich auch davon ab, neue Menschen kennen zu lernen. Mein Freundeskreis wurde somit immer kleiner, die Beziehungen immer lockerer und flüchtiger bis ich irgendwann nur noch wenige Freunde hatte, die ich vielleicht ein Mal im Monat zu Gesicht bekam. Nicht etwa, weil diese sich nicht gemeldet hätten, sondern weil ich mich meiner Angst beugend nicht mehr oder nur noch unter großer Überwindung aus dem Haus traute.

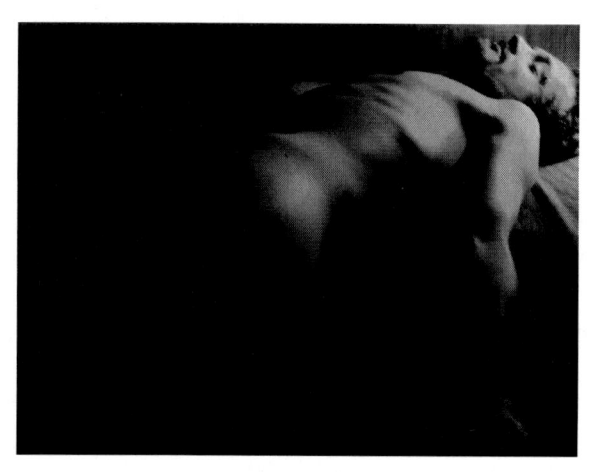

Ich bekam zu besonders schlimmen Zeiten sogar Angst, wenn ich mich mit einem Familienmitglied unterhalten musste. Einmal war ich bei meiner Oma zum Kaffee eingeladen. Meine Tante und mein Onkel, vor denen ich großen Respekt habe, waren auch da. Ich war durch ihre Anwesenheit so verunsichert, dass ich kaum etwas sagte. Die Angst, mich vor ihnen lächerlich zu machen, war einfach zu groß. Als sie mich dann aber doch einmal ansprachen, verlor ich die Kontrolle über meinen Körper. Ich begann zu zittern und wurde rot wie eine Tomate. Ich wäre am liebsten im Erdboden versunken und nie wieder aufgetaucht.

Hinter diesen sozialen Ängsten stand wohl die Furcht, von anderen Menschen wegen meines Verhaltens abgewertet und abgewiesen zu werden. Ich wollte nett, intelligent und hübsch sein, doch sah genau das Gegenteil. Ich flüchtete mich in tagträumerische Phantasien, in denen ich jene Anerkennung und Wertschätzung erhielt, die ich im realen Leben so stark vermisste. So träumte ich manchmal davon, wie ich mein Abitur abschließen und das Studium der Psychologie mit Auszeichnung bestehen würde. Ich träumte davon, wie Menschen zu mir aufsehen, mich für meine vollbrachten Leistungen ehren und in mir eine Frau sehen würden, die ihr Leben im Griff hat und nicht von einer Katastrophe in die nächste rennt.

In der Schule kam ich aber immer weniger zurecht, da ich unter enormen Leistungsdruck stand und panische Angst vor den vielen Prüfungen hatte. Die Vorstellung, vor der gesamten Klasse vom Lehrer angesprochen zu werden oder ein Referat halten zu müssen, ließ mich nachts kaum noch schlafen. Ich schwänzte immer wieder die Schule. Erschwerend kam noch hinzu, dass ich aufgrund meines damaligen Untergewichtes, es müssten so um die 38 kg gewesen sein, und wegen meines fehlenden Selbstvertrauens nicht mehr das leisten konnte, was die Schule von mir einforderte. Beispielsweise der Turnunterricht war die reinste Folterqual für mich. Ich hatte Angst mich vor anderen zu zeigen und befürchtete, mich während eines Spieles durch meine Ungeschicktheit ins Zentrum der Aufmerksamkeit zu rücken. Ich schwänzte also regelmäßig den Turnunterricht oder erfand zigtausend Ausreden, wieso ich nicht mitturnen kann. Ich wurde darum oft am Ende des Semesters wegen zu vieler Fehlstunden nicht bewertet.

Erschwerend kam dann noch hinzu, dass sich meine sozialen Ängste in körperlichen Symptomen geäußert haben, die mir das Leben nicht unbedingt leichter machten: Die Schamesröte stieg mir zuerst nur in bestimmten Situationen ins Gesicht, dann plötzlich immer und überall, auch wenn es oft keinen ersichtlich rationalen Grund dafür gab. Wenn ich aufgeregt oder unsicher war, zitterte ich sehr schnell oder verhaspelte mich während des Sprechens immer wieder, sodass ich irgendwann am liebsten überhaupt nichts mehr gesagt hätte. Man sah mir meine

Angst wohl deutlich an, sodass ich bestimmte Situationen mit der Zeit ganz vermied. So versuchte ich manchmal, mich auf alles Mögliche vorzubereiten. Als ich noch zur Schule ging und beispielsweise ein Referat halten sollte, ging ich zu Hause zigtausend Mal am Tag alle mir bekannten Fragen durch, die mir ein Klassenkamerad hätte stellen können. Ich schaffte es also meistens dank dieser möglichst genauen Vorbereitung, während des Referats relativ selbstsicher aufzutreten. Doch ich wusste auch, dass man sich im Leben nicht immer auf alles vorbereiten kann. Es gibt viele Situationen, in denen man spontan handeln muss.

Ambivalenzen

Meine Angst, mir nahe stehende Menschen zu verlieren, nahm mit der Zeit merkwürdige Formen an. Ich dachte über schreckliche Unfälle oder unheilbare Krankheiten nach, die mir möglicherweise einen Menschen nehmen könnte, den ich sehr gern hatte. Nachts kontrollierte ich manchmal mehrmals den Schlaf meines Freundes, da ich Angst hatte, er könnte während des Schlafens plötzlich auf Grund eines Herzstillstandes sterben. Ich wachte manchmal mitten in der Nacht auf, schweißgebadet, sah meinen Freund an, nahm meine rechte Hand, berührte dabei sanft seinen Oberkörper und beobachtete dabei äußerst genau, ob er auch schön regelmäßig atmete.

Vielleicht spielte die fehlende Vaterfigur eine Rolle. Da ich eigentlich keinen Vater hatte und mir im übertragenen Sinne eine starke Hand fehlte, die mich hätte führen sollen, entwickelte ich wahrscheinlich das übersteigerte Bedürfnis, ständig beschützt, getragen und geführt zu werden - ein seelischer Hunger, der wohl nie gestillt werden kann. Ich wurde auch sonst in manchem Verhalten mehr zum Kind, als dies meinem Alter entsprochen hätte. Ich konnte Wünsche immer schlechter zurückstecken. Kinder sind in mancherlei Hinsicht oft impulsiv. Erst im Laufe der Persönlichkeitsentwicklung lernt der Mensch, einem Impuls standzuhalten oder diesen beispielsweise auf einen späteren Zeitpunkt zu verschieben. Ich konnte das nicht. Sobald ich den Drang verspürte, meinen Freund küssen und umarmen zu wollen, musste ich diesem Drang sofort nachgeben. Die Vorstellung, dieses innere Bedürfnis auf einen späteren Zeitpunkt zu verschieben, löste teilweise richtig heftige innere Spannungen in mir aus, die ich kaum ertrug. Genauso verhielt es sich, wenn ich tiefen Hass auf eine andere Person verspürte oder auch einfach nur wütend war. Ich konnte mich in dem Augenblick des Ärgers schlecht beherrschen, sondern musste beispielsweise wild drauflos schreien und aggressiv zu werden. So wie ich diese Wankelmütigkeit massiv nach außen trug nahm ich auch die Mensch um mich herum sehr unterschiedlich war. In den meisten Situationen mochte ich meine Freundinnen, empfand sie als meine Stütze und hätte sie bis hoch in den Himmel loben können. Aber dann plötzlich kritisierte ich sie und wertete sie ab. Diese Gefühlsachterbahn übertrug ich auf fast jeden Menschen, den ich im Laufe meines Lebens kennen lernte. Entweder ich liebte oder hasste meine Mitmenschen. Ein Dazwischen gab es nicht. Der stark emotionale Umgang belastete mich sehr, denn es kostete mich jedes Mal sehr viel Anstrengung, binnen weniger Sekunden von einem Extrem ins andere zu hüpfen und aus diesem Wirrwarr von Gefühlen wieder herauszukommen.

Mehr Angst

Ganz am Anfang fühlte ich mich in meinen vier Wänden sicher. Die Ängste traten erst ab dem Zeitpunkt auf, als ich diese verließ, waren dann aber sehr breit gefächert. So fürchtete ich mich beispielsweise davor, das Auto zu benutzen, da ich mich oder meinen Freund bereits tot auf der Straße liegen sah. Bestimmte Wege in oder außerhalb der Stadt vermied ich immer häufiger, da mich z.B. ein Hund hätte beißen können. An schwülen Sommertragen traute ich mich kaum aus dem Haus, weil ein aufkommendes Gewitter mich mit seinen unberechenbar auftretenden Blitzen hätte töten können. Ich wollte nachts nicht alleine auf die Straße, da ich überfallen oder vergewaltigt hätte werden können. Die Situation spitzte sich weiter zu als die Wohnung, die zunächst meine sichere Höhle gewesen war, sich nun ebenfalls zum Ort des Grauens verwandelte. Ich stellte mir vor, das ganze Haus könne zusammenstürzen und mich lebendig begraben. Ich sah Bilder vor mir, in denen jene Nachbarn, die einen Gasherd besaßen, diesen vergessen hatten auszuschalten und durch diesen Leichtsinn das ganze Haus in die Luft jagen würden. Es verfolgte mich der Gedanke, es könne eingebrochen werden: Alpträume quälten mich: Ich wachte nachts schweißgebadet auf, weil sich in meinen Gedanken das Bild festgesetzt hatte, wie ich und mein Freund von einem Mann auf brutalste Art und Weise erschossen werden. Die ganze Welt, ob vertraut oder unbekannt, verkörperte für mich eine dunkle Bedrohung, die es darauf abgesehen hatte, mir das zu nehmen, was mir am liebsten war und um mich letztendlich selbst zu vernichten. Ich bekam nicht nur übertriebene, sondern gar surreale Ängste: Meine diffuse Angst manifestierte sich an Dingen, von denen ich eigentlich wusste, dass diese gar nicht existierten. Ich hatte Angst vor Monstern: Wenn ich beispielsweise alleine zu Hause war und in den Spiegel schaute, hatte ich jedes Mal Angst, plötzlich die Fratze des Teufels zu sehen, auch wenn ich weder an den Teufel noch an Gott glaube.

GEFANGEN

Ganz klein und unbeholfen stehe ich da,
blicke unsicher und verängstigt einer Zukunft entgegen,
welche kein Ziel und kein Erleben kennt.
Den Tränen nahe versuche ich meine Krankheit im Keim zu ersticken,
während kranke Teufel um die Gefängnisstangen meines Selbst kreisen.
sodass ich mich ihnen immer wieder wehrlos ergeben muss.
Sie schauen mich mit ihren funkelnden Augen an, so,
als wollten sie mir sagen,
dass mein Leben keine Zukunft kennt.
Geschwächt liege ich am Boden,
schaue verängstigt und allein gelassen jene Dämonen an,
die mich schon seit Jahren wie ein krankes sterbendes Tier umkreisen.
So gerne möchte ich ihnen entkommen,
doch die kranken und messerscharfen Fäden haben sich bereits zu
sehr in mein Herz gefressen.
Eine scharlachrote Träne läuft langsam den Rücken meiner Wange hinab,

prallt auf meine blutigen kleinen Hände,
und hinterlässt nichts als schwarzen Abfall.
Ich versuche mich langsam aufzusitzen,
doch mit jedem meiner Versuche wird der Kreis,
indem mich die schwarzen Höllenbewohner umgehen, kleiner.
Ich bin gefangen.
Und habe wenig Hoffnung,
aus diesem Chaos irgendwann entkommen zu können.
Ich versuche meine Hand dem Licht entgegen zu strecken,
sitze jedoch wie ein kleines Kind in diesem schwarzen Loch,
und möchte nichts anderes, als aus ihm zu entkommen.
Doch die Krankheit hat sich schon zu sehr in mein Wesen gefressen,
sodass eine Befreiung unmöglich geworden ist.
Ich bin gefangen – durch mich. Wahrscheinlich für den Rest meines
Lebens.

Bittere Medizin macht keine Schule

Es kam wieder ein Zeitpunkt, zu dem mir klar wurde, dass es so nicht mehr weitergehen konnte. Ich suchte deshalb noch einmal einen Psychologen auf und ging zu Herrn S. in Behandlung. Bei ihm kristallisierte sich im Laufe der therapeutischen Behandlung heraus, dass die Anorexie und Emetophobie lediglich die Folge einer noch größeren Störung waren: der Borderline-Persönlichkeitsstörung. Dieser Therapeut schickte mich zu einem Psychiater, da er die Ansicht vertrat, dass mein verwirrter emotionaler Zustand durch ein Medikament stabilisiert werden könnte und man auf Grund dieses Schrittes dann besser mit mir würde arbeiten können. Ich bekam Zyprexa verschrieben, ein atypisches Neuroleptikum. Dieses Medikament sollte mich beruhigen, meine inneren Spannungszustände reduzieren und mein Gewicht nach oben treiben. Trotz anfänglicher Skepsis zeigte das Medikament schon nach wenigen Tagen erste Erfolge. Allerdings bin ich mittlerweile von diesem Medikament abhängig geworden und im Moment nicht fähig, ohne dieses zu leben, was meiner Meinung nach ganz deutlich zeigt, wie verdreht und falsch meine Entscheidung von damals war, auf ein Medikament zu vertrauen. Trotz medikamentöser Unterstützung brachte auch der zweite Therapieversuch nicht den von mir gewünschten Erfolg und schon gar nicht in der von mir gewünschten Zeit. Ich hatte damit nämlich gleichzeitig versucht, meine Schulkarriere zu retten. Doch bereits kurz nach Therapiebeginn sah ich mich gezwungen, die Schule abzubrechen. Ich konnte mich nicht mehr auf den Unterricht konzentrieren. Mit dem Lernen hatte ich große Schwierigkeiten und fühlte mich ständig unter Druck gesetzt. Mit dem Schulstoff kam ich irgendwann überhaupt nicht mehr zurecht, obwohl mir die Lehrer meiner Schule damals sehr entgegenkamen und mich unterstützten. Als ich zu Beginn des Sommersemesters auch noch ein zweiwöchiges Praktikum absolvieren sollte, gingen alle Sicherungen mit mir durch. Die Vorstellung zu versagen oder mich während des Praktikums lächerlich machen zu können machte aus mir ein Nervenbündel. Das war sozusagen der Tropfen, der das Fass zum Überlaufen gebracht hat. Ich brach die Schule von einem Tag auf den anderen ab, da ich mich der Sache nicht mehr gewachsen fühlte. Nach diesem Scheitern wollte ich mir eine Arbeit suchen. Doch ich traute mir dies aus den verschiedensten Gründen nicht zu. Natürlich weil ich wusste, etwas leisten zu müssen und von anderen Menschen, insbesondere vom Arbeitgeber, bewertet zu werden. Es wäre mir am liebsten, ich könnte immer alles sofort perfekt erledigen. Mit eigenen Fehlern kann ich schlecht umgehen, auch wenn ich eigentlich wissen sollte, dass Fehler zum Lernen und zur Persönlichkeitsentwicklung dazugehören. Ich befürchtete aber, bei der Arbeit etwas falsch zu machen oder mich durch mein unsicheres und teilweise auch recht ungeschicktes Verhalten in irgendeiner Form lächerlich zu machen. Bereits die Vorstellung, für irgendeinen Arbeitsauftrag länger zu brauchen oder diesen nicht sofort tadellos hinzubekommen, ließ mich unruhig, weinerlich und panisch werden. Außerdem war es bekanntlich so, dass ich mich immer auf alles vorbereiten musste. Wenn man aber einer bestimmten Arbeit zum ersten Mal nachgeht, kann man sich nicht auf jede noch so kleine Situation vorbereiten.

Gescheitert

Obwohl ich in dieser Zeit ambulant in Therapie war und mich mein Therapeut sehr unterstützte, ging in meinem Leben alles schief. Ich schaffte die Schule nicht, was somit bedeutete, dass ich mein eigentliches Vorhaben, Psychologie zu studieren, nicht in die Tat umsetzen konnte. Mein Traum, mich entweder auf Kinderpsychologie oder Kriminalpsychologie zu spezialisieren, musste ich somit aufgeben. Ich konnte auch keiner Arbeit nachgehen, da mich meine sozialen Ängste daran hinderten. Ich verlor gute Freunde. Meine Verzweiflung wuchs und brach schließlich den ureigensten Trieb des Menschen: den Willen, zu überleben. Ich sah nichts mehr, was mich in dieser Welt halten sollte. Nichts war mehr übrig von diesem Zauber, der alles Lebendige dazu veranlasst, den eigenen Platz auf dieser Erde bis auf Letzte zu verteidigen. Alles war nur noch besetzt mit Angst, Verzweiflung und Resignation. Darum beschloss ich, mich zu töten. Dies sollte der letzte Schritt sein, den ich gehen wollte, um alles hinter mir zu lassen und endlich frei zu sein.

FREITOD

Mein Körper zerfließt im Tal gebrochener Tränen - ich schaue zu.
Ich streichle sanft meinen bleichen Arm, schneide in das zarte Fleisch,
küsse jeden Tropfen Blut, um mein Innerstes damit töten zu können.
Tausend kleine Scherben bedecken den zitternden Leib,
der sich im Todeskampf mit dem Leben befindet.
Doch ich lächle dabei,
während Menschen um mich meinen Todeskampf mit Entsetzen betrachten.
Mit jedem sanften Stich schlägt mein von der Krankheit zerfressenes Herz langsamer,
um sich dann noch ein letztes Mal aufzubäumen,
um dem Leben seinen schmutzigen, schwarzen Saft zu schenken.
Schreie, nichts als Schreie durchbrechen den tiefen Schlaf meiner Seele.
Fremde, mir unbekannte Menschen wollen das Leuchten in meinen Augen wieder sehen,
doch merken sie nicht,
dass das kleine Mädchen in mir bereits aufgegeben hat.
Vergewaltigt von den eigenen Schmerzen,
liegt es am Abgrund der Hölle, darauf wartend,
dass ein kleiner Engel den Himmel hinabsteigt, um es zu sich zu holen.
Dämonen fressen mich auf,
reißen meinen kalten Körper in zwei Stücke,
um ihn dann mit Genuss zu verspeisen.
Angst fühle ich nun, nein, es ist Panik, die in mir kreist.
Fliehen möchte ich, vor dieser Welt,
die mir so grausam erscheint, mir die Luft zum Atmen raubt,
und sämtlichen Lebenswillen mit süßem Gift betäubt.
Warum bekämpfen Dämonen meinen Todeswunsch,
vergiften mich mit Gedanken, die nicht die Meinen sind.
Warum strecken diese Tiere ihre Krallen nach mir aus,
und zerstören meinen Geist damit?
Denn Sterben heißt neu geboren werden.

Doch er wurde vereitelt. Man hat mich gefunden und meine aufgeschnittenen Unterarme als letzten Schrei nach Hilfe ausgelegt, der mich schließlich in die Psychiatrische Abteilung brachte.

Dort begann von neuem eine sehr schwere Zeit. Auf der einen Seite musste ich mit der Tatsache zu Recht kommen, noch am Leben zu sein. Ich war von mir enttäuscht, da ich es nicht einmal geschafft hatte, mir das Leben zu nehmen. Ich wollte sterben, um meinen schwarzen Haufen aus Problemen endlich entfliehen zu können. Noch nie zuvor habe ich mich so gehasst. Dazu kam, dass ich mit dem Wahnsinn eines Systems konfrontiert, das mir das Gefühl gab, meinen eigenen Willen verloren zu haben. Ich fühlte mich in der Zeit in der Psychiatrie verloren, allein gelassen, schlecht und lebensmüde. Ich wollte mit jemandem reden, mich der Welt mitteilen und meinen Schmerz hinausschreien. Doch dieser Wunsch wurde mit Medikamenten, die meine Persönlichkeit veränderten und aus mir einen gefangenen seelenlosen Menschen machten, erstickt. Ich verstand die Absicht der Ärzte nicht, meinen Geist und meine verletzte Seele nur mit Chemie zu bombardieren, anstatt das persönliche Gespräch mit mir zu suchen. Ich hätte mir gewünscht, dass mir jemand emotionale Nähe und Wärme schenkt. Aber ich wurde wie in einem Käfig gehalten. Jede noch so kleine Gefühlsregung, die ich zeigte, wurde hart bestraft.

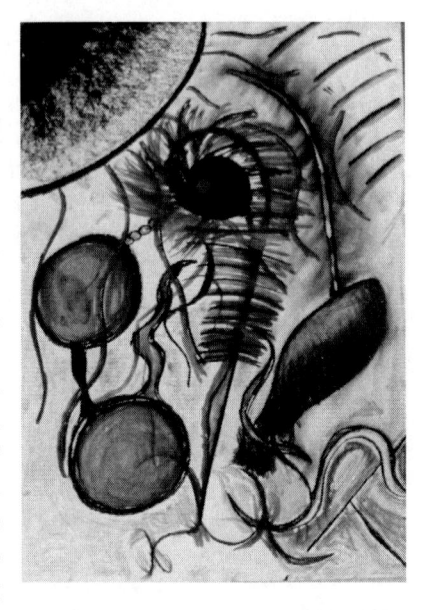

Gift

Ich kann mich noch daran erinnern, wie ich eines Tages vom Spaziergang zurückkam und sich meine Brust zusammenzog: Ich konnte nicht mehr regelmäßig atmen und die Umgebung begann sich gefährlich zu verzerren. Ich spürte, dass eine Panikattacke im Anmarsch war und wusste kaum noch, was zu tun war. Ich ging in den Aufenthaltsraum der Psychiatrie, setzte mich auf den Stuhl und versuchte, um meine innere Panik und meine seelische Gefühlsachterbahn zu ersticken. Doch die Panik wurde immer ungeheuerlicher, bis sie schließlich mein Bewusstsein dominierte. Mein ganzer Körper spielte verrückt. Die Pfleger der Station kamen zu mir und versuchten, mich zu beruhigen. Doch indem sie mir eine Tüte auf den Mund pressten, wurde meine Panik nur noch schlimmer. Ich zappelte hin und her, versuchte, mich aus ihrem Griff zu befreien und ihnen verständlich zu machen, dass ich mich von alleine wieder beruhigen würde. Irgendwann wurden die Symptome dann etwas schwächer. Ich zitterte, atmete unregelmäßig, konnte mich aber wieder selbstständig auf den Beinen halten. Die Pfleger holten meinen mich behandelnden Therapeuten. Ich saß schließlich auf meinem Bett, mein Therapeut neben mir, und jammerte wie ein kleines Kind. Plötzlich ging die Tür auf, mein Therapeut verschwand, ich wurde auf mein Bett gepresst und mir wurde ohne Erklärung eine Spritze in den Rücken gerammt.

IN DER PSYCHIATRIE...

Gefangen gehalten in einem kleinen Zimmer,
wie ein wehrloses, verwundetes Tier in einem Käfig gehalten,
sitze ich auf meinem Bett und starre unruhig ins Nichts.
Gefühle und Gedanken,
mit Tabletten betäubt.
Mein Verstand vergiftet,
vollkommen ausgeschaltet,
mit kleinen Tabletten,
mit giftiger Flüssigkeit.
Lethargie, Langeweile und von der Leere erdrückt,
taste ich mich weiter in die Dunkelheit.
Ich fliehe weiter in mein emotionsloses Versteck,
alleingelassen und von Dämonen umgeben,
führe ich einen inneren Kampf mit mir selbst.
Den Tränen nahe spreche ich mit fremden Menschen in weißen Kitteln,
die eine sonderbare Kälte ausstrahlen,
mich wie ein Objekt begutachten,
kein Vertrauen in mein Gesagtes setzen,

sondern jedes meiner Worte als konfuses Geschrei einer kranken Persönlichkeit ansehen.
Meine Seele schreit,
doch Dämonen in weißen Kitteln ersticken ihr Geschrei,
mit kleinen Tabletten,
mit giftiger Flüssigkeit.
Tropfendes Wasser fließt langsam meine Wangen hinab,
um hart und kalt am Boden aufzuprallen.
Leises Gewimmer klingt durch den Raum,
mit Valium betäubt, doch nicht getötet.
Ein krankmachendes System,
seelenlos und kalt,
vergiftet den Geist des Menschen darin.
Nehmen ihm die Luft, die er zum Atmen braucht,
vergewaltigen seine Sinne,
zerstören die Energie,
die ihn am Leben hält.
Mit kleinen Tabletten,
mit giftiger Flüssigkeit,
pflegen sie seine Seele wieder gesund.
Setzen ihm Freude und Glückseligkeit in sein Herz.
Schenken ihm das Leuchten zurück,
dass er einst verloren hatte.
Feiern seine Genesung,
mit kleinen Tabletten,
mit giftiger Flüssigkeit.
Und entlassen ihn.

Ich war von der Situation so erschlagen, dass ich mich kaum wehren konnte. Ich suchte nach einem Menschen, der mir vertraut war, mit dem ich hätte reden können. Doch mir wurde die Zeit dazu nicht gelassen. Mein emotionales Chaos wurde in Flüssigkeit ertränkt, anstatt das es anzusprechen. Ich weiß aus Erfahrung, dass ich mich von alleine wieder beruhigt hätte. Ich hätte nur etwas Zeit gebraucht, ein liebevolles Wort, menschliche Nähe, Zuwendung, und ich hätte aus diesem gefühlsbeladenen Loch wieder entfliehen können. Doch stattdessen lag ich wie tot auf meinem Bett. Ich schaffte es nicht mehr, mich gerade auf den Beinen zu halten. Da ich jedoch dringend auf die Toilette musste,

versuchte ich, mich irgendwie aus dem Bett in den aufrechten Gang zu bringen. Ich schaffte es nicht. Also kroch ich auf allen Vieren ins Badezimmer. Alles um mich herum drehte sich, mein Körper war außer Gefecht und ich hatte ständig das Gefühl, mich übergeben zu müssen. Ich war damals zugegebenermaßen ziemlich wütend. Wütend auf die Pfleger, wütend auf die Ärzte, wütend auf meinen Therapeuten, von dem ich mich im Stich gelassen fühlte. Ich war der Ansicht, dass man meinen Panikzustand mit dem Medikament lediglich erstickt hatte. Ich fiel durch meine Panikattacke unangenehm auf. Der Gewaltakt der Medikamentation hatte in mir den Eindruck geweckte, mit purem Gift lahm gelegt worden zu sein. Ich kann mich leider nicht mehr daran erinnern, wie lange es vom Zeitpunkt, wo mich das Pflegepersonal gefunden hatte, bis zum gewaltsamen Einschreiten gedauert hatte. Ich schätze mal, es können nicht viel mehr als zehn Minuten gewesen sein. Ich möchte nicht sagen, dass ich absolut dagegen bin, wenn Psychopharmaka verabreicht werden. In bestimmten Fällen ist dies sogar dringend notwendig. Wenn der Betroffene beispielsweise aus einer Depression nicht mehr selbstständig herauskommt oder ein anderer von einer Psychose in die nächste hüpft bin ich dafür, dass dem Betroffenen ein Medikament zur Stabilisierung seiner momentanen Lage gegeben wird. Ich kann aber nicht verstehen, wieso manche Ärzte beispielsweise eine Panikattacke sofort und ausschließlich nur mit Medikamenten zu stillen versuchen, anstatt zu probieren, diese auch anders in den Griff zu bekommen. Sie könnten doch versuchen, den Betroffenen durch Worte oder körperlichen Kontakt, beispielsweise durch ein sanftes Rückenstreicheln zu beruhigen und ihm Sicherheit und emotionales Getragenwerden vermitteln. Erst im äußersten Notfall sollte meiner Meinung nach auf ein Medikament zurückgegriffen werden. Zudem bin ich der Ansicht, dass ein Medikament nur die Symptome abschwächt, aber das Eigentliche, das hinter diesen Symptomen steht, nicht heilt. Das Problem wird nicht an der Wurzel gepackt, sondern einfach nur für den Zeitraum abgetötet, in dem das Medikament wirkt. Auch wird teilweise meiner Meinung nach unterschätzt, dass man von einem Medikament sehr schnell abhängig werden kann. Ob diese Abhängigkeit psychischer oder körperlicher Natur ist, sei dahingestellt. Meine Erfahrung ist, dass der Betroffene schneller als ihm lieb ist in eine Abhängigkeit hineinrutschen kann, auch indem er sich im Laufe der Zeit zu sehr auf das Medikament verlässt ohne auf eigene, gesunde innere Mechanismen zu vertrauen. Man sollte also sehr gut nachdenken, ob man die Wirkung eines Medikamentes wirklich für sich in Anspruch nehmen möchte. Wenn überhaupt nichts mehr funktioniert und der Betroffene den Alltag nur noch leidvoll erleben kann, ist ein Medikament meiner Meinung nach erforderlich. Aber wenn ein Betroffener auf Grund einer Panikattacke bereits ein Medikament aufgedrängt bekommt, finde ich das nicht mehr in Ordnung. Es ist ja auch so, dass ein Medikamentangebot bei Panikgestörten das Vermeidungsverhalten noch weiter festigen würde, da er vielleicht irgendwann das Gefühl bekommt, eine Panikattacke nur noch mit einem Medikament durchzustehen. Außerdem verstand ich den Sinn meines Aufenthaltes in der Psychiatrie nicht. Ich war alleine in meinem Zimmer und hatte den ganzen Tag über wirklich nichts zu tun. Ich wurde mit purer Langeweile versorgt. Ich verstand den Widerspruch nicht: Psychologen predigen in jeder Sitzung, man solle nicht einfach so in den Tag hinein leben, sondern ihn strukturieren und abwechslungsreich gestalten. Doch tatsächlich wurde ich dem wirklichen Leben entrissen und in etwas hineingedrängt, das weder Struktur noch Abwechslung kennt. Ich habe mich in dieser Zeit zum Glück mit den Mitpatienten sehr gut verstanden. Wenn ich diese nicht gehabt hätte, wäre ich wohl ganz untergegangen und hätte mich gar nicht mehr aus meiner psychischen Notlage befreien können.

Neben alldem hatte ich ständig das Gefühl, von den Ärzten der Psychiatrie einfach als Borderline-Patientin etikettiert zu werden. Alles was ich sagte oder tat, wurde als krankes Gelaber und Verhalten eines völlig durchgeknallten Menschen angesehen. Meine gesamte Persönlichkeit wurde pathologisiert, ohne dabei in Betracht zu ziehen, dass ich sehr wohl auch noch gesunde Erlebens- und Verhaltensweisen in mir trage. So wurde mein Beklemmungsgefühl als krank eingestuft, ohne dabei anzuerkennen, dass wohl jeder Mensch ängstlich oder hysterisch reagiert hätte, wenn er den ganzen Tag eingesperrt in einem kleinen Zimmer mit Gang verbringen müsste und dabei auch noch wie ein kleines

Fallbeispiel einer multimorbiden Emetophobie

Kind behandelt wird. Dazu ein Beispiel:

Ich war an einem Nachmittag wie üblich in meinem Zimmer und langweilte mich. Zudem ging es mir aus den verschiedensten Gründen nicht besonders gut. So lag ich, auf die Zimmerdecke starrend, auf meinem Bett, als plötzlich ein Arzt kam, um mich zu sich zu holen. Froh darüber, mit jemanden sprechen zu können, sprang ich aus dem Bett und wollte mit dem Arzt in sein Büro gehen. Als ich jedoch mein Zimmer verließ, machte mich ein Pfleger darauf aufmerksam, dass ich so wie ich war, nämlich ohne Schuhe, nicht mit dem Arzt mitgehen könnte. In meiner typischerweise aufbrausenden Art regte ich mich sofort auf und versuchte ihm verständlich zu machen, dass mir zu heiß wäre und ich mich nur in Socken am wohlsten fühlen würde. Nun mischte sich auch der Arzt ein und sagte mir in etwas strengerem Ton ich solle mir doch bitte etwas an den Füßen anziehen. Ich verstand die Welt nicht mehr. Doch um einem Konflikt bzw. Streitgespräch aus dem Weg zu gehen, tat ich schließlich, was der Pfleger und der Arzt von mir verlangten.

Ich hatte meinen Erwachsenenstatus komplett verloren. Ich hatte nicht einmal mehr die Freiheit zu entscheiden, ob ich in Socken oder mit Schuhen gehen möchte, sondern musste mir das von anderen sagen lassen. Die Ärzte und Pfleger gaben mir deutlich zu verstehen, dass sie in jeglicher Hinsicht über mir stehen würden. In meinen Augen aber konnte ich trotz meiner Probleme durchaus noch vernünftig und erwachsen denken. Man muss sich diese Situation einfach auf der Zunge zergehen lassen: Einem erwachsenen Menschen wird aufdiktiert, was er mit seinen Füßen machen soll. Ich war entmündigt.

Was mich während meines Psychiatrieaufenthaltes besonders gestört hat, war die fehlende Gelegenheit zum Reden. Persönliche, therapeutische Gespräche wurden nur sehr selten mit mir geführt. Die Ärzte kamen morgens scharenweise zur Visite, was eher einschüchternd auf mich wirkte als dass es eine heilende Wirkung hätte haben können. Die Zeit, die sich einer der Ärzte für ein persönliches Gespräch genommen hat, um den Ursachen meines Handelns und meiner Probleme nachzugehen, war viel zu kurz, um auf konstruktive Ergebnisse zu kommen. Ich hatte das Gefühl, dass die medikamentöse Behandlung in der Psychiatrie dem persönlichen, therapeutischen Gespräch vorgezogen würde und an erster Stelle stand. Ich kam in die Psychiatrie und wurde sofort damit konfrontiert, etwas einnehmen zu müssen. Anfangs weigerte ich mich dagegen, alle Tabletten einfach zu schlucken, ohne überhaupt zu wissen, um was es sich handelt. Damit stieß ich auf Verwirrung seitens des Pflegepersonals. Ich unterhielt mich mit meinen Mitpatienten darüber. Eine von ihnen meinte daraufhin zu mir: „Nicht die Ärzte helfen uns, sondern wir Patienten helfen und unterstützen uns gegenseitig".

Schauplatzwechsel

Ich war bereits etwa drei Wochen auf der geschlossenen Abteilung, als mir die Ärzte eines Tages rieten, in ein Therapiezentrum – Bad Bachgart - zu gehen, um meine Krankheit behandeln zu können. Anfangs wehrte ich mich sehr dagegen. Denn ich hatte Angst, sechs ganze Wochen von zu Hause getrennt zu sein. Ich wollte gesund werden und meiner Krankheit endlich den Kampf anzusagen. Doch meine Ablehnung war im ersten Moment stärker. Ich ertrug die Vorstellung nicht, meinen

Freund und meine Familie gemäß der Vorschriften des Therapiezentrums anfangs zwei Wochen lang gar nicht und dann nur jedes Wochenende zu sehen. Ich teilte den Ärzten der Psychiatrie mit, dass ein Therapiezentrum für mich nicht in Frage kommen würde. Einer der Ärzte unterstellte mir deshalb, ich würde mich in meiner Krankheit wohl fühlen und nicht gesund werden wollen, was mich sehr verletzte. Ich wollte ja gesund werden. Ich kann mich noch genau erinnern, wie ich damals in meinem Zimmer in der geschlossenen Psychiatrie saß, dem Arzt in die Augen sah und ihm versuchte, ehrlich meine Empfindungen und Gedanken mitzuteilen. Doch er wehrte diese Ehrlichkeit ab, unterstellte mir, ich würde ihn und seine Kollegen belügen. Ich sagte: „Schade, dass Sie mir nicht glauben". Er meinte daraufhin nur: „Es wäre schade, Frau C., wenn wir ihnen glauben würden".

Ein bisschen verstehe ich die Reaktion des Arztes ja: Es gibt Patienten, die sich ihrer Krankheit oft nicht bewusst sind und deshalb vielleicht Dinge sagen, die sie nicht so meinen. Oft spielen Patienten den Ärzten auch etwas vor, weil sie ihre Krankheit nicht aufgeben möchten oder Angst davor haben, irgendwann ohne diese leben zu müssen. Vielleicht dachte sich dieser Arzt, dass ich eine von diesen Patienten bin und nicht nach Bad Bachgart gehen möchte, weil ich mich meiner Krankheit nicht stellen wolle. Aber eigentlich erwarte ich mir von einem Arzt, der mit psychisch kranken Menschen arbeitet, dass dieser in der Lage sein sollte herauszufinden, ob das Gesagte nun der „Wahrheit" entspricht oder nicht.

Nach meinem Aufenthalt in der Psychiatrie fühlte ich mich stark. Ich wollte die Welt verändern und tanzte leider von einer Illusion in die nächste. Ich dachte, dass ich in der Lage wäre, meine Krankheit zu besiegen. Ich war der Meinung, eine ambulante Therapie würde ausreichen, um meine Krankheit besser kontrollieren und diese irgendwann sogar ganz überwinden zu können. Doch schon nach wenigen Wochen schlug die Wahrheit wie ein Blitz im Donnerregen ein. Es folgte ein zweiter, heimlicher Suizidversuch, der mich wieder in die Psychiatrie brachte.

Ein Selbstgespräch…

Ich Narr, wollte doch glauben, dass Menschen gut sind, dass sie mir helfen, mich sehen, lieben und an mich glauben, doch habe ich mich grundlegend in ihnen getäuscht. So einsam und verloren stehe ich nun da, verzweifelt – denn eine Befreiung scheint aussichtslos zu sein. Ich sehe mich in Dornen gebettet am Boden liegen und möchte fliehen, aus diesem Gefängnis, das mich jeden Tag umgibt. Ich höre diese verzweifelte Stimme in mir, traurige und düstere Melodien schreien aus meiner Seele – doch so unfähig bin ich, mich diesen zu stellen. Ohne Beachtung brülle ich über sie hinaus, um ihr Klagen möglichst schnell vergessen zu können. Mit jedem Tag der vergeht vergrößert sich meine Angst, wird mächtiger und frisst mich von innen auf. Wie ein kleines Kind stehe ich daneben, um meinem bevorstehenden Ende entgegen zu blicken. Ich bin mir meines inneren Zerfalles bewusst, sehe und spüre, wie sich die Krankheit ausbreitend von mir ernährt. Doch bin ich unfähig, einen Schritt nach vorn zu wagen, um mich jenen Mauern und Dämonen zu stellen, die ich selbst am Leben erhalte.

So gerne möchte ich aus meinen Ketten ausbrechen, sie mit aller Kraft von mir reißen. Ich selbst werde von meinen innersten schwarzen Trieben beherrscht und so ohnmächtig fühle ich mich in Situationen, in denen sie mich überwältigen. Dann kann ich nichts mehr kontrollieren, sondern muss mich unfreiwillig einem Willen beugen, der stärker ist, als alles andere auf dieser Welt. Loslassen möchte ich können, fliehen möchte ich, aus meiner Kinderwelt, ausbrechen will ich aus ihr, um eine neue, hoffentlich bessere Welt erfahren zu können. Warum kann ich nicht vergessen? Warum kann ich nicht jeden weiteren Funken meiner Angst im Keim ersticken?

Einfach nur frei sein. Frei von jeglichen Fesseln und Grenzen. Frei sein… Traurigkeit und Verzweiflung breiten sich in mir aus – sie scheinen grenzenlos zu sein. Ich spüre den Duft des Todes in mir. Er ist da – doch auch vor ihm ergebe ich mich demütig, so wie sich ein krankes und schwaches Tier seinem Feind ergibt. Mein Leben steuert immer weiter einem Abgrund entgegen und ich scheine nichts Besseres zu tun zu haben, als gnadenlos diesem Ende entgegen zu blicken. Es ist, als ob ich mich alleine im Kino befinden und einem Mädchen zuschauen würde, dass sich bereits selbst aufgegeben hat und jetzt nur noch auf ihre Erlösung wartet. Doch was heißt das schon? Erlösung. Erlöst von was? Meiner Angst?

Oder meinen psychischen Schmerzen, die sich jeden Tag mehr in meine Seele brennen? Oder etwa den vielen anderen Ängsten, die mich stets wie hungrige Wölfe umgeben? Erlösung. Von diesem, von meinem Leben?
Die Hoffnung, irgendwann geheilt zu werden wird immer geringer. Mit jedem Atemzug mehr, muss ich mir selbst eingestehen versagt zu haben und aus dieser Hölle niemals entkommen zu können. Denn ich flüchte immer und immer wieder – kann mir so mein Dasein erträglich machen. Doch wird jener Bereich, in dem ich momentan leben kann, immer kleiner und stickiger, dunkler und schwärzer, immer gieriger und brennender, immer heißer und verletzlicher, sodass ich mich auch vor diesem irgendwann geschlagen geben muss.
Gefühle können so stark und überwältigend sein, so mächtig, so unglaublich gierig und brutal. Wenig Kraft besitzt man in solchen Momenten, sich gegen sie zu stellen. Sie holen dich ein, von einer Sekunde auf die Andere und entfachen ein grenzenloses Feuer in dir. Auch Gedanken können sehr gefährlich sein, sodass man sich am liebsten dumm stellt, um sie ja nicht verstehen oder erklären zu müssen.
Eigentlich möchte ich leer sein. Nichts fühlen und nichts denken müssen. Frei sein...
Ich schaue aus dem Fenster und blicke in eine Welt hinaus, die ruhig und friedlich zu schlafen scheint. Es ist Herbst und jedes Blatt auf jedem Baume schmückt sich mit unendlich warmen Farben. Die Sonne spiegelt sich in der Schönheit dieser Blätter wider, sodass man sich am liebsten in ihrem Schein verlieren möchte. Doch ich sitze da – man möchte glauben seelenlos und in tiefster Trauer.
Schließlich hat es zu regnen begonnen. Kleine Tropfen bahnen sich ihren Weg und genießen für einen Moment den freien Fall, um dann hart auf den Boden aufzuschlagen und in abertausend Kristalle zu zerbrechen.
Plötzlich sehe ich einen kleinen Käfer. Er krabbelt langsam und scheinbar mit Vorsicht zu mir. Ich beobachte ihn, dieses kleine und zerbrechlich wirkende Wesen. Wie gerne würde ich nur einen einzigen Tag mit ihm tauschen wollen – um eine völlig andere Welt erleben zu können. Eine Welt, die sich von der Meinen in allem unterscheidet, um zu erfahren, wie tief Realität eigentlich sein kann. Nun fliegt er weg, hinauf zur Lampe, um sekundenschnell an ihrem Licht zu sterben. Und ich beobachte ihn dabei, diesen kleinen Käfer, der mich noch eben zuvor so faszinierte...
Ich lebe hier in meiner eigenen kleinen Welt. In einer Welt, in welcher wirklich alles Realität sein kann. In welcher mich niemand hören und

sehen kann – ich bin ein kleines prozentuales Nichts, welches in der Masse untergeht. Doch eine Welt um sich herum erschaffen hat, die grenzenlos sein kann. Eine Welt, die kein oben und unten, kein gut und böse und vor allem keinen Schmerz mehr kennt.
Doch leider ist auch diese Welt dem Untergang geweiht. Denn ich scheine nichts mehr zu sehen. Keine Farben, keine Freude – sondern nur mehr einen Gedanken. Nämlich den des Selbstmordes. Man möchte glauben, glücklich zu sein und erbaut sich seine eigene, kleine Phantasiewelt, in der man sich auch wirklich glücklich fühlt. Doch so sehr man auch an dieses Gefühl glaubt, so sehr man auch an ihm festhält – es IST Illusion. Ein fadenscheiniger und nicht realer Gedanke, ein schwarzes, kettenloses Gefühl, das jeden Moment wie eine Seifenblase im Wind zerplatzen kann.
Man fühlt sich in dieser nicht realen Welt für einen kurzen Moment sicher. Flieht immer wieder, vor den unausweichlichen Gedanken, die so schmerzhaft und grausam sein können. Man flieht, verdrängt und träumt sich weg. Man versteckt sich hinter abertausend Mauern und Wänden, um dann doch irgendwann eingeholt zu werden. Und diese Erkenntnis kann tödlich sein. Anfangs wehrt man sich noch dagegen, versucht alles Unwirkliche aufrechtzuerhalten, flüchtet weiter, in tiefe kleine Seelenverstecke. Doch ein ewiges Davonlaufen ist unmöglich. Man wird eingeholt und muss erkennen, dass nichts blutiger ist, als die Wahrheit selbst.
Dann versucht man sich dieser blutigen Wahrheit zu stellen, versucht, mit Kraft und Ausdauer im Ring zu stehen, und gegen all das zu kämpfen, was Angst bereitet.
Ich lebe in einer Lüge, die ich mir selbst erlaubt habe. Seit ich klein war, arbeite ich an dieser Lüge und gebe immer wieder neuen und frischen Saft dazu. Doch irgendwann ist sie explodiert, sodass ich mich wie ein leerer Eimer fühle, der mit Kotze gefüllt ist. Du führst einen inneren Kampf mit dir selbst und kannst wenig dagegen tun. Du spürst, wie sich deine selbstzerstörerischen und selbst erhaltenden Kräfte bekriegen. Du bist gefangen. In dir. Kannst deine Hände weder nach links noch nach rechts ausstoßen. Du atmest warme und fast sauerstofflose Luft ein, die einen ekligen und säuerlichen Stoff in sich trägt – Kotze. Du treibst dich selbst in den Wahnsinn, bis du irgendwann nur noch den Tod als einzig beste Lösung in Erwägung ziehen kannst. Du schreist und schlägst wild um dich, du siehst und hörst nichts mehr, sondern

spürst nur noch den grausamen Schmerz der deinen Körper zu zerreißen droht und dich in ein tiefes und schwarzes Loch stürzen lässt.
Jetzt stehst du kraftlos neben dir, unfähig, dich dieser blutigen Wahrheit zu stellen. Also stellst du dir deinen Tod vor. Nur in Gedanken. Und fühlst dich für kurze Zeit besser. Du siehst, wie du einsam und verweint am Straßenrand sitzt, vor Kälte zitterst, und ein kleines Ritzmesser in den Händen hälst. Du siehst, wie du fein säuberlich das Messer reinigst, um deinen Körper nicht zu vergiften. Du zerstörst ihn nur, um deine inneren Wunden damit töten zu können. Du verletzt dich selbst, schneidest dir kleine Wunden in deine bleiche Haut, spürst den brennenden Schmerz, der sich bis in dein Herz auszubreiten scheint, siehst wie das Blut langsam aus der Wunde quillt, fühlst seine Wärme und seine Stärke. Und du fühlst dich gut dabei. Du möchtest mehr haben, so lange, bis dich die Gier schließlich ganz unter Kontrolle hat. Du schneidest dir noch tiefer in die Arme und spürst ein grausames Ziehen, das deinen ganzen Körper noch mehr zum Zittern bringt, doch gleichzeitig stille Freudentränen gebärt. Salziges und blutiges Wasser bildet sich in deinen Augen und lässt es gnadenlos über Wangen und Lippen fließen.
Nun nimmst du all deinen Mut zusammen und wanderst Richtung Brücke. Du möchtest sterben, weil es für dich keinen anderen Ausweg mehr gibt. Du bemerkst den Tod, wie er bereits neben dir steht, in seinem schwarzen langen Kleide. Unter diesem befindet sich sein nackter Körper, bestehend aus einem faulenden steifen Penis und einem dicken, verschwitzten Bauch, in welchem er seine Opfer begräbt. Seine dünne und kalte Hand streckt er nach dir aus, um dich mit in sein Reich zu nehmen. Und du sagst ja, zuerst leicht zögerlich, dann laut und sicher. Du spürst bereits seine Kraft und brichst noch mehr in Tränen aus.
Langsam aber sicher besteigst du das Geländer der Brücke, um deinen Körper in den reißenden Fluss fallen zu lassen. Du spürst jetzt die Kraft des Wassers, wie es um dich schlägt und dich in seiner Macht begraben möchte. Du spürst, wie schwach und arm dein Körper an Sauerstoff wird. Du hörst das kräftige Rauschen der Wellen, deine Schreie und dein verzweifeltes Husten. Nun gibt es kein Zurück mehr. Du wirst schwächer, bis du irgendwann das Bewusstsein verlierst und dein Körper leblos an der Wasseroberfläche treibt. Deine Schmerzen haben nun ein Ende und du spürst eine Leichtigkeit und Freiheit um dich herum, welche dir bislang völlig unbekannt waren.

Dein Körper treibt in einem großen Meer, in dem es keine Schmerzen und keine Verzweiflung mehr gibt. Deine Seele hat nun ihr persönliches Paradies gefunden, denn alle Last wurde jetzt von ihr genommen. Du bist frei...
Bis du irgendwann einen mächtigen Stich in deinem Herzen spürst. Du siehst wieder tropfende Schwärze, wirst von deinen alten Gefühlen eingeholt und beobachtest, wie sie sich um deinen Körper schlängeln und ihn unter sich begraben.
Schweißgebadet wachst du auf, öffnest deine Augen und siehst, dass alles nur ein Traum war. Nur ein Gedanke, wieder eine von dir erschaffene, nicht reale Welt, ein abermals unerfüllter und nicht erreichbarer Wunsch. Doch du hast jetzt nicht mehr die Kraft um laut in Tränen auszubrechen. Irgendwann bist du dann wieder eingeschlafen, um den Traum immer und immer wieder zu träumen. In der Hoffnung, dass er irgendwann Wirklichkeit werden wird.

Dieses Mal ließen die Ärzte allerdings nicht so schnell locker und schafften es, mich doch noch zur Therapie in Bad Bachgart zu überreden.

In Bad Bachgart durchlebte ich eine für mich sehr aufregende und mit vielen Höhen und Tiefen verbundene Zeit.

Gut geplant

Bei meiner Ankunft wurde ich von einer Krankenschwester begrüßt und aufgenommen. Ich erfuhr von ihr das Wichtigste, was meinen Aufenthalt in diesem Therapiezentrum betraf und ich wurde auch von ihr auf mein Zimmer gebracht. Anschließend zeigte mir ein Mitpatient das ganze Zentrum und antwortete mir auf meine vielen Fragen. In der Hausgruppe, die einmal wöchentlich stattfand, musste ich mich vor den gesamten Mitpatienten und Therapeuten vorstellen. Eine Situation, die mir zugegebenermaßen sehr unangenehm war, da ich große Schwierigkeiten hatte, vor all diesen Menschen zu sprechen. Als ich an die Reihe kam, stellte ich mich kurz vor. Ich denke, dass ich sehr leise gesprochen habe und auf die Mitpatienten äußerst unsicher gewirkt haben muss. Ich schämte mich auch sehr, der ganzen versammelten Mannschaft mitzuteilen, warum ich in Bad Bachgart war.

Ich möchte hier die Zeit kurz nutzen, um zu erwähnen, wie ein ganz normaler Tag in Bad Bachgart aussah. Um 7.15 fand üblicherweise das Frühstück statt. Danach trafen sich alle Patienten um 8 Uhr vor dem Eingang zum täglichen Morgenspaziergang mit anschließendem Qi Gong, eine Art Entspannungstraining – in der Turnhalle. Im Laufe des Vormittags fanden die Gruppengespräche für die jeweiligen Bereiche (Psychosomatik, Sucht-, und Essgestörtengruppe) statt, wo für alle Patienten Teilnahmepflicht bestand. Um 12 Uhr wurde zu Mittag gegessen. An den Nachmittagen fanden verschiedene Therapien statt, die man als Patient, wenn möglich, besuchen sollte. Montags und Donnerstags fand beispielsweise immer das Entspannungstraining nach Jakobson statt. Mittwochs ging ich zur Tanztherapie und am Donnerstag hatte ich Reittherapie.

Ich blieb wie geplant ca. sechs Wochen in Bad Bachgart. Die ersten Tage waren sehr schwer für mich. Ich hielt es kaum aus, von meinem Freund getrennt zu sein. Ich hatte Bauchschmerzen, die mir manchmal das Gefühl gaben, innerlich wie eine Bombe zu platzen. Anfangs hatte ich Schwierigkeiten mit dem Stillsitzen. Die Spannungszustände waren so schlimm, dass ich ständig in Bewegung sein musste. Ich ging in meinem Zimmer auf und ab, ging hinaus in den Garten, um mich irgendwie bewegen zu können. Die ersten Sitzungen bei meiner Psychologin Frau Dr. P. und bei meiner Diätassistentin waren der Horror für mich, da ich mich in dieser Zeit nicht bewegen konnte, sondern auf einem Stuhl stillsitzen musste. Ich entwickelte wieder psychotische Ansätze und begann die von mir wahrgenommene Wirklichkeit zu verzerren. Nach einer Woche ging es mir etwas besser, da ich Menschen fand, mit denen ich reden konnte. K. und P. mit denen ich auch heute noch befreundet bin, waren in Bad Bachgart meine wichtigsten Bezugspersonen. Wenn ich sie nicht gehabt hätte, wäre die Zeit dort oben noch schwerer für mich gewesen. Durch sie habe ich den Rückhalt und diese Sicherheit bekommen, die ich anfangs vermisst habe. Ich fühlte mich nicht mehr alleine.

Therapie

Die Beziehung zu meiner Therapeutin allerdings war anfangs sehr schwierig und kompliziert. Ich kam mit ihrem Verhalten absolut nicht klar und wollte schon am ersten Tag den Therapeuten wechseln ohne es überhaupt mit ihr versucht zu haben. Ich merkte, dass sie mich fordern würde und das machte mir Angst. Darum stellte mich anfangs gegen alles, was sie mir vorschlug. Doch einige Wochen später veränderte sich meine Beziehung zu ihr. Ich fing an sie zu mögen und ihr zu vertrauen. Ich sah und spürte, dass sie nur das Beste aus mir herausholte und nicht einfach tatenlos meinen Problemen zusah. So saß ich einmal in ihrem Büro und erzählte ihr von meiner Platzangst. Sie sah mich an, nahm ihren Schlüssel und sagte: „Kommen Sie mit mir mit. In diesem Stock befindet sich ein Aufzug, den werden wir jetzt benützen, zuerst gemeinsam, dann Sie alleine." Ich traute zunächst meinen Ohren nicht. Bisher war ich es gewohnt, über meine Ängste nur zu sprechen. Sie jedoch praktisch anzugehen war mir vollkommen fremd. Als wir gemeinsam in den Aufzug stiegen, spürte ich schon erste Panik aufkommen. Ich wollte hinaus und die ganze Konfrontation sofort abbrechen. Die Angst wurde so groß, dass ich mit den Tränen zu kämpfen hatte. Meine Psychotherapeutin merkte meine innere Verkrampfung und versuchte, mich zu beruhigen. Sie verwickelte mich in ein Gespräch und stellte mir viele Fragen, beispielsweise welche Farbe die Wände des Aufzugs hätten, um den Fokus nicht auf meine Angst, sondern auf etwas ganz anderes zu richten. Als ich die erste Hürde genommen und die Fahrt mit meiner Therapeutin überstanden hatte, musste ich mich der noch größeren Herausforderung stellen: Alleine zu fahren. Ich weiß noch, dass ich in diesem Moment am liebsten gestorben wäre. Ich sah den Aufzug, der für mich so klein, eng und bedrohlich aussah und ich hatte das Gefühl, von seinen Wänden erdrückt zu werden. Doch ich schaffte es tatsächlich, trotz meiner panischen Angst, alleine mit dem Aufzug zu fahren. Ich hatte aber ein kleines Hilfsmittel, nämlich mein Handy, bekommen. Damit blieb mir die Sicherheit, im schlimmsten Fall eine Möglichkeit zu haben, schnell nach Hilfe rufen zu können und nicht vollkommen von der Außenwelt abgeschnitten zu sein. Diese scheinbar kleine Konfrontation war äußerst wichtig für mich und trug zu meiner Entwicklung sehr viel bei. Ich hatte bis dahin die Ansicht vertreten, ich wäre nicht fähig mich einer angstbesetzten Situation zu stellen. Ich lernte durch diese Konfrontation, dass es im Bereich des Möglichen liegt, mich meinen Ängsten zu stellen. Ich hatte geglaubt es fehle mir an Kraft, Angst auszuhalten. Ich lief davon wo es ging und vermied alles mögliche, um mich meiner Angst ja nicht stellen zu müssen. Doch nun wusste ich, dass mich die Angst nicht umbringt, sondern, wenn ich sie nur lange genug aushalte, sogar immer schwächer wird.

Einige Tage später unterbreitete mir meine Psychologin den Vorschlag, die panische Angst vor dem Erbrechen anzugehen. Anfangs war ich sehr erleichtert und froh darüber, denn ich wollte in Bad Bachgart die Emetophobie bekämpfen. Meine Psychologin meinte im Gespräch, sie hätte wohl jemanden aus dem Zentrum gefunden, der vor meinen Augen erbrechen würde. Im ersten Moment war ich schockiert, dann musste ich lächeln, da ich glaubte, sie würde es nicht ernst meinen. Doch schon nach wenigen Minuten sah ich, dass sie durchaus nicht scherzte. Ich bekam von ihr etwas Zeit, über ihren Vorschlag nachzudenken. Ich konnte nachts kaum noch schlafen, da ich solche Angst davor hatte, einer Person beim Erbrechen zuschauen zu müssen. Schon allein der Gedanke daran verursachte Schweißausbrüche, mir wurde übel und ich spürte wieder die mir schon bekannte Panik, die sich immer weiter steigerte. Leider lehnte ich diese Konfrontation ab. Im Nachhinein muss ich sagen, dass ich enttäuscht von mir bin. Ich hätte mich der Situation stellen müssen, es wäre wirklich *die* Chance für mich gewesen, etwas an meiner Angst zu verändern. Ich hätte meiner Angst direkt ins Gesicht sehen können. Zudem wäre ich nicht alleine gewesen, sondern hätte meine Psychologin an meiner Seite gehabt, die mir geholfen hätte, die Situation erfolgreich zu bewältigen. Es wäre der erste Schritt in die richtige Richtung gewesen, doch ich konnte mich nicht überwinden. Meine Psychologin erkannte in meinem Verhalten typische Handlungsmuster, die ihrer Meinung nach charakteristisch für mich wären. Sie erklärte es mir folgendermaßen: Ich würde zwei Schritte in die richtige Richtung gehen. Doch sobald etwas kommt, dass größer zu sein scheint, als ich selbst, drehe ich wieder um und gehe drei Schritte zurück.

Frau Dr. P. lernte mir im weiteren Therapieverlauf unter anderem auch, positive Denkmuster zu entwickeln. Sie zeigte auf, dass ich, wenn ich mich in der Vergangenheit einer Situation oder Herausforderung stellen hatte müssen, immer in negativen Denkmustern gedacht hatte. z.B.: „Das schaffe ich alles nicht", oder „Ich bin viel zu schwach und viel zu dumm dafür". Sie brachte mir im Laufe der Zeit bei, mein Denken zu verändern. Die positiven Denkmuster, die ich entwickeln sollte, waren z.B.: „Ich bin eine starke Frau" oder „Ich habe die Kraft in mir, mich dieser Situation zu stellen".

Ein weiterer Schritt der Therapie war, ein normales und gesundes Essverhalten zu entwickeln. Mir wurde klar gemacht, dass ich das Essen bisher stets mit negativen Attributen verbunden und ich die Nahrungsaufnahme nicht als etwas Schönes, sondern als etwas Böses angesehen hatte. Im Laufe der Zeit lernte ich, auf meinen Körper zu hören und ihn zu achten. Ich weiß noch, wie froh ich war, als ich zum ersten Mal wieder richtigen Hunger empfand. Vor dem Aufenthalt in Bad Bachgart war mir entweder immer übel der ich spürte nichts, absolut nichts. Mein Magen fühlte sich manchmal fast wie tot an. In Bad Bachgart änderte sich dies zum Glück. Mit dem Hunger konnte ich das Essen mit der Zeit auch wieder genießen. Es war keine Überwindung mehr für mich, Suppe oder Nudeln zu essen. Ich dachte weder an mein Gewicht, noch an die Kalorien, noch an das Erbrechen – sondern aß mit Genuss, Freude und Spaß. Natürlich waren die ersten Wochen kein Zuckerschlecken. Ich weiß noch, dass ich fünf Mal am Tag essen sollte. Ich konnte mir das am Anfang kaum vorstellen, meinen Magen so häufig mit Essen zu bombardieren. Dementsprechend fiel mir das Essen während der ersten Tage sehr schwer. Ich hatte überhaupt keinen Hunger. Außerdem machte mir das Sättigungsgefühl und die danach auftretende Übelkeit Probleme. Das Essen war aber auch deswegen schlimm, da ich mir jedes mal vorstellte, wie ich mit jedem Bissen an Gewicht zunehmen würde. Ich spürte förmlich jedes Gramm Fett, jede Kalorie, welche durch die Nahrungsaufnahme in meinen Körper gelangten. Anfangs hielt ich die Zwischenmahlzeiten kaum ein. Ich hatte keinen Hunger und mir fehlte wohl auch der nötige Wille zum Essen. Ich hatte manchmal das Gefühl, den ganzen Tag über nur mit dem Essen beschäftigt zu sein. Sobald das Mittagessen fertig war, dachte ich schon wieder an die Zwischenmahlzeit, die ich immer so gegen 15.00 Uhr einnehmen sollte. Meine Gedanken waren ständig beim Essen. Sogar nachts träumte ich davon, wie ich vor einem riesengroßen Tisch saß, der mit allen möglichen Speisen überfüllt war. Und ich sah mich, wie ich alles in mich hineinstopfte: Kuchen, Fleisch, Eis und Süßigkeiten. Mein Bauch wurde immer größer und dicker, während ich das Essen verschlang. In den ersten Wochen nahm ich etwa zwei Kilo zu. Ich konnte mich mit meinem Gewicht überhaupt nicht anfreunden. Mein Bauch war in meinen Augen plötzlich riesengroß und ziemlich fett. Mein neues Gewicht machte mir wirklich sehr zu schaffen und ich durchlebte Phasen, wo ich am liebsten alles abgebrochen hätte. Deshalb empfand ich zeitweise für alles und jeden in diesem Zentrum einen unglaublichen Hass. Doch langsam begann sich mein Verständnis und meine Sicht der Dinge etwas zu verändern. Ich akzeptierte meinen Körper irgendwann, auch wenn ich, zugegeben muss, dass ich noch heute mit ihm zu kämpfen habe, denn ich werde wohl immer eine Magersüchtige bleiben. Nur habe ich gelernt, mich diesem krankhaften Denken nicht wieder hinzugeben, sondern über diesen zu stehen und meinen Körper zu achten, um ihn durch das Hungern nicht selbst zu zerstören.

Wie schon erwähnt bestand die Therapie in Bad Bachgart nicht nur aus Einzelgesprächen mit einer Psychologin, sondern auch aus Gruppengesprächen, die das Miteinander und den gegenseitigen Austausch von Betroffenen fördern sollten. Zunächst war auch dieser Therapieteil wie alles andere eine große Herausforderung. Ich leide, wie bereits beschrieben, an Minderwertigkeitsgefühlen, bin äußerst schüchtern und fremden Menschen gegenüber introvertiert. Ich schaffte es während meiner Zeit in Bad Bachgard nur sehr selten, in den Gruppengesprächen aus mir herauszukommen. Ich hatte Angst, mich lächerlich zu machen und schämte mich für meine Worte und meinen Körper. Ich wurde regelmäßig von „Black Outs" heimgesucht, wenn ich in der Gruppe saß. Der Psychologe der Gruppe eröffnete das Gespräch mit einem bestimmten Thema und die Gruppenteilnehmer redeten munter darauf los, teilten uns ihre Meinung mit, ließen uns an ihren Gefühlen und Gedanken teilhaben. Ich allerdings saß nur stumm da, wollte manchmal etwas sagen, mich in das Gespräch einbringen, konnte allerdings nicht, da nichts als gähnende Leere in meinem Kopf war. Alle Gedanken waren ganz plötzlich wie aus meinem Kopf gelöscht. Etwas später, als ich mich eigentlich schon etwas an die Gruppensituation gewöhnt hatte, musste ich leider in eine andere, kleinere Gruppe wechseln, die speziell für Essgestörte gehalten wurde. Dieser Wechsel war für mich eine der größten Herausforderungen in Bad Bachgart, denn ich wurde von K. und P., mit denen ich vorher immer in derselben Gruppe gewesen war, getrennt. Ich fühlte mich, als ob ein großer, wichtiger Teil von mir fehlen würde. Das hätte mir eigentlich bewusst machen sollen, wie abhängig ich von K. und P. geworden war, was wiederum meine Persönlichkeit ganz typisch beschreibt. Aber auch in der neuen Gruppe konnte ich mich nie wirklich mitteilen. Ich versuchte zwar mein Bestes zu geben, doch von den anderen wurde ich bestimmt trotzdem als schüchternes kleines Kind aufgefasst. Die Teilnehmer der Gruppe sagten mir zwar nie ins Gesicht, was sie von mir dachten, doch ich konnte es an ihren Augen ablesen. Selbst meiner Psychologin, die unter anderem auch diese Gruppe leitete, fiel auf, dass ich kaum ein Wort sage.

Unser kleines schwarzes Schaf

In der Therapie bekamen wir die Aufgabe, dem eigenen Leben einen passenden Titel zu geben, der – ähnlich wie bei einem Film – einen kurzen, prägnanten Einblick auf den Inhalt zulässt. Ich gab meinem Leben zwei Titel, da ich beide sehr passend fand und mich nicht nur für den einen oder anderen entscheiden wollte: „Durchgeknallt" und „Unser kleines schwarzes Schaf". „Durchgeknallt" deswegen, weil ich das Gefühl habe, wirklich durchgeknallt zu sein. Und weil einer meiner Lieblingsfilme auf Deutsch „Durchgeknallt" heißt und ich mich mit dessen Hauptdarstellerin identifiziere. „Unser kleines schwarzes Schaf" deswegen, weil ich das Gefühl habe, am Rande der Gesellschaft zu stehen, nicht wirklich dazuzugehören, sondern lediglich ein Mensch mit einem großen Berg an Problemen zu sein, die ihn jeden Tag verfolgen. Seit ich ein Kind bin wünsche ich mir, vom kleinen hässlichen Entlein zum schönen Schwan aufzusteigen.

Ich musste unter anderem auch mit den Gruppenteilnehmern beim Essen an einem Tisch sitzen. Eine weitere Hürde für mich, die ich leider nie überwinden konnte. Ich saß teilnahmslos da, stopfte das Essen in mich hinein, und sagte kein Wort. Das Black Out saß mit mir am Tisch: Ich suchte nach Themen, über die ich hätte sprechen können, doch leider fiel mir nie etwas Passendes ein. Entweder hatte ich das Gefühl, dass das, was ich sagen wollte, dumm wirken könnte, oder ich hatte wirklich überhaupt keine Ahnung, was ich hätte erzählen können. Also schlang ich mein Essen hinunter, um den Tisch schnell wieder verlassen zu können. Nachdem ich etwa einen Monat Therapie hinter mich gebracht hatte, meinten der Leiter des Zentrums sowie meine damalige Psychologin, es wäre besser für mich, wenn ich in die WG der anderen Menschen mit Essstörung ziehen würde, da ich schließlich auch meine Therapie mit ihnen halten musste. Bislang teilte ich immer mit K. in der Abteilung für Psychosomatik ein Zimmer. Die Vorstellung, mich von K. zu trennen und wieder in eine neue Gruppe integrieren zu müssen, bedeutete einen Weltuntergang für mich. Vor Herrn Z. und meiner Psychologin ließ ich mir meine Sorgen nicht anmerken, bzw. ich versuchte es zumindest. Ich gab mich selbstsicher und erfand zigtausend Ausreden, warum es besser für mich wäre, bei K. zu bleiben und nicht in die WG zu den anderen zu ziehen. Als ich dann aber endlich alleine war brach alles aus mir heraus und ich begann zu weinen wie ein kleines Kind. Ich wollte meine Sicherheit und mein „Geborgen-Fühlen", das ich durch K. gewonnen hatte, nicht wieder verlieren. So lehnte ich den Vorschlag ab. Und konnte, zu meinem Glück, bei K. bleiben. Im Nachhinein betrachtet, finde ich es etwas schade, nicht in die WG gezogen zu sein, denn mittlerweile ist mir auch bewusst geworden, was sich Herr Z. und meine Psychologin bei dieser Maßnahme vorgestellt hätten und dass sie mich eigentlich nur testen wollten. Sie wollten versuchen, mich aus meinem gewohnten und vertrauten Umfeld zu reißen, um zu sehen, ob ich fähig bin mich in eine neue Gruppe zu integrieren. Auch denke ich, haben sie gut beobachten und erkennen können, wie abhängig ich von K. war. Ich war nämlich den ganzen Tag über fast nur mit ihr oder mit P. zusammen und konnte ein kurzes Getrennt-Sein von den beiden kaum ertragen. Ich klammerte mich an die zwei so gut es ging, da ich das Gefühl hatte, alleine in diesem

Zentrum nicht überleben zu können. Leider habe ich mich ihrem Versuch entgegengestellt und sah in ihrem Vorhaben keinen Test, also keine Herausforderung für mich, sondern eher etwas Böses und Demütigendes.

Beschäftigung und Aufgabe

In Bad Bachgart wurde jedem Patienten eine bestimmte Aufgabe zugewiesen: Bardienst, Telefondienst, das Arbeiten im Stall bei den Pferden oder Hasen und noch andere kleinere Tätigkeiten. Dieses Arbeiten empfand ich als äußerst sinnvoll, da der Patient so den Kontakt zum normalen Leben nicht ganz verliert und Verpflichtungen nachgehen muss, denen er auch im Alltag begegnet. Ich wurde für den Telefondienst eingeteilt, den ich jeden Tag für fast zwei Stunden machen musste. Die Tatsache, solange an einen Stuhl gefesselt zu sein, bereitete mir anfangs Kopfzerbrechen. Dieses Still-Sitzen-Müssen war äußerst unangenehm für mich, sodass ich Alternativen fand, um mich irgendwie bewegen zu können. Ich hüpfte manchmal hin und her, oder nahm den Stuhl und drehte mich mit ihm in Kreis, bis mir ganz schwindlig wurde. Erst etwas später schaffte ich es, ruhig zu bleiben, „nichts" zu tun und nebenher einfach nur eine Zeitung zu lesen. Die Telefonate waren aber das eigentliche Problem an der Sache: Wegen der sozialen Phobie habe ich panische Angst, mit mir fremden Menschen in Kontakt zu treten. Das Telefonieren war somit eine richtige Konfrontation. Umso erstaunlicher war es, dass ich es trotzdem schaffte, meine Angst zu überwinden, den Hörer abzunehmen und möglichst selbstsicher und kompetent zu antworten. Die ersten paar Tage, in denen ich für den Telefondienst eingeteilt war, machten jedes Mal ein wahres Nervenbündel aus mir. Doch ich konnte diese Angst und Anspannung in positive Gedanken umzuwandeln, indem ich mir immer wieder leise vorsagte, dass ich den Mut und das Selbstvertrauen hätte, mich dieser Aufgabe zu stellen. Meine Psychologin wollte mich dazu bringen, einen anderen Dienst in Anspruch zu nehmen. Sie unterbreitete mir den Vorschlag, ich solle doch an der Bar arbeiten. Da ich jedoch in Mathematik meiner eigenen Einschätzung nach eine gnadenlose Niete bin, fürchtete ich mich vor dem Bezahlvorgang und dem damit verbundenen Zurückgeben des Restgeldes. Ich nahm diese Aufgabe und Herausforderung leider nie an.

Es gab während meiner Zeit in Bad Bachgart oft Tage, an denen ich mit starken Stimmungsschwankungen zu kämpfen hatte. Am Nachmittag fühlte ich mich stark, froh und lebendig, wachte aber am nächsten Morgen mit Depressionen auf. Daran änderten auch die anderen Beschäftigungen im Zentrum wenig, wie beispielsweise die angebotene Tanztherapie. Ich liebte den Tanz über alles, doch hatte ich immer schon große Probleme meinen Körper zu zeigen. Ich stand anfangs nur sehr unsicher und äußerst unbeholfen da und wollte die ganze Sache am liebsten sofort abbrechen. Doch da K. und P. in meiner Gruppe waren, gewann ich durch sie neuen Mut und stellte mich der Herausforderung. Ich mag es, mich durch die Bewegung ausdrücken zu können. Doch die Angst, mit anderen Menschen in Kontakt zu treten, lähmte mich in den ersten Stunden, ganz besonders als wir Paarübungen machen sollten. Die Nähe war mir ziemlich unangenehm. Wenn ich die Übungen mit K. oder P. machen musste, konnte ich es ertragen. Aber wenn mir ein fremder älterer Mann oder auch eine Frau, die ich nicht kannte, gegenüberstand, wollte ich mich ihnen nicht nähern, sondern empfand jeglichen Körperkontakt mit größter Angst und Scham. Ich kann mich noch gut an eine Situation erinnern, in der wir frei und unabhängig tanzen mussten. Unsere Therapeutin erteilte uns die Aufgabe, einen Tanz zu improvisieren. Wir sollten also möglichst selbstständig, und ohne auf die anderen zu achten, tanzen. Ich muss sagen, dass mir diese Aufgabe von allen mit am besten gefallen hat. Ich versuchte, mich ganz meinen Gefühlen und Gedanken hinzugeben, meine sozialen Ängste und mein Schamgefühl für eine kurze Zeit zu vergessen und mich in eine andere Welt zu locken, meinen Geist und meine Sinne zu entführen und dabei möglichst grazil zu wirken.

Die Reittherapie zeigte mir, wie ausgeprägt meine Furcht vor der Welt eigentlich ist. Tiere erschienen mir schon immer besonders unberechenbar und je größer diese sind, desto mehr fürchtete ich mich auch vor ihren Launen. Als ich zum ersten Mal in Bad Bachgart mit einem Pferd in Berührung kam, zitterte ich am ganzen Körper. Ich traute mich kaum, mich dem Tier zu nähern, auch wenn es wunderschön war und auf mich äußerst friedlich wirkte. Zunächst musste ich das Pferd, das mir zugeteilt wurde, nur putzen. Ich durfte es striegeln, kämmen und säubern, um mir so den ersten Kontakt mit dem Tier zu erleichtern. Etwas später wurde der Kontakt dann sehr viel inniger. Ich musste mich seitlich auf den Bauch des Tieres legen, um seinen Atem und seine Wärme zu spüren. Ich schloss meine Augen und lies mich mit meinen gesamten Gewicht auf den Körper von „Quelle" fallen. Ich versuchte, der Stute nahe zu sein und gewann etwas später ein Stück Sicherheit, von der ich einst geglaubt hatte, sie ganz verloren zu haben. Die größte Herausforderung kam ganz zum Schluss. Ich durfte „Quelle" reiten. Anfangs glaubte ich, dieser Aufgabe nicht gewachsen zu sein. Ich sah nur dieses Pferd vor mir, das in meinen Augen so riesengroß, mächtig und stark war. Ich kam mir daneben klein, unscheinbar und hässlich vor. Doch Frau F. machte mir Mut und überredete mich, es zu versuchen. Als ich mich dann auf dem Rücken des Pferdes befand, fühlte ich mich wie eine kleine Göttin. Ich überließ zum ersten Mal in meinem Leben einem anderen Wesen die gesamte Kontrolle. Ließ mich von dem Tier führen und baute zu ihm eine Bindung auf, die mir das Gefühl gab, Teil von etwas Wunderschönem zu sein.

Was blieb...

Diese sechs Wochen, die ich in Bad Bachgart verlebte, vergingen eigentlich recht schnell. Ich schaffte es in dieser Zeit, einige Herausforderungen anzunehmen. Ich konnte meine vielen Ängste und Probleme zwar weder überwinden noch vollkommen heilen, doch spürte ich zum ersten Mal, dass ich den Mut und die dafür notwendige Kraft in mir trage, mich ihnen zu stellen. Ich lernte, manche meiner verzerrten Sichtweisen zu durchbrechen, sowie meine Krankheit mit anderen Augen zu betrachten. Vor meinem Aufenthalt trug ich immer das Gefühl in mir, von meiner Krankheit kontrolliert und bestimmt zu werden. In Bad Bachgart gewann ich eine neue Ansicht: Ich kann irgendwann lernen, über meiner Krankheit zu stehen und dass mich nicht meine Krankheit bestimmt, sondern es im Bereich des Möglichen liegt, dass *ich* sie bestimmen lerne und irgendwann sogar über ihr stehe. Ich durfte erkennen, dass auch das Unmögliche manchmal möglich wird.

Positiv war auch, dass ich in diesen sechs Wochen an Gewicht zulegen und ein normales und regelmäßiges Essverhalten aufbauen konnte.

Einige Sachen haben sich zum Positiven verändert, andere wiederum werde ich zu Hause noch angehen müssen, doch in Bad Bachgart wurde der Grundstein dafür gelegt.

Der Aufenthalt in diesem Therapiezentrum hat mir einiges an Zuversicht und Selbstvertrauen gegeben. Er hat mir zwei wunderschöne Freundschaften zu K. und P. geschenkt und er hat mir auch gezeigt, dass es möglich ist, sich seinen inneren Dämonen zu stellen und einige seiner entstellten Sichtweisen zu erkennen und gegebenenfalls auch zu durchbrechen. Auch wenn noch einiges an Arbeit vor mir liegt und ich mir auch jetzt noch nicht immer sicher bin, ob ich meine größten Steine, die wie riesige Felsbrocken meinen zukünftigen Lebensweg schmücken, überhaupt überwinden werde können, hat es sich in meinen Augen mehr als gelohnt.

Musik!

Ein weiterer Punkt der eine wohl nicht unwesentliche Rolle in meinem Leben gespielt hat und noch immer spielt, ist die Musik. Die Musik schenkte mir auch Inspiration, um Gedichte zu schreiben oder meinen momentanen Seelenzustand über ein Photo auszudrücken. Meistens lag ich still und lauschte den wohl faszinierendsten Klängen, die etwas darstellen, das man mit Worten nicht beschreiben, sondern nur mit seinen Sinnen erfassen kann. Wenn es die Musik nicht geben würde, so wäre ich nicht das, was ich jetzt bin. Ich wurde durch sie zwar nicht gesund, dass können nur hartes Training, Therapie und Lebenserfahrungen bewirken, aber durch sie konnte ich meinen emotionalen Zustand oft viel besser ertragen. Ich begann, mich in eine andere Welt locken zu lassen, die nur aus Emotionen und schönen Bildern besteht. Ich konnte meine Krankheit vergessen, leben und schreiben.

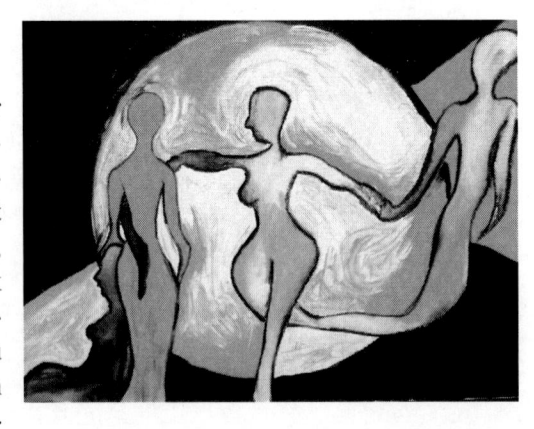

Ich sah, dass es Menschen gibt, die hinter uns stehen und uns in unserer Persönlichkeit festigen und formen. Denn nur zusammen, also integriert in eine Gemeinschaft, sind wir stark und können das bekämpfen und letzten Endes vielleicht auch besiegen, was uns schwach und krank werden ließ.

Bücher aus dem RHOMBOS-VERLAG

Julia Berkic

Bindung und Partnerschaft bei Langzeit-Ehepaaren

2006. 250 Seiten. 41 Abbildungen und 44 Tabellen.
Preis 28,00 Euro.
ISBN 978-3-938807-29-3. RHOMBOS-VERLAG, Berlin.

Haben die Erfahrungen, die eine Person in der Kindheit mit ihren Eltern gemacht hat, und die Art, wie diese Erfahrungen aktuell mental repräsentiert sind, einen Einfluss darauf, wie sich die Person in ihrer Partnerschaft verhält beziehungsweise welchen Blick sie auf die Beziehung hat?

Das vorliegende Buch beschreibt auf bindungstheoretischer Basis grundlegende Mechanismen der Emotionsregulation, die aus frühen Eltern-Kind-Interaktionen stammen und die auf spätere Beziehungen übertragen werden. Der aktuelle Forschungsstand zum Thema Bindung im Erwachsenenalter und eine Zusammenfassung längsschnittlicher Befunde werden dargelegt. Im empirischen Teil der Arbeit wurden 30 Langzeit-Ehepaare untersucht im Hinblick auf ihre generelle, aus früheren Beziehungen stammende Bindungssicherheit und auf ihre aktuelle Partnerschaftsbindungssicherheit. Die Ergebnisse werden nicht nur auf individueller Ebene betrachtet, sondern es werden Einflüsse innerhalb der Paare berücksichtigt: So zeigt sich, dass beispielsweise die in früheren Erfahrungen nicht verarbeitete Wut eines Partners, beiden Ehepartnern Schwierigkeiten im Umgang miteinander bereiten kann.

Unsere Bücher finden Sie im Internet unter: www.rhombos.de

Bücher aus dem RHOMBOS-VERLAG

Ursula Sedlmayer

Wege zur Persönlichen Autorität junger Frauen

Persönlichkeitsentwicklung in Abhängigkeit von der Position im Herkunftsfamiliensystem

154 Seiten. Zahlreiche Abbildungen, 10 davon in Farbe. Broschur.
Preis: 29,- Euro. ISBN 978-3-938807-80-4.
Rhombos-Verlag, Berlin 2008

Wie finden junge Frauen in der heutigen Situation ihr Gleichgewicht zwischen Selbständigkeit und Unabhängigkeit auf der einen Seite, sowie Verbundenheit und Intimität auf der anderen Seite? Was hat das mit der Herkunftsfamilie zu tun? Das vorliegende Buch beschäftigt sich mit der Persönlichkeitsentwicklung von Frauen im frühen Erwachsenenalter. Im Zentrum steht die Betrachtung des Spannungsfeldes zwischen dem Selbstbedürfnis nach eigener Autonomie und dem Sozialbedürfnis nach Verbundenheit. Die Überwindung dieses Gegensatzes erfordert die Fähigkeit, Unabhängigkeit und Verbundenheit zum Herkunftsfamiliensystem im Gleichgewicht zu halten, d.h. sich selbst zu verwirklichen und sich gleichzeitig in engen Beziehungen zu Mitgliedern der Herkunftsfamilie frei bewegen zu können. Dies wird Persönliche Autorität oder auch Selbstdifferenzierung genannt.

Im empirischen Teil dieser Arbeit wurden 102 Teilnehmerinnen vor und nach der Teilnahme an einer systemischen Familienrekonstruktion in der Gruppe untersucht. Dadurch werden Entwicklungsprozesse, die im Normalfall mehrere Jahre umfassen, in einer Art Zeitraffer aktiviert und damit zeitnah sichtbar gemacht.

Die folgenden Fragen standen dabei im Mittelpunkt: Verändert sich die Position der jungen Frauen in ihren Herkunftsfamilien im Verlauf einer systemischen Intervention hinsichtlich ihrer Autonomie- und Verbundenheitsbedürfnisse? Wie lassen sich entsprechende Entwicklungswege beschreiben? Gibt es einen Transfer in andere soziale Bezugssysteme (aktuelle Partnerschaft, Freundeskreis, etc.)?

www.rhombos.de

Unsere Bücher finden Sie im Internet unter: www.rhombos.de